KB143448

정신의 오디세이

-자유 의지의 역사-

저자 이병창

서론

나는 박정희의 숨 막히는 독재 시대에 자라났다. 그래서인지 항상 자유로워지고 싶었다. 자유에 대한 갈망은 채울 수 없었다. 여행도 하고 반항도 했지만, 항상 공허하다는 느낌에 사로잡혔다. 언젠가부터 이런 의문에 들었다. 왜 자유에 대한 갈망은 채워지지 않는 것일까?

이때부터 나의 철학적 과제는 자유를 철학적으로 이해하는 것이 되었다. 헤겔의 『정신현상학』은 자유에 대한 인간의 모험을 담고 있어서 헤겔을 연구하기 시작했다. 헤겔의 책은 나에게 자유 개념과 자유 의지 곧 정신의 다양한 모습을 보여주었다. 여기서

커다란 시사점을 얻었다. 이 책은 그동안 나의 자유 개념에 관한 연구를 정리한 책이다.

이 연구의 출발점은 자유 의지의 개념이다. 자유 의지는 흔히 선택 가능성을 의미한다. 즉 무엇이든 의지가 선택할 공간이 열려 있으면 자유롭다는 것이다. 하지만 인간은 사유는 무한하므로 아무리 억압적이고 부조리한 상황에서도 여전히 선택할 가능성은 열려 있다. 그러나 선택 가능성으로서의 자유 의지는 공허한 형식적 자유일 뿐이다.

이에 대립하는 또 하나의 자유 의지 개념이 있다. 즉 자기실현으로서의 자유 개념이다. 자기실현이란 곧 자기가 원하는 것[목적]을 실현하는 것이며, 자신이 가치 있다고 판단한 것[도덕법칙]을 따르는 것이다. 이런 목적과 가치판단은 의지를 지배하는 합리적 원인이 된다.

의지는 자기를 실현할 수 있는 것 즉 합리적인 것을 선택할 때 진정으로 자유로운 의지가 된다. 이때 자유 의지는 그의 자유가서 실제로 실현되지 않더라도 그런 자유를 실현하는 행위를 통해서 충만한 자유의 느낌이 든다.

자기실현으로서 자유 의지의 개념은 칸트로부터 시작되어 마르크스에 이르기까지 다양한 모습으로 전개되었다. 칸트는 자유 의지를 의무 개념으로 설명했고, 셸링은 양심 개념으로 제시했다. 헤겔은 기독교적 사랑 개념을 끌어들였고 마르크스는 자주적 공동체 정신을 발전시켰다. 이것이 내가 이 책에서 설명하려는 자유 의지의 여정이다.

　자유 의지의 오디세이가 도달하려는 이타카는 어디에 있을까? 나는 자유 의지는 개인적 자유 의지를 넘어서 마침내 공동체적 자유 의지, 자주적 공동체 정신으로 발전한다고 보았다. 왜냐하면 개인적 자유 의지는 아무리 아름답다 하더라도 역사 앞에서는 좌절할 수밖에 없기 때문이다.

　역사 앞에서의 좌절을 딛고 일어서려면 공동체의 집단의지가 필요하며, 이를 형성하기 위해서는 공동체적 정신이 요구된다. 나는 공동체적 정신은 억압이 아닌 자유 의지에 기초하지 않으면 안 된다고 보았다. 이것이 자주적 공동체 정신이다.

　나의 연구는 여기까지다. 부족하다는 느낌을 버릴 수 없다. 마지막으로 역사 속에서 자유를 위해 투쟁하면서 목숨을 바친 많은 자유의 투사, 혁명가들에게 이 책을 바친다. 그동안 자유 개념에 관해 나와 함께 토론했던 많은 분께 고마움을 표시한다.

2021년 7월 28일 새벽에

차례

1장 자유 의지의 개념

-선택 가능성과 자기실현-

윤리학은 두 측면으로 이루어져 있다. 곧 이론적 학문인 가치론과 실천적 학문인 도덕론이다. 계몽주의는 알면 행할 수 있다는 지행 합일설을 주장한다. 여기서 도덕론은 별로 주목받지 못한다. 하지만 가치와 의지는 분리될 수 있다. 대표적인 예가 햄릿이다. 이 사실은 도덕론이 필요한 이유를 보여준다.

1장 가치와 의지

1) 햄릿의 분열

셰익스피어의 작품 햄릿에의 한 장면은 후일 논란을 거듭 일으켜 왔다.

햄릿이 왕과 왕비 앞에서 연극을 공연하는 장면 다음에 이어지는 장면을 보자. 왕은 연극 도중 죄의식 때문에 자리를 떠난다. 왕은 자기의 침실로 들어가서 자기의 죄를 후회하는 기도를 드린다. 햄릿이 어머니의 부름을 받아 어머니의 침실로 가던 중 기도하는 왕을 발견한다.

햄릿은 바로 앞에서 연극 공연 중 왕이 흔들리는 것을 보고 왕이 아버지의 원수라는 확신을 얻었다. 햄릿은 더 주저할 필요가 없었다. 왕이 혼자서 기도하는 순간은 원수를 갚을 절호의 기회가 아닐 수 없다. 부모의 원수를 갚은 것은 당시 윤리관에서는 합법적인 의무이다.

이때 햄릿에게 이상한 변명이 떠오른다. 왕이 기도 중에 살해된다면 그가 지은 죄와 관계없이 천국에 오르게 된다는 생각이다.

"그래, 지금이다. 어서 나와 네 마지막 솜씨를 발휘해라 [칼을 뽑는다]. 놈은 죽고, 나는 복수를! 아니, 그게 아니다. 아버지는 잠든 사이 살해돼 회개도 못 했다. 아버지의 영혼이 어떤 심판을 받았을지 누가 알겠는가, 신만이 아시리라. 그런데도 지금 놈을 죽인다? 한창 자신의 영혼의 때를 벗겨내며 천국 갈 길을 닦고 있는데? 이것은 은총이지, 복수가 아니다! 안되지, 네 집으로 돌아가라[칼집에 칼을 넣는다]."[1]

햄릿은 왜 이 절호의 기회에 아버지의 원수를 갚지 못하는가?

우선 위의 변명은 변명에 지나지 않는다는 것은 쉽게 알 수 있다. 이 변명은 진짜 그의 의지를 방해하는 힘을 감추는 것에 불과하다. 그 힘은 무엇일까? 그에게 선을 실행하지 못하게 하는 힘은 무엇인가?

1　Shakespeare, 『Hamlet, Prince of Denmark』, 『The Complete Works』, p, 966; 셰익스피어, 『덴마크 왕자 햄릿의 비극의 역사(햄릿 Q1 1603)』, 오영숙 역, 『셰익스피어 비극선』, 일송북, 2008, 109쪽 참조.

그 때문에 해석가들 사이에 여러 논란이 벌어진다. 햄릿을 해석하기 위해 자주 정신분석학적 개념이 원용된다. 햄릿에게 왕은 비록 의붓아버지이지만, 아버지다. 그에 대한 증오는 어머니 대한 근친상간적 욕망과 관련된다. 근친상간적 욕망과 금지는 의붓아버지에 대한 증오와 금지로 이어진다.

이런 해석이 옳은지, 여기서는 문제가 되지 않는다. 여기서 문제 되는 것은 햄릿에게서 선과 의지, 가치와 실천이 분리되어 있다는 사실이다.

햄릿의 예를 통해 가치와 의지가 서로 구분되며, 가치를 다루는 가치론과 의지를 다루는 도덕론이 구분된다는 사실을 이해하는 것은 어렵지 않다.

2) 철학의 꽃 윤리학

철학은 삶의 문제를 다룬다. 즉 철학은 지금 여기서 내가 어떻게 살아가야 하는 것을 알려주는 것이 아니면 안 된다. 철학이 형이상학과 인식론을 연구하는 것도 이것들이 삶의 문제와 직결되기 때문이다. 삶의 문제를 다루는 것이 윤리학이라면 철학의 꽃은 역시 윤리학이다.

지금부터 윤리학에서 핵심 문제 중의 하나인 자유 의지에 관해 살펴보려 한다. 이를 위해서는 먼저 예비적인 논의가 필요하다. 윤리학(ethics)[2]의 학문적 성격부터 살펴보자. 윤리학의 학문적

---

2 윤리학은 영어로 'Ethics'이라고 하거나 'Moral Science'라고 하기도

성격에 관한 올바른 이해는 자유 의지의 철학이 어떤 논의 차원에 위치해야 할지를 밝혀준다. 이런 논의의 차원을 오해함으로써 자주 혼란이 벌어진다.

3) 윤리학의 두 분야

윤리학은 크게 두 분야로 나누어진다. 하나의 분야는 어떤 것이 가치(Value) 있는가를 따지는 가치론(Moral Science)이다. 가치 가운데 경제적 가치도 있고, 미적인 가치도 있지만, 여기서는 윤리적 가치만을 다룬다.

윤리적 가치는 곧 인간이 실현하기를 바라는 것[목적, 선]이나 인간이 행위에서 지켜야 하는 것[법칙, 정의]을 다룬다. 가치론은 선이나 정의의 기본 원리를 규정하려고 노력한다. 이런 노력은 숙고[이성]를 통해 이루어지므로 가치론은 이론적인 학문에 속한다.

자주 간과되는 사실이지만, 윤리학의 영역에는 또 하나의 분야가 있다. 사람은 가치 있다고 다 실행하지 않는다. 가치를 실행하는 문제는 가치론과 따로 다루어져야 한다.

가치를 변함없이 실행하고 확실하게 실행한다면 가치를 몸한다. 전자는 그리스어 'ēthikós'에서 나왔다. 이 말은 원래 사람의 성격, 됨됨이를 의미한다. 후자는 라틴어 'morālis'에서 나왔다. 이는 교훈, 준칙 등을 의미한다. 흔히 전자는 후자보다 더 넓은 의미에서 사용된다. 왜냐하면 후자가 주로 규범이라는 가치 차원에 머무른다면 전자 즉 성격은 형성되는 것이라는 의미에서 실천을 내포하기 때문이다. 앞으로 가치 규범을 다루는 분야를 가치론(moral science)이라 하고 가치의 실천, 행위를 다루는 부분을 도덕론이라 할 것이며 양자 모두를 포함한 것을 윤리학(ethics)이라 한다.

에 익힌 것 즉 습득한 것이라 한다. 이렇게 몸으로 습득한 것을 덕(Virtue)이라 한다. 덕은 인간의 행위와 관련되므로 이 분야는 실천적 학문에 속하며 흔히 도덕론[또는 심성론]³이라 말한다.

4) 계몽주의

윤리학적 논의는 대체로 가치론에 집중하고 도덕론은 소홀하게 다룬다. 왜냐하면 인간은 선이나 정의를 알게 된다면 이를 자연적으로 실행하리라 생각해왔기 때문이다. 만일 누가 선과 정의를 실행하지 않는다면 그것은 그가 선과 정의가 무엇인지를 알지 못하기 때문이다.

이런 주장을 철학에서는 계몽주의라고 부른다. 계몽주의의 원류는 '지행 합일설'[또는 '지덕 일체론']을 주장한 소크라테스다. 계몽주의가 서양 윤리학의 기본 흐름이라고 볼 수 있다.

계몽주의는 근대 부르주아 사상을 지배했고 사회주의 사상에까지 이어져 내려왔다. '브나로드 운동' 즉 인민 속으로 들어가자는 운동은 인민에게 그 자신의 진정한 이익, 선과 정의, 계급이해를 계몽하려는 운동이었다. 브나로드 운동은 인민이 무엇이 옳은

---

3 엄밀하게 말하자면 심성론과 도덕론은 구분된다. 심성론은 인간의 심적인 구조에 관한 과학적인 이론이다. 반면 도덕론은 이런 심적 사실을 전제로 하고, 가치를 실행하고 몸에 익히기 위한 도덕적 실천의 문제를 다룬다. 하지만 자주 두 말은 뒤섞여 쓴다. 왜냐하면 심성의 구조는 실천을 통해 알려지며 실천적 도덕은 심성의 구조를 전제로 할 수밖에 없기 때문이다.

가를 알기만 한다면 당장 혁명이 일어날 것으로 기대했다.

그러나 앞에서 든 햄릿의 예는 선을 안다고 해서 사람들이 반드시 실행하지 않는다는 것을 보여준다. 선과 행위, 가치와 의지 사이에는 균열이 존재한다. 이런 균열 때문에 윤리학에서는 가치를 다루는 영역과 의지를 다루는 영역이 구분된다.

가치와 구분되는 의지의 영역에서 가장 핵심적인 문제는 곧 자유 의지다. 이 자유 의지론이 이 글을 목적이다.

5) 가치의 원천

윤리학의 두 영역인 가치와 의지 가운데, 가치의 문제를 살펴보자. 무엇이 인간이 추구해야 하는 선과 정의인가?

가치론은 윤리학적 이론의 전쟁터다. 이 책의 논점은 가치론이 아니라 도덕론에 있으니 이 치열한 전쟁터에 깊게 연루될 필요는 없지만, 필요 상 약간의 논의는 피할 수 없다.

가치론에서 법칙주의자가 있다. 그들은 가치 있는 것 즉 도덕법칙이 자연법칙처럼 독립적으로 존재하고 이를 인식할 수 있다고 본다. 하지만 객관적인 도덕법칙을 인식하는 것이 어렵다. 도덕법칙 대부분은 시대나 사회에 제약된 상대적일 뿐이다. 덕분에 법칙주의자는 오늘날 가치론의 전선에서 거의 후퇴했다.

가치론에서 지배적인 입장은 자연적인 욕망에서 가치가 나온다는 주장이다. 거슬러 올라가면 소크라테스, 플라톤에서부터 쾌락주의자를 거쳐 공리주의 그리고 마르크스주의에 이르기까지 가치론의 주류는 이런 입장에 속한다.

이런 입장에서 욕망 자체가 선은 아니다. 선은 욕망의 비교를 통해서 결정된다. 선을 판단하는 비교 기준으로 자주 거론된 것은 크게 세 가지다.

쾌락주의나 공리주의는 쾌락을 비교 기준으로 선택한다. 이들은 욕망의 만족을 통해 얻는 쾌락의 양이나 질을 비교하여 가치의 선후를 결정한다. 쾌락의 양이든 질이든, 개인의 쾌락이든 다수의 쾌락이든, 쾌락은 주관의 느낌에 속하는 것이므로 이런 비교 기준은 주관적인 기준이 된다.

반면 소크라테스, 플라톤, 아리스토텔레스 등은 쾌락보다는 욕망이 수행하는 기능을 우선시한다. 욕망의 충족이 가치 있는 것은 유기체를 보존하는 기능 때문이다.

때로는 쾌락이 아니라 고통을 주는 것도 유기체의 기능을 잘 수행하게 하는 것이라면 가치 있는 것이 될 수 있다. 병든 신체를 잘라내는 것은 고통스러운 일이지만, 그것이 가치 있는 일이라고 보는 데 아무도 주저하지 않는다. 유기체의 기능은 다양하므로, 욕망은 균형 있게 충족되어야 한다. 이런 태도는 대체로 중용을 선이라 본다.

마르크스주의는 욕망을 충족시킬 가능성에서 우선적인 것을 비교 기준으로 삼는다. 개인적 욕망은 사회적 생산 관계를 통해서 실현될 수 있으므로 여기서 발생하는 사회적인 요구 즉 계급적인 이해가 제일 가치 있는 것이 된다.

이 글에서는 가치론에 관해서는 마르크스의 이론이 합리적이라고 믿기 때문이다. 하지만 앞으로 전개될 도덕론에 관한 논의는 가치론에 관한 한 일단 중립적이다. 가치를 어떻게 규정하든 도덕에 관한 논의는 똑같이 무리 없이 적용될 수 있다.

자유주의자는 자유를 선택 가능성이라는 의미에서 사용한다. 반면 양립론자는 합리성을 자유의 기준으로 간주한다. 자유주의자와 양립론자의 논의는 두 가치 차원에서 전개된다. 하나는 행위의 차원이며 다른 하나는 이 행위를 이끄는 의지의 차원이다. 전자가 행위의 자유이며 후자가 의지의 자유다.

2장 행위의 자유와 의지의 자유

1) 마약 중독자

마약 중독자를 처벌할 수 있을까? 일부 마약 중독자는 마약을 구하고자 범죄를 일삼기도 한다. 심지어 그들의 범죄는 고도로 계획된 흔적을 지니고 있다. 따지고 보면 많은 범죄자가 마약 중독자의 유형에 속한다.

그들이 수행하는 범죄를 보면 계획적으로 수행되었고 분명 자유로운 행위로 보인다. 하지만 그들은 범죄의 전제가 되는 욕망 자체를 피할 능력이 없다. 욕망이 그들을 강박하고 있다.

처벌은 항상 자유 의지가 존재하는 때만 일어나는 것이니 이런 중독자의 범죄를 처벌한다는 것은 곤혹스러운 문제가 될 것이 틀림없다.

최근 철학에서 행위의 자유와 의지의 자유를 구분하는 방식으로 이런 문제를 해결하려 시도하고 있다. 앞에서 행위를 도구적 행위와 가치 합리적 행위로 구분했는데, 이런 구분이 여기서 참고가 된다. 자유 의지에 관한 철학적 문제를 간단히 살펴보자.

2) 자유 의지

철학에서는 의지가 자유로운가, 자유 의지가 존재하는가 하는 문제를 두고 오랫동안 논쟁해 왔다.

자유 의지란 일반적으로 선택 가능성을 의미해 왔다. 이런 자유 의지는 실제로 행위를 해보면 자명한 사실로 받아들여진다. 손을 들자고 의욕 하면 누구나 손을 들 수 있고 손을 내리고자 의욕 하면 손을 내릴 수 있다. 이를 자유의 사실이라 한다.

그런데 자연은 인과적으로 결정되는 체계이고 인간도 자연의 일부이니 결정론적 체계에 종속하는 것이 아닐까? 그렇다면 자유 의지란 존재하지 않는다.

게다가 자유롭게 선택할 수 있다면 그것은 우연히 일어난 사건과 구분되지 않는다. 내가 집으로 가는 도중 돌연 술집으로 간다면, 이것은 어떤 힘에도 의존하지 않는 나의 절대적 선택일까? 아니면 술집에나 나오는 냄새가 우연히 나를 유혹한 것일까? 어느 것이 진짜인지 쉽게 구분하기 어렵다.

이런 딜레마를 해결하고자 여러 대안이 나왔는데, 여기서 자유 의지에 관한 철학적 논쟁을 간단하게 살펴봄으로써 자유 의지라는 개념을 정의해 보고자 한다.

3) 행위의 자유

자유로운 행위라는 개념은 우선 행위가 행위자 자신에서 유래한 것으로 규정될 수 있다. 이것은 자기(自)에서 유래(由)한다는 자유라는 용어의 의미와 일치한다. 자유는 자기 즉 행위자를 원인[넓은 의미에서 원인]으로 하는 것, 함께 작용하는 여러 원인 가운데 행위자가 제일 원인이 되는 것이라는 의미가 있다.

인간의 행위 가운데는 상당수는 동물적인 조건반사에 해당한다. 이런 행위는 외적이거나 내적인 자극 때문에 이미 정해진 방식으로 일어나는 행위다. 자극과 반응이 직결되어 있으므로 이런 행위는 물리적 인과과정과 닮았으니 자유를 논할 만한 대상이 되지 못한다. 외적 강제에 의한 행위나 생리적 원인에 의한 행위가 이런 범주에 속한다고 볼 수 있다.

자유가 논해지는 대상으로 우선 등장하는 것이 도구적 행위이다. 이런 행위는 상황에 적절하게 행위를 하여 자신의 목적을 실현한다. 인간의 욕망에서 나오는 행위 대부분은 도구적 행위다.

도구적 행위는 대체로 자유롭다고 간주된다. 이를 행위의 자유라 하는데, 여기서 자유는 어떤 의미일까?

일반적으로 자유주의자는 이 행위가 여러 대안 가운데 선택된 것이기 때문에 자유롭다고 주장한다. 반면 결정론과 자유를 공존시키려는 양립론자[4]는 이 행위가 합리적으로 선택되었기 때문에 자유롭다고 한다.

4) 의지의 자유

앞에서 언급한 행위의 자유는 일단 욕망을 이미 전제된 것으로 간주한다. 인간은 자신의 욕망을 선택할 수 있다. 즉 욕망을 욕망할 수 있다. 여기서 자유에 관한 논의는 차원을 바꾸어 다시 등장한다.

이런 차원에서 자유가 논의되는 이유는 물질 중독이나 강박적

---

4 치좀(Roderick Chisholm)이나 데이비슨(Donald Davidson)이 이런 입장에 속한다. 치좀은 행위자를 원인, 제일 원인으로 하는 행위라면 자유롭다고 했다. 그는 이를 내재적 인과성이라 하면서, 욕망에서 나오는 도구적 행위는 욕망이 행위자의 욕망이고 행위의 내재적 원인인 한, 자유롭다고 본다.

데이비슨은 도구적 행위를 자유로운 행위라고 한다. 왜냐하면 그는 이 행위가 욕망에서 나오는 것이라 보기 때문이다. 이때 그는 욕망과 행위의 관계를 합리적 관계로 보는데, 이런 합리적 관계는 인과적 관계와 구분된다. 인과적 관계는 사건에서 출발하고 법칙적으로 관계하므로 이를 원인이라 한다. 반면 합리적 관계는 믿음에서 출발하는 것이며 무법칙적으로 관계하므로 이를 이유라 한다.

그는 이런 이유는 동시에 원인이 될 수 있다고 본다. 믿음은 심적으로 일어난 사건이 될 수 있으며 하나의 성향으로서 구조적 원인이 될 수 있기 때문이다. 데이비슨의 경우 행위는 이유에서 나온다는 점에서는 자유롭고, 이런 이유가 원인이 된다는 점에서는 결정론적이다.

행위 때문이다. 앞에서 거론한 마약 중독자의 예를 생각해보자. 그의 행위는 자유롭지만, 마약에 대한 그의 욕망은 고정되어 있다. 그가 행위의 차원에서 자유롭다고 해서 그의 의지의 차원에서 자유로운 것은 아니다. 여기서 행위의 자유는 의지의 자유와 구분된다.

의지의 자유에 관한 논의에서도 두 가지 태도가 대립한다. 이런 차원에서 논의를 활성화하는 데 이바지한 철학자는 프랭크퍼트다. 그는 일차적 욕망(desire)과 이차적 욕망을 구분한다. 여기서 이차적 욕망[의욕, voltion)이란 자신의 일차적 욕망을 욕망하는 것을 말한다.

프랭크퍼트는 어떤 욕망이 자유 의지가 되는 이유는 그 욕망이 여러 대안 가운데 선택되었기 때문이라고 본다. 물질적 중독은 이런 선택 능력이 없는 것이므로 자유 의지가 아니다. 이런 점에서 프랭크퍼트의 주장은 자유주의자의 전통을 따른다고 보겠다.

게리 왓슨은 프랭크퍼트를 따라서 자유에 관한 논의의 차원을 행위의 차원이 아닌 의지의 차원으로 변경한다.

그는 프랭크퍼트와 같은 자유주의자의 입장을 비판하면서 자의적인 선택이 자유의 기준이라 보지 않는다. 그는 행위자의 욕망이 합리적으로 선택된 것이라면 그 욕망은 자유로운 것으로 본다.

예를 들어서 극단적 쾌락주의자는 물질적 중독을 행복을 얻는 가장 합리적인 방법으로 간주한다. 마약은 부작용이 많지만, 대마초 정도는 부작용이 심하지 않다. 이런 합리적 선택에 따라 대마초를 피우는 때 그런 선택은 적어도 처음에는 자유 의지였고 그 후 약간의 중독 현상이 보인다고 하더라도, 그의 선택에 책임을 져야 한다.

이런 점에서 게리 왓슨은 양립론자가 행위에 관해 주장했던 것을 의지의 차원에서 반복한다고 볼 수 있다.

자유는 선택 가능성에 있는 것이 아니라 합리적인 관계에 있다. 우선 비합리적인 선택이라면 여러 대안이 가능하더라도 이를 자유롭다고 볼 수 없기 때문이다. 반면 합리적 선택은 유일한 길이라 하더라도 자유롭다고 볼 수 있다.

나아가서 비합리적 선택은 유효한 의지를 산출하지 못하며 합리적 이유는 의지를 유효하게 하는 원인이 될 수 있기 때문이다.

3장 선택 가능성과 자기실현

1) 자유의 근거

앞에서 행위의 자유와 의지의 자유를 구분했다. 자유가 어느 차원에서 논의되든 대체로 두 가지 입장이 대립했다. 하나는 자유주의자의 입장이다. 이런 입장은 자유는 선택 가능성에 있다고 본다. 또 다른 하나는 양립론자의 주장인데, 양립론자는 자유는 합리적인 이유에서 나온 것은 자유롭다고 본다.

이제 여기서 선택 가능성이 자유인지, 합리성이 자유인지 본격적으로 논의해 보자. 행위의 자유나 의지의 자유나 자유 개념은 동일하므로 여기서는 행위의 자유는 생략하고 주로 의지의 자유

만을 가지고 논하기로 한다.

2) 선택 가능성

우선 자유주의자의 주장을 검토해 보자. 선택 가능하다는 것이 자유의 근거가 될 수 있을까? 선택 가능성은 너무 넓게 사용될 수도 있고 너무 좁게 사용될 수도 있다.

관념의 차원에서 사유는 무엇이나 자유롭다. 만일 선택 가능성을 넓게 사용한다면 상상에 따라서 만들어지는 무수한 가능성이 있으니 어떤 선택도 자유롭다고 할 수 있다. 우리는 감옥 속에서도 상상에서는 탈출을 선택할 수 있으니 탈출하는 대신 감옥에 머물러 있는 것도 자유로운 선택이 된다.

또 선택 가능성이라는 개념을 좁게 쓰면서 어떤 이유도 없는 자의적인 선택, 초월적 자아가 절대적으로 선택한 것이라는 의미로 사용해 보자. 이런 의미에서 선택 가능성은 실제로는 존재하기 힘들다. 왜냐하면 어떤 선택이든 현실적인 선택이라면 약간의 이유가 있게 마련이기 때문이다.

극단적 경우를 피하고 현실적 경우를 가정해 보자. 여러 가지 선택 가능한 대안 가운데 어떤 대안은 합리적이고 다른 대안은 비합리적이다. 여기서 합리성과 비합리성의 구별 기준은 어떤 상황에서 주어진 목적이 선택된 대안을 통해 실현 가능한가 아닌가로 판단할 수 있다.

이때 합리적 대안은 전혀 없고 비합리적 대안이라면 여러 대안이 있는 때를 생각해보자. 예를 들어서 나는 지금 무너지기 시작하는 회사에 다닌다. 회사를 계속 머무르는 것은 지극히 어리석은 선택이다. 하지만 회사를 나와서 장사를 하는 것도 성공의 가능성이 거의 없다. 이때 비합리적으로 선택한다면 어느 선택이나 가능한데, 이때 그에게 비합리적인 대안이 많다고 해서 그가 자유롭다고 할 수 있을까?

자유주의자와 달리 사람 대부분은 갑갑하게 느끼면서 그에게 자유가 없다고 생각한다.

3) 자기실현

단순한 선택 가능성 또는 자의적인 선택은 자유 의지의 필요한 조건이 될 수는 있어도 충분한 조건은 될 수 없다. 의지가 자유롭다고 규정될 수 있으려면 선택 가능성 이상의 조건이 필요하다.

자유 의지의 충분조건으로서 거론되는 것이 합리성이다. 합리적인 것은 곧 자신이 설정한 목적이나 자신이 가치 있다고 생각하는 것, 다시 말하자면 자기가 원하는 것을 의미한다. 자신이 가치가 있다고 생각하는 것이 곧 이성적인 것이니, 행위자는 단순한 선택이 아니라 그가 이성적이라고 생각하는 것을 선택할 수 있을 때 그의 의지는 자유롭다. 이런 관점에서 의지가 자유롭다는 것은 간단히 말해 자기실현 또는 합리적 선택으로 규정할 수 있다.

자유를 결정론과 공존시키려는 양립론자들은 대부분 합리적 선택이 자유라고 하는 입장을 취한다. 법적인 차원에서 고의적 행위를 자유로운 행위로 규정하면서 처벌 대상으로 삼는데, 이때 고의라는 개념은 행위자 자신이 주관적인 판단이기는 하지만 어떻든 합리적으로 선택함에 따라 행위가 일어난다고 가정되기 때문이다.

양립론자가 그와 같이 주장하는 소극적 근거를 들어보자. 이번에는 선택 가능성이 하나밖에 없다고 하자. 예를 들어서 내가 대학 입시를 준비한다고 할 때 나의 성적으로 볼 때 내가 갈 수 있는 곳은 한 군데밖에 없다고 하자.

만일 그 한 군데가 내 인생의 목적이 어느 정도 실현될 수 있는 곳이라 한다면, 대부분은 한군데밖에 없는 그곳을 불가피하게 선택하더라도 자신의 선택이 자유롭다고 느낀다. 반면 남아 있는 한 군데조차도 도저히 다닐 만한 곳이 아니라면 즉 비합리적인 대안이라면 이때 그는 자기의 선택에 대해 부자유를 느낀다.

양립론적 관점에서 본다면 이런 소극적 이유 말고 적극적 근거를 제시할 수도 있다.

4) 의지의 유효성

적극적으로 본다면 자유의 근거는 의지의 유효성이라는 문제와 연관된다.

유효한 의지란 다만 마음속에 머물러 있는 동기 상태와는 구분된다고 보겠다. 유효한 의지란 만일 외적이거나 내적인 장애가 없다면 발휘될 수 있는 의지를 의미한다. 이런 의지의 유효성은 일단 발휘된 의지가 내적인 여러 장애[예를 들어서 강력한 욕망]를 극복해서 실제 행위로 나아가는가의 문제와 구분된다. 또한 이 문제는 의지가 실제 현실에서 목적을 달성하는가의 문제와도 구분된다.

이런 유효한 의지라는 개념을 생각해 볼 때, 합리적 대안은 그의 목적을 실현할 수 있는 것이므로 그의 의지를 유효하게 움직이는 원인이 될 수 있다.

예를 들어서 대학 입학의 예에서 한군데밖에 없는 대안이 비합리적인 대안이라면 그 대안은 나의 의지를 움직이지 못한다. 반면 감옥 속에서 탈출의 가능성이 적어도 약간은 있을 것 같다. 탈출이 합리적 대안이 되자 나는 탈출을 하기로 결정한다. 탈출 가능성이 나의 의지를 움직인다.

이처럼 합리적 대안은 이런 의지를 움직일 힘, 원인을 제공한다는 점에서 합리적 대안은 나의 의지를 움직이니, 나의 의지는 자유로운 의지가 된다. 거꾸로 비합리적 대안은 나의 의지나 행위를 움직일 힘을 제공하지 못하므로 이는 자유 의지를 만들어내지 못한다.

그러므로 만일 누가 비합리적인 선택을 했다면, 사람들은 대체로 그가 자유 의지를 가지고 선택했다고 믿기보다는 오히려 무언가 병적인 원인이 있어 그가 그런 선택을 했을 것으로 믿는다.

예를 들어서 누가 도박을 통해 일거에 부자가 되기를 결정했다고 한다면, 누구나 그런 선택을 비합리적이라 본다. 사람들은 이때 실제로 그의 의지를 움직인 것은 어떤 다른 원인 예를 들어서 도박에 대한 욕망이라고 믿는다.

의지의 자유를 이처럼 합리성에서 구한다면 자칫 자유를 너무 제한하는 것이 아닐까? 예를 들어서 그 시대, 사회의 가치 판단에 대립하는 선택이라면 실현 가능성이 없는 비합리적 선택이 된다. 하지만 반사회적 혁명아를 생각해보자. 그런 혁명아들에게 합리성을 이유로 자유를 인정하지 않는다면 무척이나 보수적인 태도가 된다.

그러나 합리성에는 주관성이 개입하지 않을 수 없다. 의지의 유효성이라는 측면에서 본다면 주관적으로 합리적이라고 확신하는 것이 유효한 의지를 낳을 수 있다. 심지어 객관적으로 보면 비합리적이지만, 자신은 합리적이라고 생각하는 때도 그런 합리적 이유는 행위자 자신의 의지를 움직이니, 이때도 그는 자유로운 의지를 가지고 있다고 할 수 있다.

한 죄수가 감옥에서 탈출할 수 있다고 주관적으로 믿으면서 행위를 한다고 해 보자. 그때 다른 사람들은 또는 누구나 그의 탈출은 무모하다고 볼 수 있고 사실 그들의 판단이 맞다. 그럴 때 어리석지만, 그는 자유롭게 행위를 한 것으로 볼 수 있다.

5) 책임 귀속성

합리성이 주관적이라는 사실은 책임의 문제와 밀접하게 연관되어 있다. 의지를 유효하게 만드는 것은 어디까지나 주관적 판단이다. 그러므로 합리성에 관한 주관적 판단과 사회적 판단은 대립할 수 있다. 이런 대립 때문에 책임이 성립한다. 사회는 행위자 자신이 주관적으로 내린 합리적 판단에 대해 행위자에게 책임을 추궁한다.

행위자가 합리적으로 선택하는 때만, 책임이 발생하는 것일까? 그렇다. 합리적 선택의 능력이 없는 때는 책임의 문제가 발생하지 않는다. 아이나 한정 치산자의 때를 보자. 이들에게 합리적 판단능력이 없으므로 우리는 이들에게 자유 의지가 없다고 보고, 책임능력을 부여하지 않는다. 비합리적인 것도 선택이라면 아이나 한정치산자가 아무 선택하지 못하는 것은 아니다.

비합리적 선택에 대한 책임을 묻는 때도 있지 않을까? 이때 비합리적이라는 판단은 행위자 자신이 아니라 다른 사람이나 사회가 내린다. 예를 들어서 도박에 빠진 사람을 보자. 그가 중독에 빠진 때가 아니라면 그는 쾌락주의적 인생관에 따라 도박이 합리적이라 보고 선택했다고 볼 수 있다. 사회는 이런 판단이 비합리적이라 보고 책임을 묻는다. 이때 역시 행위자 자신의 합리성과 사회적 합리성이 대립하는 때다.

법적으로 책임을 묻는 것은 궁극적으로 그의 욕망과 행위를 변경하려는 것에 있다. 이것이 복수로서가 아니라 교화로서의 법적 책임의 개념이다. 만일 행위자에게 책임을 부과하여 그의 판단을 변화시킬 수 없다면 그런 책임을 묻는 것은 무의미하다.

합리성이 자유라는 주장은 이런 점에서 법적 책임의 개념과도 부합한다고 보겠다. 합리성은 의지를 유효하게 하는 원인이 되므로 책임을 부과하여 판단을 바꾸고자 한다. 이렇게 합리성에 관한 판단을 바꿈으로써 그의 의지도 변화한다.

6) 자유 의지와 도덕론

이런 자유 의지는 세 가지 차원을 포함한다. 이 세 가지 차원은 첫 번째 의욕이 유효한 의지로 바뀌는 차원이고 두 번째로는 유효한 의지가 물질적 행위로 나타나는 차원이며, 마지막으로 이 행위가 현실 속에서 목적을 실현하는 차원이다.

마지막 차원은 행위가 현실 속에서 실현되는 차원이다. 나의 행위는 때로 현실에 아무 영향을 미치지 못하는 때도 있지만, 대체로 현실에 어느 정도 영향을 미쳐서, 자신의 목적을 현실적으로 실현한다. 이것은 현실화의 차원이라 할 수 있겠다.

이 마지막 차원은 예를 들어서 인간의 행복을 실현하기 위해 자유경쟁이 더 유리한가 아니면 사회적 생산이 요구되는가 하는 문제가 다루어진다. 이는 사회학적 문제다. 이는 자유 의지의 철학에서 다룰 문제는 아니다.

첫 번째 차원을 보자. 인간의 사유는 자유롭다. 우리는 무엇이든 상상할 자유를 가지고 있다. 마찬가지로 적어도 무엇인가를 하기로 마음먹는 의욕(volition)은 전적으로 자유로울 것은 틀림없다.

이런 의욕이 유효한 의지가 될 수 있을까? 앞에서 비합리적 선택은 의지를 유효하게 하지 못한다고 했다. 반면 합리적 이유는 의지를 움직이는 제일 원인, 최종 원인을 제공해 준다. 지금까지 우리가 논의한 자유 의지의 가능성은 주로 이 문제에 관한 것이다.

그런데 두 번째 차원에서 즉 유효한 의지가 행위로 나가는 차원에서 새로운 문제가 등장한다. 앞에서 행위의 두 개 모델에 기초하여 행위의 자유와 의지의 자유가 구분됐다. 이런 구분에 따르면 의지 역시 둘로 구분된다. 하나는 욕망이 합리적으로 선택된 때다. 이때 자유 의지가 출현한다. 다른 하나는 욕망이 자연발생적으로 즉 외적이거나 내적인 자극을 통해 발생하는 때다.

이 두 의지는 심지어 충돌할 때가 있다. 자연 발생적 욕망이 강해서 합리적으로 선택된 자유 의지를 방해할 수 있다. 굳이 구체적 예를 제시할 필요조차 없다. 욕망 앞에 합리적 의지가 꺾이는 것을 우리는 자주 경험한다.

이 문제를 처음 제기한 철학자가 바로 칸트다. 칸트는 자유 의지를 앞에서 말했듯이 지성적 원인을 가진 의지 즉 합리적으로 선택된 의지를 말한다. 이런 의지는 칸트에게서 욕망과의 대립이라는 문제를 낳는다.

칸트 이후 독일 고전 철학의 주요한 문제는 바로 여기에 있다. 이들은 헤겔에게서 보듯이 사유가 의지를 결정할 수 있는가 하는 문제는 간단하다고 보았다. 그건 이미 칸트가 해결했기 때문이다.

이들이 주요하게 문제로 삼은 문제는 그다음의 문제다. 즉 자유의지가 내적으로 방해하는 욕망을 어떻게 극복하는가 하는 문제다. 도덕론적 차원에서 논의도 바로 여기에서 시작된다.

의지는 대체로 두 가지로 즉 욕망과 자유 의지로 구분한다. 이것은 행위를 이끄는 욕망이 외적이거나 내적 자극에 종속하는 것인가 아니면 합리적으로 즉 자유롭게 선택된 것인가의 문제다.

우선 의지의 한 형태인 욕망을 보자. 욕망은 목적을 향해 미친 듯이 달려가지만, 욕망의 관념은 변덕스럽게 떠오르니, 이 두 가지는 서로 충돌한다.

4장 욕망의 특징

1) 테레즈 라켕

에밀 졸라의 소설 『테레즈 라켕』에 나오는 인물을 보자. 테레즈는 사촌인 카미유와 결혼해 파리로 올라오면서 카미유의 친구인 로랑을 만나 단번에 마음을 빼앗긴다. 둘은 카미유가 회사에 나간 사이 카미유의 집에서 몰래 관계하지만, 카미유가 시골로 돌아가겠다고 하자 카미유를 살해하게 된다. 이때까지는 둘은 서로를 진심으로 사랑한다고 믿었다.

카미유를 살해한 이후 두 사람은 마침내 결혼하기에 이르렀다.

이때부터 테레즈는 죄의식에 사로잡히며, 로랑은 카미유의 유령을 만나면서 편집증에 사로잡힌다. 이들은 카미유를 살해한 책임을 서로에게 미루면서 서로 증오하기 시작한다. 소설 속에서 그들의 죄의식과 환각을 이렇게 서술한다.

> "추억의 끈이 풀렸다. 다시 나타난 카미유의 유령이 벽난로 앞으로 와서 신혼부부 사이에 앉았다. 테레즈와 로랑은 미적지근한 공기에 뒤섞인 죽은 자의 차고 축축한 냄새를 다시 맡는듯했다. 그들은 시체가 곁에 있다고 느꼈다."

> "그렇지만 이상하게도 무의미한 말을 하는 동안 그들은 평범한 말 속에 감추어진 생각을 피차 알아차리고 있었다. ... 그들의 온 정신은 무서운 추억의 말 없는 교환에 전력을 기울이고 있었다. 로랑이 장미나 불 등 이런저런 얘기를 하면 테레즈의 귀에는 그것이 보트 안에서의 싸움과 카미유의 익사 장면을 말하는 것으로만 들렸다. 무의미한 질문에 테레즈가 네 혹은 아니오, 라고 대답하면 로랑은 그것을 테레즈가 범죄의 자세한 상황을 기억하는 것으로 바꾸어 이해했다."[5]

테레즈와 로랑은 서로를 증오하는 가운데 테레즈는 창녀가 되고, 로랑은 미쳐간다. 그들은 센강 변에서 마지막 만찬을 마치고 서로를 죽이면서 함께 자살한다.

---

5 에밀 졸라, 『테레즈 라켕』, 박이문 역, 민음사, 2003, 211, 213 쪽

소설 속에서 테레즈와 로랑의 욕망은 변덕스럽게 변화한다. 한때 서로는 미친 듯이 사랑했고 그것이 진심이라 믿었다. 그러나 곧 그들은 죄의식과 편집증에 사로잡혀 서로를 증오한다.

주인공의 변덕의 원인은 무엇인가? 그들이 욕망의 힘에 의존하는 것이기 때문이다. 이제 욕망의 특징을 살펴보자

2) 욕망의 개념

행위를 이끌어가는 힘인 의지는 다양한 형태를 보이는데[6] 우리는 그런 의지의 다양한 형태들을 크게 욕망과 자유 의지라는 두 가지 범주로 구분하려 한다.

의지의 한 가지인 욕망부터 살펴보기로 하자. 대체로 욕망은 결핍으로 규정된다. 욕망은 그것을 채우려는 힘이다.[7]

---

6 헤겔은 의지를 포괄적인 개념으로 보고, 욕망 외에 다양한 실천능력을 이 의지 속에 집어넣었다. 헤겔은 의지도 자각 능력을 갖는 것으로 보면서 의지를 자각의 정도에 따라서 체계화했다. 욕망은 자각되지 않는 의지다. 자유 의지는 자각된 의지가 된다. 자유 의지는 자각의 정도에 따라 자의와 개별적 자유 의지, 정신으로 구분된다.

7 들뢰즈는 스피노자의 생각을 이어받아 욕망을 긍정적으로 규정했다. 즉 욕망은 무엇인가를 생산하는 힘이다. 들뢰즈의 입장은 거시적 욕망과 미시적 욕망을 구분하는 것을 전제로 한다. 즉 우리가 흔히 욕망이라고 하는 것은 거시적 욕망이며 이는 미시적 욕망의 적분에 따라 생산된다. 우리에게 존재하는 진짜 욕망은 미시적 욕망이고 거시적 욕망은 이런 집적을 통해 나타나는 효과에 불과하다. 미시적 욕망은 거시적 욕망을 생산하기에 들뢰즈는 욕망은 생산이라 규정한다. 그러나 미시적 욕망은 다시 결핍으로 규정되니, 그의 욕망 개념이 일반적인 욕망의 개념과 다른 바는 없다.

우리는 다양한 형태의 욕망을 느낀다. 욕망에는 물질적 욕망도 있고 정신적[문화적] 욕망도 있다. 욕망은 개인적인 욕망뿐만 아니라 집단적 욕망 또는 계급적인 욕망도 포함한다. 정신분석학에는 소위 자연적 욕망 외에 리비도화된 욕망[8]이라는 개념도 제시한다. 사회학자들은 정상적인 욕망과 광고 등에 따라 만들어지는 인위적 욕망을 말하기도 한다.

다양한 욕망 가운데 인간의 가장 기본적 욕망은 자연적인 것[본능]으로 간주된다. 나머지 욕망은 이런 자연적 욕망에서 파생된다. 인간에게 어떤 욕망이 존재하는가는 심리학적, 사회학적 연구의 대상이며, 경험적으로 발견될 수 있는 사실에 속한다.

---

8 욕구, 욕망이라는 개념은 같은 의미로 사용되지만, 의미를 구분해서 쓰기도 한다. 이때 욕구는 자연적인 때 사용되고 욕망은 이 자연적 욕구가 관념화된 때 사용된다.

프로이트는 자기보존의 욕구[식욕 등]와 성욕을 구분하면서 전자는 생물학적 욕망이며 성욕은 리비도화된 욕망으로만 존재한다고 본다. 프로이트에게서 리비도화된 성욕은 본능적이다.

반면 라캉은 리비도화가 가족 관계 즉 사회관계에서 형성되는 심리적 요인에 의존한다고 본다. 욕망의 리비도화는 개인의 욕망이 부모와 같은 대타자의 욕망에 지배당하므로 생겨난다. 즉 부모가 욕망하는 것을 자기가 욕망하든가 아니면 자기가 부모가 욕망하는 대상이 되기를 욕망한다. 라캉은 이를 타자적 욕망이라 했다. 인간은 태어나면서부터 사회적 관계 속에 태어나므로 인간의 모든 자연적 욕구는 리비도화될 수 있다.

라캉은 자연적 욕구와 리비도화된 욕망을 구분한다. 성욕이 리비도화되어서 성적 욕망이 되듯 식욕도 타자적 관계 속에서는 리비도화된 식욕이 될 수 있다.

의지를 다루는 도덕론적 논의에서는 어떤 욕망이 존재하는가 하는 문제보다 욕망이 지니는 일반적인 특징이 중요하다. 즉 욕망의 작동 방식 또는 자기실현의 방식이 주로 문제 된다.

욕망은 물질적인 힘으로 작동한다. 욕망은 다른 자연적 물질에서 작동하는 힘과 다른 양상을 보여준다. 자연의 물질적 힘은 타성적이며[즉 가만히 두면 움직이지 않고] 인과 관계를 통해 작용한다. 반면 욕망은 인간의 행위를 일정한 방향으로 향하게 하며, 상황의 변화에도 같은 목적을 지향하게 한다. 이런 점에서 목적 지향적이다.[9]

3) 충동성과 합리성

자연과 욕망은 인과적이냐 목적론적이냐 하는 차이가 있지만, 불가항력적, 필연적이라는 점에서는 동일하다. 물질의 운동과 마찬가지로, 욕망도 일단 발생하면 저항할 수 없는 힘을 발휘한다.

이런 힘 때문에 욕망은 자주 충동으로 불린다. 욕망이 충동적이라고 해서 그것을 충족하는 행위 자체가 충동적인 것은 아니다. 행위가 충동적으로 일어난다면 그것은 비합리적 행위일 가능성이 크다. 상황에 의존하지 않고 고정된 방식으로 행위를 한다면 이는

---

9 헤겔은 동물의 욕구와 인간의 욕망은 둘 다 목적론적이기는 하지만 관념성을 갖는가 아닌가에 따라서 구분한다. 동물의 욕구에는 관념성이 결여된다. 인간의 욕망이 마음속의 관념에 따라 일어나므로, 합리적 선택 가능성이 생기고 따라서 헤겔은 욕망을 자유 의지의 실마리의 형태로 간주한다.

병적인 상황이 된다. 예를 들어서 강박적 행위의 경우다.

대체로 정상적인 행위는 욕망은 합리적으로 추구된다. 욕망은 상황에 따라 효율적으로 행위를 한다. 욕망의 행위는 합리성에 따라 자유롭게 일어난다.

이런 합리적 욕망마저도 충동적이라는 성격을 버릴 수 없다. 행위는 자유롭게 일어나지만, 항상 그 결과를 획득하고자 불가항력적인 힘을 발휘하기 때문이다. 따라서 욕망의 특징을 그려내려면 자유롭게 일어나지만, 충동적이라는 모순적인 표현을 사용할 수밖에 없다.

4) 고정성과 무상성

마음속에 욕망은 어떻게 떠오르는가? 욕망을 자극하는 것은 외적이거나 내적인 자극이다. 인간의 경우 대체로 자극과 욕망의 관계는 습관화[조건반사화]되어 있어 이 연관은 고정된 편이다. 자극은 내외적으로 끊임없이 변화하므로 그 결과 생겨나는 욕망도 무상하게 변화한다. 고정성과 무상성 역시 모순된 표현인데, 욕망을 그려내는 데 두 가지 표현이 동시에 필요하다.

욕망이 발생하는 데서 나타나는 무상성은 욕망이 추구되는 데서 저항할 수 없는 성격과 모순되는 것처럼 보이지만, 실상 차원이 다른 문제다. 두 가지 성격이 결합하면 욕망의 변덕스러운 모습이 그려진다.

욕망은 어떤 목적을 향해 미친 듯이 달려가다 순식간에 방향을 바꾸어 다른 목표를 향해 또다시 미친 듯이 달려간다. 아이들의 욕망을 살펴보면 자기 장난감을 가지고 놀다가 어느새 다른 장난감에 빠진다. 이런 모습이 비단 아이들에게만 그렇겠는가? 미친듯한 사랑의 열정에 사로잡혔던 사람이 갑자기 사랑의 감정이 일시에 사라져버리고 냉담해지는 것을 경험해 본 사람이 많다.

의지 가운데 욕망에 대립하는 자유 의지는 합리적으로 선택된 욕망에 해당한다. 이런 자유 의지는 고유한 쾌락 즉 향유를 갖는다. 이런 자유 의지는 지속적인 가치에 의존하므로 지속성을 지닌다.

5장 자유 의지의 특징

1) 자유 의지의 특성

앞에서 합리적으로 선택한 욕망이 자유로운 의지라 했다. 그것을 선택했기 때문에 자유로운 것이 아니라 합리적이기에 자유로운 것이다. 이런 자유 의지는 일단 유효한 의지가 된다.

자유 의지의 특성을 욕망의 특성과 비교해 보자. 욕망은 만족하면 쾌락이 얻어진다. 모든 욕망이 쾌락을 목적으로 하는 것은 아니지만, 욕망의 충족은 대부분 쾌락을 동반한다. 그런데 가치있는 것을 실행하는 자유 의지도 욕망과 같은 쾌락을 동반하는 것일까?

자유 의지의 실행은 어떤 느낌을 동반한다. 이 느낌은 명백히 욕망에서 얻어지는 쾌락과는 다르다. 이 느낌은 매우 다양한 느낌을 포괄하고 있다.

행위를 하면 자주 약동감, 활력을 느낀다고 한다. 청춘남녀의 애정표현 속에는 한없는 기쁨이 들어 있다. 소녀들이 함께 떠드는 소리에는 발랄함이 있다. 또 오랫동안 계획했던 여행을 떠날 때 온몸에 짜릿함이 느껴진다.[10]

2) 즐거움

이런 느낌을 욕망에서 얻어지는 쾌락[11]과 구분하여 일반적으

---

10 이 점과 연관하여 헤겔이 『정신현상학』에서 논의했던 내용이 주목할만하다. 헤겔은 인식이 무의식, 대상 의식과 자기의식의 단계로 나누어진다고 본다. 각각 감각, 판단, 추론을 지칭한다. 그런데 헤겔은 정신에는 이런 인식의 측면과 구분되는 의지의 측면이 존재한다고 한다. 이런 의지의 측면에는 여러 요소가 포함된다. 이 의지 역시 무의식, 대상 의식, 자기의식의 단계로 구분된다. 의지 가운데는 욕망과 감정, 자의와 자유 의지가 있는데 헤겔은 이런 의지의 구별 역시 인식의 구별인 무의식, 대상 의식, 자기의식의 단계에 대응하는 것으로 간주한다. 요컨대 헤겔은 자유 의지에는 고유한 자기 인식적 측면이 있다. 그것을 헤겔은 자유로움이라 한다.

11 정신분석학자 라캉은 이런 강화된 욕망을 일반적 쾌락과 구분하여 쥬상스(jouissance)라고 표현한다. 흔히 이 말은 '향유'라는 말로 번역된다. 이 말은 성적 욕망의 만족에서 얻어지는 강력한 쾌락을 지칭하기 위해 자주 사용되는 말이다.

라캉은 쥬상스를 개념을 어떤 주체의 행위가 대타자에서 시인받음으로써 생겨나는 것으로 본다. 도덕적 규범도 이런 대타자에 포함된다. 라캉식으로 말하자면 합리적인 욕망을 추구할 때 이런 대타자의 시인을 받음으로

로 말하자면 이를 어떻게 표현할 수 있을까? 이를 일반적으로 표현하기 위해 즐거움이라는 말이 적절할 것 같다. 운동선수나 예술가, 농부나 목수는 자유롭게 활동하면서 자기의 활동을 자주 즐긴다고 표현하기 때문이다.

욕망에서 얻어지는 쾌락은 욕망이 충족되는 때만 등장한다. 하지만 자유 의지에서 얻어지는 즐거움은 행위의 결과가 성공이냐 실패냐 하는 것과는 무관하다. 그것은 결과가 아니라 그 과정에서 느껴지는 즐거움이기 때문이다. 그것은 마치 운동선수가 경기에서 패배했더라도 경기 중에서 즐거움을 느끼는 것과 같다.

욕망에서 얻어지는 쾌락에서는 결과가 중요하므로 굳이 그 결과를 욕망하는 자 자신이 만들어낼 필요는 없다. 그런 결과는 다른 사람을 통해서도 만들어져도 결과를 통해 얻는 쾌락은 동일하다. 하지만 자유 의지의 경우 결과가 아니라 과정이 중요하므로 의지의 수행자 자신이 스스로 실행하는 가운데서만 즐거움이 생겨난다.

이런 자기 실행이라는 개념은 상당히 엄밀하게 규정된다. 내가 실행하더라도 타인의 요구를 실행하는 때라면 즐거움이 느껴지지 않는다. 또 어린아이처럼 자기의 요구를 실행하더라도 타인의 지시에 따라서 꼭두각시처럼 행위를 할 때도 즐거움이 느껴지지 않는다.

운동가와 예술가, 농부와 목수의 활동은 자기의 요구를 자기가

써 쥬상스가 느껴진다고 할 수 있다.

계획하고 관리하면서 실행하는 활동이기에 즐거움이 느껴지지만, 자본주의 사회에서 노동자의 노동은 그렇지 않다. 그것은 자본가의 요구를 자본가가 지시하는 대로 노동하는 것이기에 고역이고 소외다.

타인의 도덕적 행위나 예술작품에서 감동하여 눈물을 흘리는 때도 있지 않을까? 이때는 다른 사람들의 행위를 보고서 즐거움을 얻는 때가 아닐까? 그렇지 않다. 이때 그는 타인의 행위나 작품 속의 행위를 자신의 행위로 동일화한다. 이런 동일화 때문에 즐거움이 느껴진다. 만일 그가 비평가가 되어서 타인의 행위를 객관적으로 관찰하거나 평가하려 하는 때 동일화가 없으므로 감동이나 눈물은 더는 존재하지 않는다.

3) 지속성

욕망이란 원래 변덕스럽다. 외적이거나 내적인 자극 자체가 날씨처럼 변덕스러운 것이기 때문이다. 반면 자유 의지를 통해 일어나는 행위는 지속적이다. 가치라는 것은 본래 사회적이고 역사적이므로 그렇게 쉽게 바뀌지 않는다. 가치가 불변하는 것은 아니지만, 상당한 지속성을 지니므로 가치를 따르는 자유 의지는 오랫동안 한결같다.

가치란 대체로 욕망 중에 비교 우위를 지닌 욕망이다. 이때 행위가 가치 있는 욕망 안에 내포된 욕망에 기인한 것인지 아니면 그것이 지닌 가치에 따른 것인지 모호하다.

예를 들어서 내가 강렬한 열정을 지닌 여인을 사랑할 때 나의 사랑은 강렬한 열정을 가치 있는 것으로 판단하기 때문인가? 아니면 그저 강렬한 열정이 내게 성적 자극을 불러일으키기 때문인가? 쉽게 판단하기 힘들다.

자신의 마음을 반성해 보면 그것이 욕망 때문인지 아니면 가치 때문인지를 알 수 있지 않을까? 이런 반성조차 우리를 속이는 때가 많으니 믿기 어렵다. 이런 구분은 그 욕망이 정신적이냐 육체적이냐에 따라 구분되는 것일까? 하지만 예를 들어서 '강렬한 열정'이 정신적인 것인지 물질적인지 구분하기 어렵다.

이를 판단하는 다른 기준은 없을까? 이때 지속성이라는 기준을 가지고 지표[12]로 삼을 수 있지 않을까? 가치 판단에 따른 행위라면 변함이 없이 지속한다. 반면 욕망 때문이라면 욕망의 변덕에 따라 곧 사라지고 만다.

4) 맥베스 부인

사악한 욕망을 지닌 존재라고 하더라도 그 욕망을 철저하게 지속해서 추구하게 되면 그것은 단순한 욕망으로 보기 어렵다. 심지어 그것은 도덕적이거나 심지어 숭고한 욕망으로 전환되기도 한다. 이런 예로 소설 『므첸스크군의 맥베스 부인』의 예가 있다. 이는 19세기 러시아 소설가 니콜리아 레스코프[13]가 지은 소설이

12　지표는 반드시 진짜 근거가 무엇인지를 직접 보여주는 것은 아니지만, 간접적으로는 그것을 확인해 줄 수 있는 기준을 말한다.

13　니콜라이 레스코프는 1831년 러시아에서 태어나, 열정적인 독서

다.

소설의 주인공 카테리나는 어린 나이에 늙은 상인 이즈마일로프의 부인이 되었다. 그녀는 상인의 부인으로서 부르주아 성채에 갇혀 살면서 권태를 느낀다. 그녀는 어느 날 하인들이 모여 있는 헛간을 지나가다, 하인들의 성적인 장난을 보게 된다. 그 중심에 잘 생긴 세르게이가 있다. 그는 추문이 돌고 있지만, 활기에 넘친 남자다. 소설은 부르주아의 권태의 세계와 하인의 활기 넘친 세계를 대비한다.

얼마 뒤 카테리나의 남편이 공사장에서 머물면서 집으로 돌아오지 않는 날, 세르게이는 카테리나의 방을 거칠게 밀고 들어와서 카테리나를 사로잡는다. 카테리나는 그 후 세르게이와 거침없는 욕망에 빠지지만, 곧 시아버지에게 발각이 된다. 그녀는 독이 든 수프로 시아버지를 독살한다.

카테리나의 소문을 들은 남편 이즈마일로프가 돌아오자 카테리나는 세르게이와 함께 그를 살해한다. 그녀의 행위는 여기에 그치지 않는다. 남편의 사촌 누이가 아이 표도르를 데리고 집으로 들어온다. 표도르는 남편의 사생아로 보인다. 세르게이가 표도르를 꺼리자 카테리나는 이 아이마저 베개로 눌러 질식시키고 만다. 그녀는 곧 발각되어 재판을 받는다.

카테리나의 행위는 도덕적으로 본다면 사악한 행위임이 틀림

를 통해 게르너, 포이어바흐, 뷔히너 등의 급진 부르주아 사상이나 자연주의적 경향을 지닌 작품에 접하고 소설을 쓰게 된다. 그의 대표작이 『맥베스 부인』이고 이 작품은 2016년 영국 감독 올드로이드가 영화화했다.

없다. 그녀의 별명이 맥베스 부인이다. 카테리나가 셰익스피어의 희곡 『맥베스』에서 권력의 화신 맥베스 부인을 연상시키기 때문이다.

세르게이는 재판을 받으면서 죄의식을 느끼며 과거의 잘못을 후회하고 카테리나를 멀리하지만, 카테리나는 여전히 세르게이에 집착한다. 그녀에게는 죄의식조차 없다. 세르게이가 유형 중에 만난 어떤 여인에게서 구원을 찾으려 하자, 카테리나는 이 여인을 끌어안고 배에서 떨어져 죽는다.

카테리나의 행위는 명백히 비도덕적 행위다. 그러나 그녀의 욕망이 처절하고 집요하게 되자 독자는 심지어 카테리나에게서 숭고한 도덕적 감정을 느끼게 한다. 그녀의 행위는 자유를 위한 탈출이었다.

이제 심성론에서 도덕론으로 넘어가 보자. 도덕론은 의지의 완전성 즉 덕성을 어디서 찾는가에 달려 있다. 욕망은 행위의 결과가 목적을 달성한 것인가를 가지고 평가한다. 반면 자유 의지는 행위의 동기를 가지고 평가한다. 이 동기는 행위자의 본래적 가치에 얼마나 충실한가에 따라 평가된다. 두 가지 입장에 두 가지 도덕론이 제시된다. 도덕적 결과주의와 도덕적 동기주의다.

6장 결과주의와 동기주의

1) 도덕적 완전성

우리는 앞에서 의지의 두 형태를 비교해 보았다. 외적이거나 내적인 자극에 지배되는 욕망과 합리적으로 가치에 따라 선택된 자유 의지다. 욕망은 자극과 인과적 연관이 있지만, 자유 의지는 가치에 대해 합리적 연관을 갖는다. 욕망은 결과에서 쾌락을 얻지만, 자유 의지는 그 과정 중에서 즐거움을 얻는다.

도덕론은 의지가 어디에서 탁월성이나 완전성에 도달하거나 도덕적인 행복감을 느끼는가 하는 문제다.[14] 의지의 완전성을 덕

---

14 사실 심성론과 도덕론을 구분하기는 애매하다. 전자는 사실의 차

이라 말한다. 의지는 완전한 덕에 이르면 스스로 행복감을 느낀다. 이 행복감은 예를 들어서 욕망에서 느끼는 쾌락과 자유 의지에서 느끼는 즐거움과 구분되는 도덕적 차원에서 느끼는 행복감을 말한다. 흔히 도덕감, 도덕적 의식이라 말하기도 한다.

2) 욕망과 자유 의지

심성론적으로는 자유 의지와 욕망이 구분되었다. 이때는 욕망이 자극에 따라 인과적으로 일어나는가 아니면 가치를 따라서 합리적으로 선택된 것인가에 따라 구분된다.

도덕론 관점에서도 의지를 두 가지로 구분하려 한다. 하나는 욕망이며 다른 하나는 자유 의지다. 도덕론적인 의미에서 욕망은 행위가 현실적으로 획득한 결과의 관점에서 욕망을 평가하는 때를 의미한다.[15] 이를 도덕론에서 결과주의라 한다. 욕망이라는 말은 이미 이런 결과주의를 함축한다.

원을, 후자는 당위의 차원을 의미한다는 점에서 차이가 있다. 그러나 심성에 관한 객관적 과학이 가능하지 않는 한, 양자는 뒤섞이게 마련이다. 심성론은 도덕론의 당위를 전제로 파악되며, 도덕론의 당위는 심성의 사실을 근거로 한다.

15 최종 결과에 이르려 하지 않는 욕망도 있을까? 정신분석학은 자주 대상에 도달하지 못하고 대상을 순환하는 충동이라는 개념을 제시한다. 예를 들어서 스토커가 대상을 따라가기만 하고 결코 대상과 마주치려 하지는 않는 때다. 하지만 이때 대상에의 접근을 방해하는 다른 충동이 개입해서 두 가지 충동[예를 들어서 죽음의 본능과 에로스 본능]이 충돌하기 때문이지, 그 충동이 대상을 향해 달려간다는 것에는 변함이 없다.

그와 달리 욕망을 가치의 관점에서 반성하면서 욕망을 평가할 수 있다. 이런 평가는 욕망이 가치에 비추어 얼마나 합리적인가를 평가한다. 이를 도덕론에서 동기주의라 한다. 도덕론적 관점에서 자유 의지라고 할 때는 주로 이런 의미에서 사용된다.

도덕론적으로 인간의 행위를 평가할 때 욕망의 관점과 자유 의지의 관점에서 충돌이 벌어질 수 있다는 것은 자명한 일이다. 이 두 가지가 자주 괴리되면서 어느 것을 우선시해야 하는가 하는 도덕적 고민이 발생한다.

자주 도덕적으로는 합리적이지만, 현실에서는 성공하지 못하는 행위를 발견한다. 거꾸로도 가능하다. 현실적으로는 성공적이지만, 도덕적으로는 비합리적일 때다. 이와 같은 충돌의 상황에서 어느 편에 서는가가 도덕론적 입장을 결정한다.

도덕론에서는 욕망이냐 자유 의지냐, 도덕론적 결과주의와 동기주의냐가 대립해 왔다.

3) 최단 최선의 길

두 가지 도덕론적 입장 가운데 우선 욕망 즉 도덕적 결과주의를 보자.

욕망이 결과에 도달하는 과정을 보자. 욕망은 현실 속에서 가능하면 최선의 길, 최단의 길을 택해서 만족에 이른다. 최선 최단의 길이 가장 효율적인 길이며, 가장 합리적인 방식이다.

때로 비합리적인 방식도 있다. 이것은 욕망이 최종적인 결과에 집착해서 현실을 무시하는 때다. 이때 때로 욕망은 만족을 위해 유아기에 사용했던 퇴행적인 수단[예를 들어서 손가락 빨기 등]을 쓰거나 과거 기억 속의 쾌락에 탐닉하기도 한다. 이런 방식도 어떻게 보면 욕망의 만족에 이르기 위한 길이고 넓게 본다면[수단이 없는 현실을 고려하면] 나름대로 효율적인 길이라 하겠다.

효율성이 행위의 지침 또는 원리가 될 때, 이런 태도를 도덕에서 결과주의라고 부른다. 가장 효율적인 길이 도덕적 행복감을 준다.

도덕적 결과주의는 결과에 도달하기 위한 과정에서 등장하는 개개의 행위를 그 자체로 평가하지 않고 최종적인 목적에 얼마나 이바지했는가를 통해 평가한다. 직접 보면 그 결과와는 전혀 무관한 행위라도 간접적으로 결과에 이바지하게 된다면, 의미를 지니게 된다.

단적인 예를 들자면 유다의 배반을 들 수 있다. 그 자체로는 예수가 실현하는 구원의 역사에 이바지할 것 같지 않다. 그러나 유다의 배반으로 예수가 처형되었다. 예수의 죽음이 구원의 역사에서 핵심적인 사건이므로 유다의 배반도 의미를 지니게 된다. 유다는 구원의 역사를 위해 불가결한 존재로 자리 잡게 된다.

도덕론에서 욕망의 원리는 효율성이다. 효율성 때문에 자주 그 자체로서는 악한 수단이 동원되기도 한다. 또는 목적의 실현에 조급한 나머지 과도한 수단을 선택하는 때도 있다.

예를 들어서 혁명을 위해 폭력이 필요할 때도 있다. 이런 폭력을 혁명적 폭력이라고 한다. 그러나 성급하게 이런 수단을 선택했을 때 폭력적 행위는 원래의 목적을 벗어난다. 폭력은 폭력을 낳고 눈덩이처럼 굴러가면서 불필요한 폭력과 잔인한 폭력이 출현한다. 이제 폭력은 심지어 목적을 대체해 버리고 만다. 처음에 수단으로 규정되던 폭력이 그 자체로 찬양된다. 이런 전복이 일어나는 이유는 무엇인가? 이는 결과에 집착하기 때문이다. 이런 전복은 도덕적 결과주의의 불가피한 결론이다.

4) 도덕적 동기주의

앞에서 욕망은 도덕적 결과주의를 택한다고 말했다. 그렇다면 자유 의지는 어떤가? 자유 의지는 어떤 기준에 따라 완전성에 이르렀다고 보는가? 자유 의지는 어디에서 도덕적 행복감을 얻는가?

자유 의지의 덕성은 성실성[16]이나 충실성[17]에 있다. 성실성이든, 충실성이든 이것은 자신이 추구하는 의욕이 규범이나 가치에 부합하는가를 통해서 판단된다. 그의 행위를 통해 아무리 목적을

16　성실은 영어로는 'concientious'이고 한자로는 '誠實'이라 한다. 뜻한 바를 이루려는 데 힘을 다한다는 뜻이다. 언뜻 보면 효율성과 유사하지만, 성실성은 결과를 달성하려는 노력으로 평가된다. 열심히 노력했지만, 결과는 없다면 성실하지만, 효율적이지는 않다는 말이다.

17　충실이란 영어로 'integrity'이고 한자로는 '忠實'이라 한다. 이는 어떤 것을 지키려고 힘을 다한다는 뜻이다. 이때 대상이 되는 것은 대체로 가치, 법칙, 규범 등이다. 충실성은 주로 일이나 목표에 부합하는가에 따라 평가된다.

달성하지 못했더라도 그가 추구하는 것이 자신의 가치에 성실하거나 충실했다면 그는 덕이 있는 존재다. 거꾸로 그의 행위를 통해 얻은 결과가 아무리 성공적이더라도 그의 의욕이 가치에 부합하지 못하다는 것이라면 그는 비도덕적 인물이 되고 만다.

자유 의지의 완전성은 의욕의 성실성, 충실성에 있으므로 이때가 덕의 탁월성이고 도덕적 행복감이 출현한다.[18] 여기서 도덕적 동기주의라는 도덕론이 출현한다. 이 동기주의는 앞에서 말한 도

---

18 도덕적 결과주의와 도덕적 동기주의라는 구분은 칸트가 『실천이성비판』에서 사용했던 도덕에서 결과주의와 동기주의를 구분을 상기시킨다. 칸트는 도덕적 결과주의는 행위가 도덕법칙에 적합하기만 하면 된다고 주장한다. 이때 '적법하다(Legaltät)'고 표현한다. 반면 행위의 동기가 도덕적이어야 한다고 즉 가치 법칙에 일치해야 한다고 주장하면 동기주의가 된다. 이때 '도덕적(Moralität)'이라 규정된다.

칸트의 용어 법과 우리의 용어 법은 구분된다. 이 글에서 도덕적 결과주의라고 할 때는 의도가 수행된 결과를 말한다. 즉 결과를 얼마나 얻었는가를 가지고 행위를 평가한다. 반면 칸트의 결과주의는 행위가 평가대상이다. 평가 기준은 도덕법칙과의 부합성이다.

칸트의 동기주의는 행위의 동기가 도덕법칙에 부합하는가를 따진다. 우리가 도덕적 동기주의라고 말한 것은 실제의 의지를 기준으로 한다. 즉 단순한 동기가 아니라 실제의 의지가 평가의 대상이다. 실제의 의지는 합리적 동기에 따라 성립하는 유효한 의지가 욕망 등의 장애를 극복하고 실제 행위를 끌어내는 때다.

칸트의 동기주의는 행위가 없이 마음속으로 도덕적 가치를 지향하기만 하면 도덕적이라고 평가된다. 사유, 마음은 자유로우니, 이런 식으로 동기, 마음, 의도를 평가한다는 것은 도덕론에서는 무의미하다. 중요한 것은 행위를 이끄는 의지가 도덕적 가치를 따르는가다.

덕적 결과주의와 대립한다.

도덕적 동기주의는 문학적 행동주의와 비교될 수 있다. 흔히 도스토엡스키, 생텍쥐페리, 앙드레 말로, 박경리 등과 같은 작가를 행동주의 문학자라 부른다. 그들의 주인공이 열정적으로 행동하는 인물이기 때문이다. 그들의 작품에 나오는 주인공의 행동은 현실을 고려하지 않는 무모한 행동이며 때론 선악이라는 기존 도덕적 질서를 초월하는 행동이다. 주인공은 행동하는 가운데 말할 수 없는 전율을 느낀다. 주인공은 마치 행동하기 위해 살아가는 것처럼 보인다.

대표적인 예가 도스토엡스키의 작품 『죄와 벌』의 주인공 라스콜리코프와 소냐이다. 라스콜리코프는 인류의 선을 위해 살인을 저지르며, 소냐는 타인[가족]을 위해 자신의 몸을 팔기도 한다.

도덕적 동기주의 역시 실행과 의지를 강조한다는 점에서 문학적 행동주의와 유사하다. 다만 문학적 행동주의에서는 주인공이 열정에 끌려 행동하는 수동적인 존재라는 측면이 더 강조되며, 도덕적 동기주의는 합리적인 자유 의지를 강조한다는 점에서 차이가 존재한다. 즉 열정이냐 자각적 의지냐 하는 차이다.

5) 도덕적 행위의 아름다움

욕망의 경우 그것을 실현하는 과정은 중요하지 않다. 오직 최종적인 결과만이 중요하다. 그러나 자유 의지는 의지가 자신이 선택한 가치에 충실한가, 얼마나 성실하게 노력하는가가 중요하므로, 그 하나하나의 과정 자체가 중요하다.

이런 점에서 자유 의지는 스포츠나 예술과 닮은 점이 있다. 스포츠에서는 최종 결과만이 중요한 것이 아니다. 만일 최종 결과만 본다면 운동경기를 굳이 볼 필요가 있을까? 뉴스 시간에 전해 주는 골 넣는 장면만 보면 충분하다. 하지만 스포츠를 좋아하는 사람은 얼핏 지루하게 보이는 경기 도중 일진일퇴 과정을 눈이 빠지라고 지켜보고 있다. 그는 비싼 돈과 수고를 들여 경기장에 나가 개개의 행위 자체에 탐닉한다. 이는 경기 과정 중에서 개개의 행위에서 즐거움을 얻기 때문이다.

그것은 예술작품에서도 마찬가지다. 아무도 심포니의 화려한 최종 악장만을 듣지 않는다. 지루하더라도 중간을 빼먹지 않으며 아무도 그림이 무엇을 그린 것인가만 보지 않는다. 가까이 다가가서 화가가 붓을 어떻게 쳤는지, 색깔이 어떻게 빛을 발하는지를 자세히 살펴본다. 이렇게 예술에서 항상 세부적인 것이 중요한 것은 이 세부적인 하나하나가 즐거움을 주기 때문이다.

아름다움이 이처럼 세부적인 것을 포함하는 것이라면 이런 점에서 자유 의지는 스포츠나 예술과 가깝다.

2장 운명과 정념

-라신느의 자유 의지-

운명이란 인간이 외부의 힘에 지배되는 상태를 말한다. 처음에 이런 외부의 힘은 자의적인 힘 즉 신의 힘으로 간주되었다. 하지만 인간의 자유 의식이 조금 더 발전하자, 운명은 외적으로 확립된 하나의 법칙으로 간주된다. 이 법칙을 지키는 한에는 그 내부에서 인간은 자유롭게 된다. 만일 이 법칙을 어기게 된다면 법칙은 자동으로 작동하여 다시 인간을 지배하게 된다.

1장 운명의 개념

1) 운명론

실천적 의지를 다루는 도덕론에서 가장 첫 번째 논의 대상은 운명론이다. 운명론이란 외부적인 힘이 인간을 지배한다는 주장이다. 인간은 이런 외부적 힘을 알지 못한다. 결정된 운명은 인간에게 필연적으로 작용한다.

필연성이라는 말에 일반적으로 두 가지 의미가 있다는 사실에 주목해야 한다. 자연 필연성은 자연법칙의 필연성을 의미한다. 이런 필연성은 인과적 법칙에 따른 필연성, 역학적 원인이 작용하는 필연성이다.

또 하나의 필연성이 있다. 그것이 운명의 필연성이다. 때로 이 것을 '숙명'이라고 말하기도 한다. 이 운명의 필연성은 결과의 필연성이다. 즉 어떤 과정을 거치든 간에 최종적으로는 그런 결과, 그런 목적에 이르게 된다. 결과를 흔히 목적이라 하므로 이 숙명은 목적 필연성이라 할 수도 있다.

운명론이 인간의 자유 의지를 전적으로 배제하는 것은 아니다. 일정한 정도 인간은 자유롭게 행동한다. 하지만 무슨 행위를 하든 그 결과는 항상 동일한 결과에 이른다는 것이 운명론이다. 행위가 항상 동일한 결과에 이른다면 아무리 자유로운 행위라도 무의미하게 된다. 운명 개념의 발전과 자유 의식의 발전이 함께 일어난다.

2) 운명의 장난

처음에 운명은 알 수 없는 외적인 힘으로 설명되었다. 이를 우연의 힘이라 한다. 여기서 우연이 기묘하게 작용하여 어떤 결과가 나왔다는 주장이 등장한다. 즉 기묘한 운명의 장난이다.

하지만 운명의 장난이 지배하는 부조리한 세상이라면 운명이라는 개념도 사실 무의미하다. 행위의 결과가 무엇이 될지 모르기 때문이다.

운명론은 무슨 행위를 하든 결과는 동일하다는 것을 전제로 한다. 여기서 이런 동일성을 파악하려는 사유가 이미 시작되고 있다.

이런 동일한 결과 즉 숙명은 단순한 외적인 힘, 우연만으로 또는 우연의 장난으로 설명되기 어렵다. 우연의 주사위는 항상 동일한 결과가 나오는 것은 아니다.

숙명을 설명하려면 어떤 외적인 자의적 존재가 필요하게 된다. 이 존재는 외적으로 작용하는 모든 힘을 조정해서 결과적으로 그 사람의 운명이 실현되게 하는 존재다. 이런 외적인 존재는 모든 사람의 저마다 다른 운명을 실현하게 만들 능력이 있어야 하니, 아무래도 신적인 능력을 갖춘 존재이다.

복잡한 사회에서 각자의 운명을 모두 결정해 주기에는 신이라도 좀 벅차지 않을까? 신의 능력은 무한하니 못할 것도 없겠지만, 신이 세상을 이처럼 일일이 조정하는 일은 번거로운 일이 아닐 수 없다. 그런데 더 간단한 방법이 있다. 그리스인들이 생각한 운명의 법칙이다.

3) 운명의 법칙

그리스에서 운명의 여신들(Moirai)과 관련된 신화를 살펴보면 그리스적인 운명의 개념을 쉽게 이해할 단서를 얻을 수 있다.

이 여신은 크레타섬의 미노아 문명 시절부터 시작된다. 동굴 속에서 살면서 인간의 운명을 지배하는 신이었다고 한다. 신화에 의하면 이 여신은 여신(Nix)의 딸이다. 이 신은 밤의 신이면서 심지어 다른 신들조차도 감히 거역할 수 없는 힘을 행사한다. 그리스 초기 단계에 제우스 정도의 위치를 지닌 신이었다.

이 여신에게는 세 명의 딸이 있다. 클로토(Clutho)는 운명의 책을 보면서 각자의 운명을 미리 판단하는 신이다. 라케시스(Lachesis)는 망원경을 들고 판단된 운명에 따라 사건들이 일어나는지를 감시하는 신이다. 마지막 아트로포스(Atropos)는 운명의 가위를 들고 최종적으로 운명을 실행하는 신이다.

여신의 세 딸 가운데 원래는 아트로포스만 있었다고 한다. 즉 최종적인 결과를 결정하는 신이다. 그러다가 회고적 사유를 통해 운명을 예정하는 클로토라는 신이 생겨났다. 운명이 실행되는 과정에서 궤도에서 이탈하는 가능성도 있으니 이를 감시하는 신도 생겨난다.

4) 질서로서 운명

앞에서 설명했듯이 본래 그리스 운명의 여신은 밤의 여신 즉 알 수 없는 어두운 존재였다. 운명의 여신 모아라이는 나중에 가면 밤의 여신이 아니라 법의 여신(Themis)의 딸로 변경된다. 여기서 법이란 사회의 자연적 질서 즉 자연법을 의미한다.

운명의 신의 계보가 변경되는 것과 더불어 운명의 신의 자매들도 변경된다. 처음에는 케레스(Keres:숙명), 타나토스(Thanathos:죽음), 네메시스(Nemesis:기억)가 자매였다. 이제는 유노미아(Eunomia:질서), 디케(Dike:정의), 에이레네(Eirene:평화)가 그 자매가 된다.

이제 운명은 인간을 자의적으로 지배하는 힘이기를 그치고 인간이 지켜야 할 법을 옹호하는 힘이 된다. 운명의 신은 어떤 개인이 운명이 정한 법을 넘어서게 된다면 이를 처벌해 법적 질서를 회복한다. 한계를 넘어서는 것은 인간의 자유이지만 한계를 회복하는 것은 운명의 신이 지닌 힘이다.

인간이 운명이 정한 법의 한계 내에 머문다면 그는 더는 운명의 자의적인 힘을 염려할 필요가 없다. 자연이 정해준 한계를 알면 그 한계 안에서 인간은 자신의 삶을 마음대로 꾸릴 수 있다. 그만큼 인간은 자유로울 수 있게 된다.

운명의 법칙은 사회적이다. 운명의 신은 한 민족의 운명을 집단적으로 결정해 준다. 운명이 정한 법이 일반화되면서 운명에 관한 인간의 인식도 발전한다. 이제 운명의 법은 이성적으로 인식할 수 있게 되었다. 이성적 운명이 등장한다.

하지만 여기서 새로운 문제가 등장한다. 운명의 법이 충돌하는 일이 벌어지기 때문이다. 하나의 법만 작용한다면 인간은 그 한계 내에서 혼란 없이 살아간다. 하지만 여러 운명의 법이 충돌을 벌인다면 인간은 충돌하는 운명들 앞에서 당혹하지 않을 수 없다. 인간은 운명의 법을 지키며 살았는데 느닷없이 처벌을 받게 되면서 다시금 신의 자의적 힘에 대한 원망이 등장하게 된다.

부족 단계에서 도시 국가로 이행하면서 운명을 지배하는 법칙에 충돌이 생긴다. 구시대의 법칙과 신시대의 법칙이 대립한다. 이런 운명의 충돌을 잘 보여주는 예가 소포클레스의 비극 안티고네다. 운명의 충돌은 운명의 힘이 지닌 한계를 드러낸다.

2장 안티고네와 운명

1) 운명의 조소

운명이 법적 질서라고 한다면 그런 한계 내에서 사람은 자유를 느낄 수 있다. 운명의 법이 하나가 아니고 여럿이라면, 운명의 충돌 속에서 인간은 다시 운명의 조소를 느끼게 된다.

그리스 비극은 이런 운명의 충돌을 다루고 있다. 그 가운데서도 가장 유명한 것은 소포클레스의 삼부작이다. 『오이디푸스 왕』, 『안티고네』, 『엘렉트라』, 이 삼부작은 모두 운명을 다루고 있다. 일반적으로 널리 알려진 것은 『오이디푸스 왕』이다. 반면 철학자 헤겔은 이 가운데서 오히려 『안티고네』를 가장 순수한 비극, 그리스 비극의 전형으로 간주한다.

헤겔은 『정신현상학』에서 『안티고네』를 분석하면서 이 비극에는 두 가지 원리가 대립하고 있다고 본다. 하나는 혈연의 원리이고 다른 하나는 국가의 원리다. 두 원리가 충돌하면서 주인공 모두가 몰락하는 엄청난 비극이 발생한다.

2) 혈연의 원리와 국가의 원리

이 비극에서 안티고네는 혈연의 원리를 대변한다. 안티고네에게는 두 오빠 즉 조국 테베를 방어했던 오빠와 이웃 나라의 힘을 빌려 테베를 공격했던 오빠는 같은 오빠다. 따라서 어느 오빠이든지 죽게 되면 땅에 묻어 대지 속으로 되돌아가도록 하는 것은 당연한 의무다.

안티고네의 말을 들어보자. 그는 오빠를 장사 지내고 클레온 앞에서 끌려와서 자신이 택한 원리가 하늘의 법이라고 주장한다.

"전 글로 쓰인 것은 아니지만, 확고한 하늘의 법을 넘어설 수 있을 만큼 임금님의 법령이 인간의 몸으로서 강한 힘을 갖고 있다고는 생각하지 않았습니다. 하늘의 법은 어제오늘 생긴 것이 아니고 불멸의 것이며 그 시작은 아무도 모릅니다."[19]

반면 클레온[안테고네의 외삼촌이다]은 국가의 원리를 대변

---

19 곽복록 외 편역, 『희랍 비극 전집』, 현암사, 1969 이 가운데 소포클레스의 『안티고네』는 조우현이 번역했다. 269쪽 참조.

한다. 국가적으로 본다면 싸움을 벌인 두 사람 가운데 하나는 조국을 방어한 자이고 다른 하나는 조국을 배반한 자다. 당연히 전자는 경배 되어야 하고 후자는 처벌되어야 했다.

그래서 클레온은 등장하자마자 코러스 앞에서 자신의 임무를 고백한다. 그는 국가를 최우선의 원리로 삼는다.

> "시민에게 안전이 아니라 파멸이 닥쳐오는 것을 보고서는 나는 결코 가만히 있지 않을 작정이며, 또한 국가에 적대하는 인간을 친구라고 생각하지 않을 것이기 때문이외다. 그것은 즉 우리나라가 우리의 안전을 지켜 주는 배이며, 그 배가 편히 항해할 때 우리는 진정한 친구를 만들 수 있다는 것을 알고 있기 때문입니다."[20]

혈연의 원리와 국가의 원리는 서로 대립한다. 전자는 집단적 개별성을 기초로 하고 후자는 개인의 집합인 일반성을 기초로 하기 때문이다. 전자는 개인을 부정하며 후자는 집단성을 부정한다. 그러나 한 사회가 유지되려면 이 두 원리가 동시에 필요하다. 사회는 개인으로 구성되면서도 집단적 통일성을 갖는 것이기 때문이다.

클레온은 국가의 원리에 집착한 나머지 국가를 유지하는데 불가피한 집단성의 원리[혈연]를 파괴하며 결과적으로 국가 자체를 무너뜨리게 된다. 클레온은 자신의 운명의 대가를 치르게 된다.

20 앞의 책『희랍 비극 전집』, 262-263쪽 참조

안티고네의 애인이었던 아들은 자살하며 이어서 그의 아내도 자살하면서 그의 가족은 파멸된다.

"오오, 아들이여. 나는 아무 생각도 없이 널 죽였구나, 당신까지도. 이 무슨 불행한 나냐. 얼굴을 돌릴 길도 없고, 의지할 데도 없구나. 내 손에 있는 것은 다 빗나가고 게다가 파괴의 운명이 머리 위에 떨어지고 말았다."[21]

안티고네 역시 마찬가지다. 안티고네는 혈연의 원리를 고집하면서 개인으로 이루어진 국가를 부정한다. 하지만 국가 없이는 집단적 개별성 즉 가족도 있을 수 없으니 안티고네 역시 몰락하게 되어 있다.

그리스 비극은 운명의 힘을 보여주는 동시에 운명의 힘이 지닌 한계도 보여준다. 그 한계란 운명 자체의 충돌을 말한다.

3) 자유

운명의 충돌은 그리스 비극 『안티고네』에서 보았듯이 자주 일어나는 일이다. 역사적으로 보면 운명의 충돌은 사회가 변화하는 시기 즉 신구 사회의 전환기에 자주 발생한다.

그리스 사회 역시 기원전 4-6세기에 부족 사회에서 도시 국가로 전환했다. 그리스 비극은 이 시대를 배경으로 하면서 이 시대 운명의 충돌을 보여준다.

21 앞의 책 『희랍 비극 전집』, 292쪽 참조

안티고네가 대변하는 혈연의 원리는 곧 구 부족 사회의 원리였다. 반면 클레온이 대변하는 국가의 원리는 새로운 도시 국가의 원리였다. 신구 사회는 각기 새로운 신을 모시고 있으니 안티고네가 지하의 신 하데스를 따른다면 클레온은 지상의 신 제우스를 따른다. 비극 안티고네에서 두 사회, 두 신의 대결이 그려진다.

　발터 벤야민은 그리스 비극을 사회적으로 해석한다는 점에서 헤겔을 따른다. 그는 그리스 비극 특히 안티고네와 같은 작품은 부족 사회가 무너지고 도시 국가가 수립된 다음, 이 도시 국가를 수립한 영웅의 주장과 정당성을 선전함으로써 국가적 단결을 도모하며, 동시에 이 국가를 수립한 영웅을 희생시킴으로써 무너진 부족 사회와 그 신에 대한 죄책감을 달래려 했다고 한다.

운명의 충돌은 유일신이 등장하면서 해소되지만, 동시에 인간의 자유 의식도 발전시킨다. 유일신은 인격 신이다. 인간은 신의 모습을 통해 자신의 자유를 자각하게 된다.

그러나 여기서 자유는 자각적인 형태로 등장하지 않고 정열이라는 감정적인 방식으로 등장한다. 이렇게 자유 의식이 증대됨에 따라 인간을 지배하는 운명 개념은 표면에서 물러나 배후에서 작용하는 섭리라는 개념으로 전환한다.

이제 정열과 섭리 사이의 투쟁이 벌어진다. 라신느의 희곡 페드라는 이런 열정과 섭리의 투쟁을 잘 보여준다. 이 투쟁에서 섭리는 물러나고 인간의 자유 의식이 승리하게 된다.

3장 정념의 비밀

1) 인격 신의 등장

그리스 사회는 도시 국가들이 점점이 존재했다. 로마는 도시 국가를 통일하면서 제국으로 발전했다. 로마 제국주의 시기에 민족 신을 통일하는 일반 신이 등장한다.

유일신이 등장하면서 신들의 전쟁, 운명의 충돌이 해결된다. 이제 인간에게 하나의 운명, 하나의 법이 부여된다. 이런 점에서 유일신이 등장하면서 운명의 힘은 더욱 확고하게 되었다.

하지만 동시에 자유에 관한 인간의 의식도 발전한다. 운명이 법으로 발전하면서 자유가 어느 정도 허용되었다. 로마 제국주의 시대 들어와 법이 일반적 법[만민법]으로 발전하면서 그만큼 자유도 확장된다. 이 시대 자유 의식이 발전하면서 이와 더불어 법적 인격의 개념이 출현했다. 모든 것은 자기의 선택과 결정에 달려 있다.

이 시기에 유대교에서 시작된 유일신 종교는 기독교로 발전하면서 인격신 개념이 출현하게 된다. 기독교의 신은 자기를 계시하는 신이다. 신의 계시에 따르면 신의 모습은 인격적이다.

인격신 개념은 인간이 자신의 자유에 관한 의식이 발전하면서 이런 의식을 신의 개념에 거꾸로 투영한 결과다. 거꾸로 말하자면 신의 모습을 통해 인간은 자기를 인식하기 시작한다. 그 결과 신이 자유로운 존재이듯 인간도 자유로운 존재가 된다. 그러므로 기독교는 자유의 종교가 된다.

2) 정념의 개념

한편으로는 유일신을 통한 운명의 확고함과 다른 한편으로는 인격신을 통한 자유 의식의 발전이 정념이라는 개념을 낳는다. 정념이라는 개념은 계시의 종교인 기독교가 등장과 밀접하게 연관되어 있다.

그리스 시대에도 열정은 있지만, 이 열정은 고요한 것이었다. 예를 들어서 안티고네는 자기 일을 확신하면서 의무감으로써 어떤 죄의식도 없이 단호하게 수행한다. 안티고네의 행위는 열정적이지만, 차갑다.

기독교가 등장한 이후 새로이 출현하는 정념의 개념은 이런 그리스적 열정과 구분된다. 기독교적 정념은 자신의 자유 의식을 담고 있다. 여기에는 욕망의 해방에 대한 열망이 담겨있다.

그러나 자유에 대한 열망이 아직은 자각적인 능동적인 방식이 아니라 수동적인 방식으로 어렴풋한 감정적 인식을 통해 등장한다. 자신의 자유에 대한 열망은 자신은 알지 못한 채 그를 지배하는 힘 즉 정념으로 나타난다.

이러한 정념은 이중적이다. 한편으로 정념은 자신의 자유이며, 그는 이런 정념에 대한 책임을 느낀다. 다른 한편으로는 그것은 자신이 알지 못하는 힘이니, 욕망의 결과에 대한 자신감이 결여되어 있다. 정념에 사로잡힌 자는 그의 정념이 자신을 파괴할지도 모른다는 두려움에 싸여있다.

정념에 사로잡힌 자는 마침내 자신의 자유를 포기하고 자신의 행위가 신이 그에게 부여한 운명이었다는 것을 자각하면서 안식에 이른다. 이런 안식과 더불어 신의 지배 아래 되돌아간다.

이런 정념에 사로잡힌 인간의 모습은 르네상스 시대 화가 미켈란젤로의 작품에서도 잘 그려져 있다. 미켈란젤로의 작품은 한편으로 욕망을 추구하는 인간의 자유로운 모습이 그려져 있다. 운명에 도전하는 듯한 다비드상의 모습이 그걸 잘 보여준다.

다른 한편 그의 작품 속에 나오는 인간은 그런 욕망이 가져올 결과에 대해 두려움에 사로잡혀 있다. 시스티나 성당의 벽에 그려진 심판하는 예수의 분노하는 모습이라든가, 신의 자비와 긍휼을 애원하는 듯한 피에타상이 그렇다.

인간의 자유와 신의 섭리가 교차하던 시대, 이런 정념이라는 개념에서 새로운 형태의 비극이 등장한다. 절대주의 시대, 바로크적 예술 정신을 보여주는 라신느의 비극『페드라와 히폴리투스』도 역시 그런 정념의 개념을 잘 보여준다.

3) 페드라

이제 라신느[22]의 비극 『페드라와 히폴리투스phédre et hippolitus』를 살펴보자. 주인공 페드라는 그리스 신화에 나오는 인물이다. 원래 에우리피데스Euripides가 만든 비극『히폴리투스』가 있지만, 라신느가 이를 개작했다. 에우리피데스의 작품은 비교적 단순한 비극이지만, 라신느의 비극은 그의 시대 바로크 시대의 분위기에 맞는 화려한 비극이다.

아테네의 왕 테세우스의 아내인 왕비 페드라는 전 왕비의 아들인 히폴리투스를 사랑하지만, 감히 고백하지 못하고 야위어 가고 있었다. 그녀는 테세우스가 출정 중 죽었다는 소문이 돌자, 히폴리투스에게 사랑을 고백한다. 그러나 히폴리투스는 냉정하게 거절한다.

반면 히폴리투스는 테세우스가 무너뜨린 예전 왕조의 딸 아리시아를 사랑한다. 테세우스가 죽었다는 소문에 히폴리투스는 아

---

22 라신느(Jean Racine; 1639- 1699): 몰리에르, 코르네이유와 더불어 17세기 대표적인 작가이며, 장세니즘의 신봉자였다.

리시아를 찾아가 사랑을 고백한다. 아리시아 역시 히폴리투스를 연모해왔던 터라, 두 사람 사이에 사랑이 맺어지게 된다.

테세우스가 살아서 돌아오자 페드라는 공포에 사로잡힌다. 혹시 히폴리투스가 자신을 왕에게 고발하지 않을까 하는 두려움 때문이다. 페드라는 먼저 왕에게 무릎을 꿇고 히폴리투스를 고발한다. 히폴리투스가 오히려 왕이 없는 사이 자기를 겁탈하려 했다면서 히폴리투스에게서 훔쳐 온 그의 단검을 증거로 내보인다.

테세우스는 히폴리투스를 추방하고, 분노 때문에 바다의 신 넵튠[포세이돈]에게 히폴리투스를 죽여 달라고 요청한다. 페드라는 이를 알자 후회하지만, 이번에는 아리시아에 대한 질투감 때문에 자신의 거짓을 밀고 나간다.

히폴리투스는 사랑하는 아리시아에게 먼 나라에서 만날 것을 약속하고 떠나지만, 그가 타고 가던 마차를 넵튠이 보낸 괴물이 덮쳐 그는 죽게 된다. 그의 죽음을 알게 되자 죄의식으로 고통받던 페드라는 자신의 잘못을 뉘우치게 된다. 페드라는 스스로 독을 마신 채 왕에게 나가 자신의 잘못을 고백하고 죽는다.

간단히 소개한 글에서 보듯이 주인공 페드라는 정념을 따라서 행동한다. 페드라는 자신의 정념에 대해 죄의식을 느끼면서도 정념이 시키는 힘을 끝내 거부하지 못한다. 페드라는 히폴리투스에게 이렇게 고백한다.

"이 몸이 그대를 추방한 것은 나의 욕된 사랑의 번뇌가 그대에게 알려질까 두려워서 저질렀던 것이었어. 내 가슴에서 그대를 밀어내기 위해 나는 스스로 그대의 증오심을 불러일으켰어. 하나 그것도 아무 소용이 없었어. 그대가 아무리 이 몸을 증오해도 내가 그대를 생각하는 마음은 변하지 않았어. 그대의 불행은 더 새로운 매력으로 나를 사로잡았고 사랑의 불길에 타며 눈물에 시든 이 몸은 이제 지쳤어. 잠깐만이라도 그대가 정면으로 이 몸을 보아준다면 내 말의 진실됨을 그대는 믿었으리라."[23]

그 이후 그녀는 히폴리투스가 사랑하는 아리시아에 대해서는 질투를 느낀다. 동시에 그녀는 자신의 불륜에 대해 죄의식을 느낀다.

"유모! 질투의 불길에 휩싸인 이 몸의 심정을 보살펴 주오. 아리시아를 그냥 둘 수는 없소. 그 가증스러운 혈통에 항거하는 내 낭군의 분노를 불러일으켜야 하오! 그녀의 죄는 그의 오빠들의 죄에 능가하는 것이니 가벼운 벌로 그치지 않도록 내 질투에 겨운 분노에 힘입어 내 낭군 테세우스에게 간청하려오. 아니 내가 무슨 짓을 하려는 건가? 내 지각이 갈피를 잃고 질투에 눈이 멀어 테세우스 왕에게 애원하는 것에 의지하다니. 내 낭군이 엄연히 살아 있는데 시련으로 몸을 불사르다니!"[24]

위의 글의 앞부분은 질투, 뒷부분은 죄의식을 드러낸다. 질투

23 라신느, Phaedra, 이연자 역(극단 성좌 77년 공연 대본), 2막 5장
24 라신느, 위의 책, 3막 6장

와 죄의식이 동시에 교차하고 있음을 보여준다. 결국 히폴리투스가 마침내 죽음에 이르게 되자, 페드라는 모든 것을 고백하고 죽기로 결심한다.

4) 정념의 의미

페드라를 움직이는 힘은 무엇일까? 이점은 라신느의 페드라를 그리스 작가 에우리피데스의 페드라와 비교하면 분명하게 알 수 있다. 에우리피테스의 페드라는 자신의 운명을 이미 알고 있다. 히폴리투스에게 모욕당한 여신 아프로디테가 복수를 위하여, 페드라를 선택했다. 큐피드가 사랑의 화살을 쏘아 페드라에게 히폴리투스를 사랑하게 했으니 그녀의 사랑은 신이 결정한 운명에 지배당한 것이었다. 페드라는 이 운명을 기꺼이 받아들인다. 페드라는 이 운명에 대해 죄의식을 느끼지도 않는다.

라신느의 페드라는 이와 다르다. 페드라를 움직이는 것은 정념이다. 이 정념은 히폴리투스에 대한 열정으로 펼쳐진다. 페드라는 욕망에 따라 움직이면서도 아리시아를 질투하며 히폴리투스에게 보복한다.

페드라는 죽음 직전에 이 모든 것이 결국 거대한 신의 계획이었다는 것을 깨닫는다. 이런 깨달음을 통해 성스러움이 그녀의 죽음을 감싼다. 그녀는 죽음으로써 구원받는다. 라신느는 온몸에 독이 퍼져 죽어가는 페드라의 고백을 통해서 이를 밝히고 있다.

"죽음은 내 눈에서 빛을 빼앗아 이 눈이 더럽힌 이 세상의 모든 빛을 정결케 하려는 것이오."[25]

라신느의 페드라는 다시 신의 지배 아래서 안식을 되찾았다. 비록 페드라는 중세와 신의 품을 여전히 벗어나지 못했으나 이 비극을 읽는 독자는 다르다.

독자가 보기에 페드라는 자유롭게 욕망을 선택하고 당시의 인습적인 억압에 대해 저항한 영웅이다. 독자는 페드라를 넘어 자신의 욕망을 긍정하면서 앞으로 나갈 것이다. 독자는 신의 품을 벗어나 근대적 자유로 이행할 것이다.

---

25 라신느, 위의 책, 5막 8장

3장 공허한 자의

-사르트르의 자유 의지-

근대로 들어오면서 자유가 자각된다. 외적 강제는 사라지고 인간은 모든 것을 자기가 결정하는 법적 인격이 된다. 여기서 부르주아적인 자유 개념이 출현하는데 그것은 곧 자유로운 선택, 자의적 선택으로서 자유 의지라는 개념이다.

사르트르는 절대적 선택을 철학적으로 정당화했다. 이것은 인간의 사유 즉 반성 능력에서 나오는 능력이다. 사유 속의 반성이 자유로우므로 여기서 의지의 자유를 끌어냈다.

1장 선택으로서의 자유

1) 근대적 자유

근대에 들어와 마침내 운명의 개념이 극복되면서 자유 의식이 뿌리를 내리기 시작했다.

근대적 자유주의의 출발점은 단순히 행위에 대한 외적 강제를 제거하는 것일 뿐만 아니라 욕망의 자유를 인정하는 것이다. 과거 종교와 봉건 제도가 억압한 욕망이 이제 허용되었다. 즉 어떤 욕망을 추구하는가는 자기의 결정과 선택에 따르게 되었다. 이것이 곧 근대인에게서 등장한 자유 개념이다.

근대적 자유를 대변하는 개념이 법적 인격이라는 개념이다. 법적 인격은 그 내용이 무엇이든 간에 모든 것은 자신이 선택하고 결정해야 한다는 자기 결정권을 의미한다. 이때 현실을 넘어선 초월적인 자아가 선택하며 그런 자아 앞에서 선택의 대상이 되는 내용 즉 모든 욕망은 평등하다.[26] 이러한 선택을 절대적 선택 또는 자의적인 선택이라 한다.

2) 자의적 선택의 가능성

절대적 선택권을 옹호하는 자유주의자는 사유의 자유에서 선택의 자유를 끌어낸다.

다른 물질과 달리 인간에게는 고유한 능력이 있는 것이 아닐까? 인간 의식은 자연을 물질적 신호로 파악하지 않고 관념을 통해 파악한다. 이런 관념의 영역에서 사유는 자유롭게 전개된다. 나는 사유에 있어서 무한한 가능성을 지닌다. 나는 눈으로 볼 수는 없지만, 다차원의 삼각형을 그려 볼 수 있다. 나는 모든 규정성이 사라진 무와 같은 물질을 사유를 통해 생각할 수도 있으며 이 세계를 지배하는 보이지 않는 악마를 상정할 수도 있다. 판단과 추론, 상상 등은 어떤 제한도 없는 것으로 보인다.

---

26 부르주아 자유주의는 욕망 간의 차별성을 인정하기도 한다. 예를 들어서 자연적 욕망과 인위적 욕망, 정상적 욕망과 병적 욕망이 있다면 그런 차별은 주관의 선택에 영향을 준다. 인위적 욕망, 병적 욕망은 자연적이지 않기 때문이다. 그러나 20세기 신자유주의 시대 등장한 포스트모던 자유주의는 욕망에 관한 모든 차별을 제거한다. 모든 욕망은 평등하며, 인위적 욕망과 자연적 욕망의 차별도 있을 수 없다

자의적 선택의 가능성은 이처럼 사유의 제한 없는 자유를 통해 쉽게 정당화되는 것으로 보인다. 행위로 나가기 전에 먼저 마음속에서 선택하는 것을 즉 의욕이라 한다. 사유가 무한히 자유로운 것이라면 의욕도 마음속에서 일어나는 것인 한 무한히 자유롭다. 나는 지금 당장 자살을 의욕 할 수도 있고 가방 하나만 들고 여행을 떠날 의욕을 품을 수도 있다. 자유주의자는 이런 의욕의 자유에서 곧바로 의지의 자유를 끌어낸다.

그런데 의욕의 자유는 곧 의지의 자유일까? 나는 내가 의욕 한 것을 행위로 실천할 수 있을까? 사유와 의욕의 자유에서 의지의 자유가 도출된다고 보는 근거는 소위 자유 의지의 사실이다. 자유로운 의지가 있는지 아닌지는 실제로 행위를 해보면 알게 된다. 일어서겠다고 마음먹고 일어서보면 일어서게 된다. 고개를 돌리겠다고 마음먹고 고개를 돌리면 실제로 고개가 돌려진다. 이런 실험은 누구나 할 수 있으며 이런 자유의 사실이 인간의 의지가 자유롭다는 것을 증명한다.

자유주의자는 자주 '뷔리당의 당나귀'라는 비유에 호소한다. 이것은 14세기 프랑스의 철학자 장 뷔리당이라는 철학자가 제안한 가정인데, 간단하게 설명하자면 다음과 같다.

만일 의지가 어떤 결정 요인에 따라 필연적으로 결정된다고 가정하자. 이제 당나귀 앞에 모든 측면에서 똑같은 두 무더기의 풀이나 당근이 있다고 할 때 당나귀는 어느 것에 따라서도 결정되지 못한다. 동일한 힘이 당나귀를 끌고 있기 때문이다. 결국 이 당나귀는 굶어 죽게 된다.

하지만 당나귀는 몰라도 인간은 이런 경우 결코 굶어 죽지 않는다. 그것은 인간에게 결정 요인과 무관하여 자유롭게 선택하는 능력이 있기 때문이다.

자유주의자는 의욕과 의지의 차이를 모르지는 않는다. 의욕은 있지만, 실제로 행위를 하지 못하는 경험은 너무나도 흔하므로 자유주의자 역시 이를 간과하지는 못한다.

그러나 자유주의자는 이런 차이를 현실적 여건 때문에 일어나는 것으로 간주한다. 만일 현실적 여건이 허락된다면 의욕을 실제로 행위를 하는 데 아무런 제약을 느끼지 않는다. 여행을 떠날 의욕을 갖지만, 실제로 떠나지 못하는 이유는 그럴 여건이 없기 때문이다. 여행을 떠날 여건이 되면 여행의 의욕을 갖는 누구나 실제 여행을 떠나지 않겠는가?

3) 사르트르

이런 자의적 선택론을 옹호하는 철학자가 있다. 그가 바로 사르트르다.

사르트르는 흔히 자유의 철학자로 알려진다. 사르트르는 만연했던 부르주아 자유주의가 붕괴하는 20세기 초에 살았다. 그의 시대는 경제적으로는 독점 자본이 등장하고 정치적으로는 의회민주주의가 마비되면서 파시즘이 성장하는 시대였다. 사회적으로는 대중이 등장하면서 자율적 개인이라는 근대적 인간이 멸종되었다.

이런 시기에 사회적인 제도로서 자유를 회복하고자 투쟁이 벌어지는 것과 더불어 근본적인 철학적 문제가 제기되었다. 도대체 인간이 자유로울 수 있는가 하는 문제였다. 사실 이 시기 인간 과학 즉 심리학이나 정신분석학 그리고 다양한 사회과학은 자율적 개인이 불가능하다는 것을 즉 인간의 의지도 인과적으로 결정되는 것에 불과하다는 점을 강조했다.

자유가 사라진 시대, 인간의 자유로운 의지를 부정하는 과학과 철학 앞에서 사르트르가 먼저 해야 할 일은 다름 아닌 인간의 자유의 가능성을 찾아내고 확인하는 일이었다. 그는 『존재와 무』에서 이런 절박한 문제를 추구했다.

4) 의식과 자유

사르트르는 자유의 근원을 의식에서 찾았다. 사르트르는 후설 (E. Husserl)의 현상학의 이론을 받아들여 의식을 지향성으로 규정한다. 이는 비유하자면 의식이 서치라이트와 같은 기능을 지녔다는 뜻이다. 그런 점에서 사르트르는 의식을 자주 시선이라는 말로 표현한다.

의식이 지닌 지향성을 통해 두 가지 일이 일어난다. 서치라이트가 비치면 사물 사이에는 서치라이트의 빛에 대해 가깝고 먼 음영이 생긴다. 마찬가지로 의식의 지향성을 통해 생겨나는 이런 거리감을 통해 사물은 의식에 대해 대상으로 전락한다.

또한 의식의 지향성을 통해 사물은 어떤 규정성을 지니게 된다. 마치 노란 서치라이트를 비추면 모든 대상이 노랗게 보이는 것과 같다. 이를 통해 의식은 대상을 지배하게 된다.

대상을 지향적으로 규정하는 의식의 능력에서 자유가 나온다. 의식이 어떤 지향적 시선을 갖는가가 대상을 결정하기 때문이다.

사물은 의식의 대상으로, 의식에 의해 지배되면서 거꾸로 의식은 대상을 초월하게 된다. 의식은 대상을 넘어 부유하게 된다. 의식은 절대적인 존재다. 왜냐하면 의식은 다른 모든 대상을 규정하면서도 그 자신을 규정하는 것은 아무것도 없기 때문이다. 그러므로 의식은 무엇이든 선택할 수 있는 절대적으로 자유로운 존재다.

의식의 자유는 어떤 상황 아래서도 가능하다. 인간이 아무리 억압적인 상황 아래 있더라도 절대적인 의식의 지향적 시선 자체를 막을 힘은 없다. 심지어 타자의 노예가 되었더라도 의식을 통해 지향적인 시선을 가지고 있는 한 그의 자유를 박탈할 수 없다.

사르트르는 의식의 자유를 강조하면서 심지어 고문이 가해질 때조차도 인간은 자유롭다고 한다. 만일 고문자가 나를 고문하다 죽여 버린다면 시체 앞에서 고문자는 자신의 자유를 인정받을 수 없다. 고문자는 나를 죽여 버릴 수 없다. 고문자는 나를 죽이지 않은 채 내가 자유롭게 그의 자유를 인정하기를 바란다. 고문자가 나의 자유에 의존하는 한 그는 나의 자유를 절대로 해칠 수 없다. 그가 고문하면 할수록 나는 나의 자유의 가능성을 확인한다.

사르트르는 절대적 선택으로서 자유 의지라는 개념에서 죄의식의 문제를 설명하려 했다. 이는 저항의 가능성을 찾아내기 위한 노력이었다. 하지만 이런 자유 의지 개념은 타인과의 연대를 거부하는 고립주의적 경향이나 도덕적 허무주의를 불러일으킨다.

2장 저항과 죄의식

1) 자유와 레지스탕스

사르트르가 의식의 절대적 자유를 강조한 것은 레지스탕스 운동과 밀접하게 연관되어 있다. 독일군의 전격적인 기습으로 프랑스가 일시에 점령되자 많은 시민은 점령군에 순종하는 자기 자신을 합리화하게 되었다. 이런 합리화의 한 방식이 자신의 무기력을 한탄하면서도 실상 독일군에 저항할 생각은 전혀 하지 않는 것이었다.

사르트르는 이런 시민들의 의식 속에 죄의식을 발견한다. 사르트르는 죄의식이 자기를 합리화하는 변명에 지나지 않는다는 것을 발견한다.

　죄의식은 잘못을 저지를 때 생기는 것이 아니다. 죄의식은 자기를 변명하고자 할 때 생긴다. 즉 죄의식은 자신의 행위가 자기로서 어쩔 수 없는 외적인 힘으로 강제된 것으로 여기는 때 생긴다. 이때 그는 자신의 잘못을 고백하고 한탄하지만, 이는 행동하기 위해서가 아니다. 이는 자신의 죄에 대한 책임을 외부로 돌리려 하는 것이며 결국 자기의 책임을 회피하려는 시도에 불과하다.

　예를 들어서 도박꾼은 죄의식을 갖는다. 그에게서 죄의식은 자신이 불가항력적인 유혹에 넘어갔다는 생각을 전제로 한다. 그는 이런 죄의식을 고백하면서 다시는 도박을 하지 않겠다고 맹세한다. 하지만 그날 저녁 다시 그는 도박장에 나타난다. 그는 그가 다시 도박장으로 향할 수밖에 없는 불가피한 사정이 생겼다고 변명한다. 그에게 불가피한 사정은 항상 준비되어 있다.

　이런 분석을 거쳐 그는 독일군의 파리 점령 시절 『파리떼』라는 작품을 발표하여 무기력하게 죄의식을 고백하는 시민들을 비판한다.

　2) 파리떼

　이 작품은 독일 점령 아래 파리의 모습을 그리스 비극에서 나오는 테베에 비유하고 있다. 테베의 대왕 아가멤논이 트로이 전쟁에서 돌아오자, 왕비는 왕의 동생과 함께 대왕을 살해한다. 아가멤논의 아들인 오레스테스는 신하 덕분에 해외로 도피하고 엘렉트라는 새로 왕비가 된 어머니를 저주하면서 자란다. 마침내 오레스테스가 귀국하여 엘렉트라와 함께 복수를 단행한다. 함께 복수를 한 두 사람은 그들의 어머니를 추궁하면서 어머니까지 자살하도록 만든다.

그 이후 두 사람은 태도가 갈라진다. 오레스트는 자기의 행위에 대해 아무런 죄의식을 느끼지 못한다. 반면 엘렉트라는 갑작스럽게 죄의식에 사로잡힌다. 이 차이는 어디에서 나오는 것일까?

엘렉트라는 그동안 자신의 운명에 대해 저주해 왔다. 엘렉트라의 저주는 이 운명이 자신이 감당할 수 없는 힘이라는 생각 때문에 나온다. 엘렉트라의 이런 심정은 2막 4장에 엘렉트라가 오레스트가 오기를 기다리는 장면에서 잘 드러난다.

"그도 나처럼 핏속에 죄와 불행이 흘러요 ... 그는 늘 분노를 가라앉히려 하고 마치 배가 갈라진 말이 네 발로 창자를 얽고 있는 것처럼, 그의 운명에 얽혀서 괴로워할 것이에요."[27]

엘렉트라는 2막 8장에서 자기의 추궁 때문에 어머니가 죽자 그것도 자신이 감당할 수 없는 운명의 탓으로 여긴다. 엘렉트라는 그 때문에 죄의식을 느낀다.

"우리가 영원한 어머니를 죽인 살인자라는 사실... 그것은 나를

27 사르트르, 「파리떼」, 『세계문학대전집 21권』, 최성만 역, 신영출판사, 94년, 499쪽

고통스럽게 하고 칼로 찌르는 듯이 아파요. 이제부터는 낮까지
도 항상 이렇게 어두울까요?"[28]

　반면 오레스트를 보자. 오레스트는 해외로 도피하고 그 도시에
서도 망명자였기에 그 어디서도 매이지 않은 자유인이다. 1막 2장
에서 오레스트는 이렇게 독백한다.

　"너는 나에게 자유를 주었어. 마치 지상 위 십 척 허공에서 바람
　에 흐늘거리는 거미줄 같은 자유를 말이다. 나는 한 오라기 거미
　줄의 무게밖에는 되지 않고 ... 나는 일곱 살 때 내가 추방되었다
　는 것을 알고 있었어. 향기와 소리, 지붕 위에 떨어지는 빗소리,
　흔들거리는 햇볕, 그런 것들이 내 몸에 미끄러져 떨어질 때, 나
　는 그것들이 다른 사람의 것이지 나의 추억이 될 수 없다는 것을
　알고 있었어."[29]

　이런 오레스트에게는 죄의식이 없다. 4막 1장에서 오레스트는
이렇게 말한다.

　"그들에게 무슨 힘을 주는 것은 너의 허약함이다. 봐라. 나에게
　는 감히 아무 말도 못 하잖아 .... 그러나 어떻단 말이냐. 주요한
　것은 내가 자유롭다는 사실이다. 온갖 불안과 추억을 넘어서 거

28　사르트르, 위의 책, 519쪽
29　사르트르, 위의 책, 474쪽

기 자유가 있다."[30]

자유인 오레스트에게는 죄의식이 없고 반면 운명의 힘에 지배 당한다고 믿는 엘렉트라에게는 오히려 죄의식이 지배한다.

3) 타인은 나의 지옥

사르트르에서 자유는 절대적이다. 의식의 지향적 시선을 막을 힘은 어디서도 없기 때문이다. 이런 사르트르의 자유에는 여러 한 계가 등장한다. 우선 사르트르의 자유는 고립적이라는 문제가 있다.

나는 지향적 시선을 통해 다른 사물뿐만 아니라 타자조차도 나의 대상으로 삼으려 한다. 그것은 타자 역시 마찬가지다. 그 역 시 지향적 시선을 통해 나와 사물을 그의 대상으로 삼으려 한다. 나와 타자는 절대적으로 자유로운 존재로서 여기에서 나와 타자 사이에서 시선의 투쟁이 발생한다. 즉 한편으로는 타자의 시선은 나를 자기의 대상, 사물, 노예로 만든다. 다른 한편 나는 하나의 지향적인 시선으로 타자를 나의 시선의 대상으로 삼고 그를 노예 화하려 한다.

여기서 나와 타자 사이의 메울 수 없는 균열과 상호 부정의 변 증법이 발생한다. 사르트르는 결론적으로 타자의 존재야말로 '나 의 원초적인 타락'이라 말하며 타자는 곧 나의 죽음이라 선언한

---

30   사르트르, 앞의 책, 524–525쪽

다.

지금까지 어떤 철학자도 타인의 눈을 들여다보지 않았다. 타인은 곧 자기이기 때문에 굳이 들여다볼 필요가 없었다. 그런데 사르트르는 처음으로 타인의 눈을 들여다본 사람이다. 그는 철학적으로 타자의 존재를 처음으로 발견했다.

그러나 사르트르는 타인의 눈 속의 자기의 심연을 보고 경악했다. 사르트르는 어디서도 이 타자와 연대를 맺을 가능성을 발견할 수 없었다.

그의 철학은 자기 모순적이다. 그는 레지스탕스의 가능성을 발견하기 위해 자유를 문제 삼았다. 그가 발견한 것은 결국 고립된 개인이고 연대는 불가능했다. 그의 저항은 단지 개인적인 저항에 그친다.

4) 허무주의

사르트르는 이처럼 자기 기만적 태도를 비판하면서 모든 것은 자기의 결단에 따라 이루어진 것이므로 그 책임을 기꺼이 인수해야 한다고 주장한다. 책임 의식이 사르트르의 실존적 윤리관의 핵심이다.

그러나 인간은 자기의 일에 책임만 진다면 무슨 일을 해도 괜찮을까? 책임만 진다면 강간을 해도 좋고, 책임만 진다면 독재도 괜찮다는 것인가? 사르트르의 철학은 윤리적 허무주의로 흘러갈 위험이 다분히 존재한다. 그 때문에 사르트르의 실존주의가 유행하게 되자, 기독교 쪽에서 사르트르의 실존주의는 허무주의라고 비난했다.

사르트르는 이런 비난에 대응해『실존주의는 휴머니즘이다』라는 소책자를 썼다. 그는 여기서 자기의 앙가주망[관여]의 이론에 대해 간단하게 설명하고 있다. 사르트르는 여기서 '나의 선택은 만인의 선택이고', 따라서 '나는 이미 만인에 관여(engagement)되어 있다'라고 한다. 그러므로 '나는 만인에 대한 책임이 있다'라고 선언했다.

그에 의하면 인간에게 모든 짓이 다 허용되는 것은 아니라고 한다. 왜냐하면 인간에겐 만인에 대한 책임이 있기 때문이다. 내가 강간을 선택한다면 다른 사람도 강간을 선택하게 될 것이고, 그렇다면 과연 나는 강간을 택할 수 있겠는가?

이렇게 사르트르는 되묻지만, 그의 답변은 어딘가 궁색함을 면하기 어렵다. 인간의 의식이 자유의 근거라면 인간은 남들에 대한 책임감에 대해서조차도 자유로울 것이기 때문이다.

자의적 선택을 옹호하는 자유주의는 결국 사유 즉 의욕에서 발
생하는 자유에 그치며 실제 의지가 이로부터 나오는 것은 아니
다. 그 결과 이런 자유주의는 의지를 외적이거나 내적인 자극에
지배되는 욕망이 활동하는 무대로 방임했다. 결과적으로 아큐와
같은 전도가 일어난다.

3장 자유주의의 한계

1) 의욕과 행위의 괴리

사르트르의 자유론은 고립주의적이고 허무주의적이라는 비난을 받았다. 사르트르의 자유론에는 이보다 더 큰 문제가 있다.

사르트르가 의지의 자유를 의식의 반성 능력에서 찾는 한, 여기서 의지의 자유가 입증되는 것은 아니다. 의식의 반성 능력이 아무리 대상을 규정하는 힘이 있더라도 이것은 인식의 차원이지 실천의 차원은 아니다. 그러므로 사르트르의 자유는 전자에 머물렀으며 후자로 나가지는 못했다. 사르트르에게서 자유란 곧 반성의 자유, 의식의 자유일 뿐이다. 그런 자유는 현실을 변화하거나 지배할 힘은 없다. 그런 자유는 공허한 것일 수밖에 없으니, 무엇이든 할 수 있다고 생각하지만, 실제로는 아무것도 하지 않는다.

이것은 사르트르의 철학에만 한정되는 것은 아니다. 일반적으로 절대적 선택으로서 자유론은 사유와 의욕의 자유에서 의지의 자유를 끌어낸다. 하지만 사유와 의욕이 자유롭다고 해서 의지가 자유로운 것은 아니다. 전자는 의식, 사유, 관념 내적인 일이며 후자는 의지, 실천, 행위의 문제이기 때문이다.

자유주의자는 절대적 선택을 말하지만, 실제 의지, 실천, 행위를 이끄는 힘은 없다. 그 결과 자유주의자는 의지를 욕망의 힘에 맡겨둘 뿐이다. 욕망은 외적인 자극이나 내적인 자극에 따라 수시로 변화하니, 자유주의자의 자유 선택이란 무늬만의 자유 선택이며 사이비 자유 선택에 지나지 않는다. 자유주의자의 자유는 사유에서 의지로 나가지 못하는 중도반단(中道半斷)의 자유에 불과하다.

2) 자유주의의 자가당착

자유주의자의 자유가 이렇게 중도반단에 그치므로, 자유주의자들은 분열 속에 살아간다. 자유주의자는 의욕과 의지, 마음과 행위 사이에 괴리가 발생하게 된다. 이런 사유와 의지, 의욕과 행위 사이의 괴리 때문에 자유주의는 혼란에 빠진다.

법적으로는 모든 것은 자유롭게 선택된다. 무엇이든 선택은 자유다. 그 선택에 대해서 그는 책임을 져야 한다. 하지만 실제로는 이런 자유 의지는 무기력했다. 모든 것은 욕망이 결정한다. 결국 모든 책임은 욕망의 자극이 유래하는 현실에 있다.

미래에 내가 무엇을 할 것인가를 생각해보면 나는 전적으로 자유로운 것처럼 보인다. 나는 지금 당장 컴퓨터를 떠나서 여행을 떠나기로 선택할 수 있다. 그런 선택을 막을 것은 아무것도 없는 것 같다. 현실적으로 돈이 없으니 여행을 가기 힘들고, 여러 가지 걸린 일이 있으니 정리하는 데 시간이 든다. 내가 이런 현실을 고려하지 않고 결정한다면 내가 여행을 떠나기로 선택하는 데 막을 것은 아무것도 없는 것처럼 보인다.

하지만 이제 뒤를 돌아보기로 하자. 내가 지금까지 살아온 길을, 이미 실행한 행위를 되돌아보면 그게 당시는 자유롭게 선택한 행위처럼 보였지만, 지금 생각해보면 전혀 그런 것이 아니다. 나를 지배했던 어떤 힘이 있었다. 모든 것은 우연적인 욕망의 힘에 사로잡혀서 어쩔 수 없이 행위를 한 것이었다. 모든 행위는 어떤 우연의 결정에 따른 것이니 자유로운 행위는 없었다.

앞으로 보면, 즉 아직 행위를 실행하지 않았을 때, 나는 전적으로 자유로운 것으로 보인다. 뒤를 돌아보면, 즉 이미 실행된 행위를 살펴보면, 나는 전적으로 어떤 물질적 힘에 종속되었던 것으로 보인다.

자살을 생각해보자. 자살은 자유롭게 선택한 행위일 수밖에 없는 것 같다. 자살을 통해 어떤 이익이나 쾌락을 얻을 가능성 자체가 없어지는 것이니, 자살만은 욕망의 지배를 완전히 벗어난 자유로운 선택이 아닐까? 도스토옙스키의 소설 『악령』에는 스메르자코프라는 허무주의자가 나온다. 그는 자신이 전적으로 자유롭다는 것을 입증하기 위해 자살을 택한다.

하지만 내가 이렇게 자살하고 난 후, 다른 사람은 나의 자살을 보고 다른 식으로 판단한다. 그는 이렇게 말한다. 그는 최근 극도로 우울했다. 가정적인 문제도 있었고 경제적으로도 형편없었다. 심리적으로 패배 의식과 열등감에 시달려 왔다. 아무도 내가 자살을 자유롭게 선택했다고 또는 스메르자코프처럼 자유를 입증하기 위해 자살했다고 믿지는 않는다.

역설적이다. 누구나 자기 자신을 생각하면 전적으로 자유롭게 행위를 했다고 한다. 그러나 타인의 행동에 대해서는 항상 어떤 강박적 원인에 종속된 것으로 판단한다.

3) 선택의 자유

생각해보면 자유로운 선택은 대체로 인간의 삶에서 아주 사소한 일에 한정된다. 내가 아메리카노를 마실까 다방 커피를 마실까, 그것은 자유롭게 선택할 수 있다. 내가 영화를 보러 갈지 아니면 연극을 보러 갈지는 조금 망설여지는 점이 있기는 하지만, 역시 마음대로 선택할 수 있다.

그러나 인간의 삶에 부딪히는 문제가 크면 클수록 선택은 더욱 어려워진다. 예를 들어서 내가 어느 학교에 가고 내가 누구와 결혼할까 하는 문제에 이르게 되면 쉽게 선택하지 못한다. 마음을 먹기에 따라서 이렇게 할 수도 있을 것 같고 저렇게 할 수도 있을 것 같은데, 결단을 내리고 행위를 해야 할 때면 망설여지고 결국 아무런 외적인 힘, 욕망의 힘에 맡기고 만다.

아메리카노를 마시든 다방 커피를 마시든 별로 중요하지 않다. 반면 누구와 결혼할까는 엄청나게 큰 문제다. 자유가 별로 필요 없을 때는 자유로운데, 자유가 정말 필요할 때는 자유가 없다는 이상한 역설이 생긴다.

4) 자유의 전도

여기서 한 발자국 더 나가보자. 자신의 행위가 욕망의 힘에 사로잡힐 때, 자유주의자는 이것도 자신이 선택한 것으로 주장한다. 이것은 욕망의 자기 합리화다.

이런 자기 합리화 덕분에 진짜 자유롭게 선택한 것과 자기 합리화의 결과 사이에 차이가 사라지게 된다. 자유롭게 선택한 것처럼 보이는 모든 것이 어쩌면 자기 합리화의 결과가 아닐까?

이런 합리화는 마치 노예가 스스로 자기 주인을 선택했다고 주장하는 것과 같다. 노예가 "나는 저런 주인을 선택할 수도 있었지만, 내가 원하는 대로 이런 주인을 선택했어"라고 자랑스럽게 생각한다면 얼마나 우스운 일인가?

노신의 소설 『아큐정전』의 주인공 아큐가 그런 사람이다. 그는 정신적으로 승리하는 법을 배웠다. 그 방법은 그에게 강제된 일체를 그 자신이 선택한 것으로 생각하는 것이다. 예를 들어서 그가 여자에게 바람맞았다면 그는 자기가 그 여자를 발로 찼다고 생각하거나 아니면 자기는 바람맞기를 선택했다고 생각한다.

이런 아큐라는 인물은 소설이 창조한 인물이지만, 실제 우리 주변에서도 이런 인물은 부지기수다. 아주 많이 웃기는 예를 하나 들자면 언젠가 한국의 장군들이 미국이 작전권을 되돌려주는 것을 연기했다고 해서 잔치를 벌인 적이 있다. 그것이 자신들이 노력한 성과라는 것이다. 자기 것을 자기가 돌려받는 게 마땅한 데 돌려주지 않았다고 잔치를 벌이는 예는 세계 역사상 유례없는 일이다. 이런 작전권 반환 연기는 사실 미국이 정한 것이다. 그런데 이들은 미국의 결정을 스스로 원한 것으로 바꾸어 놓고는 잔치를 벌였으니, 한국의 장군들이야말로 세계 최고의 아큐다.

4) 우연적 선택

자의적 선택, 절대적 자유 의지에는 풀기 어려운 점이 존재하고 있었다. 즉 자의적 선택이 우연적 결정과 구분되지 않는다는 난점이다.

자의적 선택은 의지가 어떤 근거도 없이 자기가 선택한 것이라는 의미다. 만일 어떤 근거가 있는 것이라면 이 근거에 따라 결정되는 것이기 때문에 자기가 선택한 것이 아니게 된다.

그런데 어떤 것이 아무런 근거 없이 등장하게 될 때 우연이 개입한다고 말한다. 예를 들자면 내가 시장바닥에서 이 사람 저 사람 우연히 마주칠 때가 그렇다. 내가 절대적으로 선택한다는 것

역시 근거 없이 선택한 것이니 우연히 등장한 것과 다른 바 없는 것이 아닐까?

이런 예를 들어서 보자. 나는 아무 이유 없이 도서관에 가다가 갑자기 방향을 틀어 영화관에 간다. 이때 나 자신은 내가 절대적으로 선택한 것으로 생각한다. 하지만 다른 사람이 보기에 나는 그저 우연한 유혹에 사로잡혀 갑작스럽게 영화관에 가게 된 것이리라. 내가 갑자기 옥상에서 몸을 던졌다 하자. 나는 나의 절대적 선택에 따라서 그것이 일어난 것으로 믿지만, 다른 사람이 보기에는 알 수 없는 원인, 즉 우연이 개입하여 몸을 던졌다 한다.

언뜻 보면 우연의 결정과 절대적 선택이 전혀 다른 것으로 보인다. 양자의 차이는 어쩌면 하늘과 땅의 차이다. 하지만 조금만 생각해보면 양자의 차이는 없다. 우연이 결정하나 절대적으로 선택하나 같다.

4장 도덕적 의무

-칸트의 자유 의지-

자유 의지의 최초 형식은 의무다. 이 의무는 칸트가 도덕법칙을 그것이 오직 올바른 것이기 때문에 따르는 의지로 규정한다. 이런 의지를 칸트는 순수의지라 하는데 이런 순수의지는 인과적으로 결정되지 않고 합리적 관계를 맺음으로써 자유 의지가 된다.

1장 칸트와 자유 의지

1) 의무의 개념

자유주의의 자유 즉 형식적 결정권, 자의적 선택은 공허하다는 것이 밝혀졌다. 자유는 자의적 선택에서 나오는 것이 아니고 합리적인 선택에서 나온다. 합리적인 것은 의지를 유효하게 만드는 힘을 갖는 것이기 때문이다.

여기서 새로운 문제가 등장한다. 그것은 바로 유효한 의지가 실제로 의지가 되려면 내적인 장애 요인을 극복해야 한다는 문제다. 그 내적 장애는 곧 욕망이다.

자유 의지가 욕망을 극복하는 문제가 도덕론의 핵심 문제가 되는데 이 문제에 출발점이 되는 것이 의무의 개념이다. 의무론은 욕망을 억제하고 도덕을 자기에게 강요한다. 이런 강제는 외적 강제와 구분되는 자기 강제이며 자율성이다.

이런 의무의 개념이 자유 의지가 철학의 역사 속에서 등장한 첫 번째 형식이다. 이런 의무론은 도덕론의 역사상 동서고금을 가리지 않고 가장 널리 퍼져 있는 도덕적 입장이다. 서양에서는 귀족 도덕론이었던 스토아주의가 여기에 속한다. 동양에서는 유교의 군자 도덕이 이런 의무의 개념에 기초하고 있다.

이 의무 개념을 철저하게 이론적으로 분석하고 정당화했던 철학자는 칸트이며 그의 저서 『실천이성비판』은 의무론을 설명한 가장 치밀한 저서라 할 수 있다. 이제 칸트의 의무 개념을 간단하게 정리해 보기로 하자.

2) 칸트의 도덕법칙

칸트에게서 먼저 도덕법칙이 전제된다. 사실 칸트의 『실천이성비판』은 보편타당한 도덕법칙을 어떻게 발견하는가 하는 문제에 상당히 많은 부분을 바치고 있다.

우리의 논의는 가치론의 문제라기보다는 도덕론 즉 의지의 문제에 있으니, 칸트가 어떻게 도덕법칙을 발견했는가에 대해서는 깊게 논의하지 않으려 한다.

간단히 서술하자면 그의 출발점은 준칙이다. 여기서 준칙이란 그 시대 사람들이 선호하고 가치 있다고 생각하는 규칙이다. 예를 들자면 낙태를 찬성한다든지 반대한다든지 하는 것이나 마리화나를 합법화하자든가 안된다든가 하는 것이다. 이것은 사회적으로 사람들의 선호, 경향성, 욕망에 기초해 널리 퍼지게 된 규칙들이다.

칸트는 이런 규칙들은 일반적 타당성을 가지지 않고 상대적이고 부분적인 정당성을 갖는다고 보면서 이런 준칙을 기초로 해서 일반적으로 타당한 도덕법칙을 발견하려 한다. 칸트는 어떻게 그런 도덕법칙에 도달했을까?

그것은 간단하다. 도덕법칙의 근본 형식에 따라 그런 준칙이 과연 일반적으로 타당한가를 검증해 보면 된다. 즉 그런 준칙이 누구에게나 어느 시기 어느 장소나 일반적으로 적용된다는 것을 가정해서 만일 이로부터 어떤 모순적인 결과가 생겨나지 않을까를 판단해 보자. 이런 검증은 물론 사유를 통해서 일어나는 것이고 일종의 사유실험이다. [이런 실험에서 칸트는 실제로는 어느 시대, 어느 사회에 한정하여 검증하려 했다.]

예를 들어서 마리화나를 합법화한다고 해 보자. 어떤 사람들은 그 덕분에 즐거움을 누리게 된다. 그런 즐거움은 곧 부작용 때문에 고통으로 변화한다. 부작용과 즐거움은 서로 모순적이니, 마리화나의 합법화는 모순된 결과를 자아낼 것이고 따라서 마리화나를 정당하다고 믿는 준칙은 도덕법칙으로 승격되기 어렵다.

요약하자면 칸트의 도덕법칙은 일반성의 형식을 통해 검증되고 사유실험을 통해 이루어지며 그 결과를 통해 검증된다.

칸트가 도덕법칙을 발견하는 방식에 대해 많은 논의가 있으나 여기서는 일체 생략하자. 우리는 도덕법칙을 어떻게 실천하는가 하는 문제 즉 도덕론의 문제를 주로 논의해 보기로 하자.

3) 칸트의 자유 의지

칸트는 이런 도덕법칙을 실천하는 의지가 있다고 보았다. 이 의지는 도덕법칙을 순수하게 실천하는 힘을 말한다.

여기서 의지가 순수하다는 것은 어떤 자연적인 힘을 행위의 동기로 삼지 않는다는 의미이다. 이 자연적인 힘이란 욕망이나 경향성[동정심이나 두려움 등]이나 선호[기호, 취미 등], 감정{쾌감과 슬픔과 고통] 등을 말한다. 이런 것들은 자연적으로 인간을 행동하도록 만드는 힘을 갖는다.

칸트는 이와 같은 자연적 힘과 구분되는 또 하나의 힘이 있다고 보았다. 이 힘이 자연적 힘과 독립적이며 그것에서 벗어나 있다는 점에서 순수한 의지가 된다. 이 순수한 의지는 도덕법칙을 그것이 법칙이기 때문에 실행하는 의지다. 즉 도덕법칙 자체가 행위의 동기가 된다.

칸트는 이 순수의지를 자유 의지라고 규정했다. 순수의지는 도덕법칙을 따르는 의지인데, 왜 이 의지가 자유로운 의지가 되는가? 칸트 자신은 이를 이렇게 설명한다. 즉 물질과 물질의 관계는 인과적으로 구속되어 있다. 여기서는 필연성이나 기계적 연관이 성립한다. 하지만 도덕 판단과 의지의 관계에는 다시 말하자면 사유와 물질 사이의 관계에는 이런 필연성이나 기계적 연관이 성립하지 않는다. 칸트는 이 관계를 필연성의 관계와 대립한다는 점에서 자유의 관계라고 보았다.[31]

칸트의 설명은 소극적이라서 순수의지가 왜 자유 의지인지 적극적으로 설명된 것은 아니다. 하지만 우리는 칸트의 설명을 적극적으로 보완할 수 있다.

도덕법칙이 칸트에서[칸트가 믿기에] 가장 합리적인 것, 이성적인 것이라는 것을 기억할 필요가 있다.[32] 도덕법칙이 이성적이기에 도덕법칙을 따르는 것은 가장 합리적인 선택이다. 앞에서 우

---

31 칸트의 자유 개념은 아래와 같은 구절에서 분명하게 드러난다.

"그러나 또한 저 일반적인 법칙 수립의 형식 이외에는 이 사건들에 대한 어떠한 규정 근거도 법칙으로 쓰일 수 없다면 그러한 의지는 현상들의 자연법칙, 곧 현상들 상호 간의 인과법칙과는 전적으로 독립적인 것으로 생각되어야 한다. 그러한 독립성은 그러나 가장 엄밀한 다시 말해 초월적 의미에서 자유라 일컫는다. 그러므로 준칙의 순전한 법칙 수립적 형식이 오로지 법칙으로 쓰일 수 있는 의지는 자유 의지다."(『실천이성비판』, 백종현 역, 88쪽)

여기서 칸트가 강조하는 것은 자유 의지에서는 도덕법칙의 내용이 아니라 그 형식이 의지를 규정하는 근거가 된다. 여기서 형식이란 곧 어떤 것이 가치 있다는 판단의 형식이다. 물론 이런 가치 판단은 객관적이며 따라서 법칙적이다. 결국 가치 판단이 의욕과 당위 심지어 행위를 낳을 때 그것이 자유 의지다.

32 실제 칸트의 도덕법칙이 이런 합리성에 도달했는가는 문제다. 헤겔은 칸트의 도덕법칙의 추상성을 끊임없이 비판한다. 하지만 칸트 자신은 자신이 제시한 도덕법칙이 가장 이성적인 합리적 법칙이라 믿는 것으로 보인다.

리는 자유를 합리적 선택으로 규정했다는 것을 상기해 볼 때 칸트의 순수의지는 바로 자유 의지가 된다는 것을 쉽게 이해할 수 있다.

4) 지성적 원인성

도덕법칙이 의지를 규정할 때 이 규정은 단순히 내용적인 측면에만 한정된 것은 아니다. 칸트는 도덕법칙이 의지 자체를 불러일으킨다는 점 역시 인정한다.

칸트의 도덕법칙은 결코 사회적으로 강요되거나 자연법칙과 같이 단순히 주어지는 것은 아니다. 앞에서 설명했듯이 칸트의 도덕법칙은 준칙을 바탕으로 하므로 욕망의 일반화에 기초하고 있다. 그러므로 그의 도덕법칙은 이성적인 것이다.

따라서 칸트에서는 도덕법칙은 의지가 생성하는 근거이다. 즉 도덕법칙에서 유효한 의지가 나온다. 도덕법칙이 의지의 유효한 원인이 된다는 말이다. 칸트는 이를 지성적 원인성 또는 이성적 원인성이라고 말한다.[33]

---

33 이점에 관해서는 『실천이성비판』 1권 3장에서 동기의 문제를 다룰 때 충분히 언급된다. 여기서 칸트는 경향성이나 감정 등 자연적 힘이 의지의 동기가 되어서는 안 된다고 한다. 그러면서 도덕법칙 자체가 의지 자체가 일어나게 되는 동기이어야 한다고 한다.

"그러니까 만약 행위가 법칙의 정신을 함유함이 없이 한낱 법칙의 문자만을 채우는 그런 것이 아니라면 행위의 객관적 규정 근거는 항상 그리고 오로지 동시에 그것의 주관적으로 충분한 규정 근거이어야 한다."(『실천이성비판』, 141-142쪽)

칸트의 자유 의지는 합리적인 의지이므로 자유 의지는 항상 선한 의지다. 칸트에게서는 사악한 의지는 존재하지 않는다. 가치가 없는 것, 또는 악한 것은 의지를 유효하게 하는 힘을 가지지 않기 때문이다. 도덕법칙을 따르는 의지, 순수의지만이 의지를 유효하게 하니 칸트는 오직 선의지만이 존재한다.[34]

칸트가 도덕법칙이 의지의 원인이라 했을 때 그것은 아주 강한 의미다. 다시 말해 도덕법칙은 의지를 시기나 장소를 막론하고 어떤 상황에서도 일어나게 한다.

이런 점은 칸트가 들고 있는 예에서도 잘 드러난다. 칸트는 자유 의지를 논증하면서 만일 군주가 누구를 파멸시키기 위해서 그에게 위증하라고 명령하면서 그렇지 않으면 그를 사형하겠다고 협박할 때 그때도 그는 위증을 거부할 것이라 한다. 그만큼 위증이라는 도덕법칙은 강력한 실천 의지, 무조건적 실천을 불러일으킨다.

칸트의 자유 의지는 이런 면에서 아주 강력한 의지다. 그러나

"그러므로 도덕법칙은 실천적인 순수이성을 매개로 한 행위의 형식적 규정 근거이고 또한 선악이라는 이름 아래의 행위 대상들의 질료적인 그러나 단지 객관적인 규정 근거임과 함께 또한 이 행위를 위한 주관적 규정 근거 다시 말해 동기이기도 하다."(『실천이성비판』, 146쪽)

34 논리적으로는 칸트의 입장에서 사악한 의지를 끌어내기는 쉽다. 자유 의지가 곧 사악한 의지가 되지는 않겠지만, 자유 의지와 마찬가지로 욕망과 다른 또 하나의 의지 즉 사악한 의지를 가정한다는 것은 가능하다. 실제 칸트와 달리 사드는 칸트의 논리를 이용해서 사악한 의지가 가능하다 본다.

동시에 칸트의 자유 의지는 자연적으로 존재하는 여러 욕망에 둘러싸여 있다. 자유 의지가 즉 유효한 의지를 넘어서 실제 발휘되기 위해서는 욕망에 대항하여 이를 극복할 힘이 있어야 한다. 자유 의지와 욕망의 대립 때문에 칸트 도덕철학은 여러 문제에 부딪히게 된다.

칸트의 순수의지는 도덕적 법칙을 동기로 하므로 이 순수의지를 평가하는 때 결과가 아니라 동기를 위주로 평가한다. 이런 순수한 의지가 행위로 실현되려면 그것을 방해하는 욕망의 힘을 극복해야 한다. 칸트는 순수의지가 욕망의 힘을 억압하는 가운데서 의무의 감정이 출현한다고 한다. 이런 점에서 칸트의 자유 의지는 자율적 의지라고 할 수 있다.

2장 의무와 자율성

1) 동기주의

자유 의지는 이처럼 도덕법칙 즉 가치 판단에서 나오는 의지다. 칸트는 이런 의지를 자연적 힘에서 독립되었다는 점에서 순수 의지라고 하며 또 물질적인 인과 관계와 대립한다는 점에서 자유 의지라 한다.

칸트는 도덕법칙은 의지를 단순히 내용에서만 규정하는 것이 아니라 그런 의지를 불러일으키는 동기가 되기도 한다고 말한다. 이런 자유 의지 개념에서 여러 흥미로운 생각이 도출된다.

우선 칸트는 어떤 사람이 올바른 행위를 하더라도 그것이 자연의 힘에서 나오는 것이라면 그것은 자유로운 의지라고 할 수는 없다고 본다. 진정한 자유 의지는 어떤 것이 도덕법칙이기 때문에 그것을 실행하는 의지 즉 이성에서 나오는 의지다.

예를 들어서 어떤 사람이 동정심으로 가득 차서 다른 사람을 돕는다면, 그것은 올바른 행위이기는 하지만, 자연적 경향성인 동정심에서 나온 것이므로 그저 자연적인 행위이지 도덕적인 행위는 아니라고 한다.

또 예를 들어서 이웃을 사랑하고 싶은 마음이 들지는 않지만, 이웃을 사랑하라는 도덕적 법칙 때문에 사랑한다면, 우리는 그런 사랑을 진정한 사랑이라 보지 않지만, 칸트의 경우에는 그것이 오히려 진정한 도덕적 사랑이다.

이런 점에서 칸트는 합법성과 도덕성을 구분한다. 합법성이란 행위가 결과적으로 도덕법칙과 일치하게 된 때를 말한다. 앞에서 말하듯이 자선심에서 자선을 베풀더라도 자선의 도덕법칙과는 부합한다. 이때 행위는 합법성을 지닌다. 반면 자선심은 들지 않지만, 자선의 행위가 옳다고 생각하므로 자선을 베푼다면 오직 그때만 도덕적인 행위가 된다.

흔히 결과가 좋고 나쁨을 따지는 것을 결과주의라 한다. 앞에서 언급했듯이 욕망은 항상 도덕적 결과주의가 된다. 왜냐하면 그 욕망 충족이 유용한 기능이나 쾌락을 낳는가가 도덕론적 탁월성을 부여해주기 때문이다.

그러나 칸트는 이런 결과주의를 반대한다. 실천 행위가 오직 도덕법칙에서 나오는 것이어야 한다는 점에서 칸트는 도덕에서 동기주의자로 규정된다.

2) 자유 의지의 무조건성

욕망이란 앞에서도 말했듯이 결과[쾌락이든 기능이든]를 낳는다. 그런 결과는 시기나 장소에 따라서, 조건이나 전제에 따라서 달라진다.

그에 반해서 칸트에게서 도덕법칙에서 나오는 자유 의지는 시간과 장소, 조건이나 전제 등 그 어떤 것에 따라서도 구애받지 않는다. 도덕법칙은 법칙적이므로 자유 의지는 법칙적으로 발생할 수밖에 없다.

이런 점에서 칸트는 법과 종교를 비판하게 된다. 법은 순수 의무가 아니며 벌과 보상을 전제로 한다. 그 결과 기묘한 역설이 생긴다. 어떤 상황에서 위법을 저지르더라도 처벌을 받지 않는다는 확신이 서는 때를 생각해보자. 이때 법 자체가 이미 이런 위법 행위를 정당화한다. 심지어 위법 행위를 통해 보상을 얻을 수 있다면 이때 법은 위법을 저지르도록 격려한다. 그러므로 법은 역설적이다. 법의 개념 속에 이미 위법이 내포되어 있기 때문이다.

종교[여기서는 율법 종교를 의미한다]는 내세의 복과 처벌에 근거한다. 그렇다면 이런 복을 기대하기 위해 선행을 반드시 신이 알도록 해야 한다. 거꾸로 아무리 선행을 하더라도 신이 모르도록 한다면 내세에서 아무 보상을 얻을 수 없으니, 그런 행위는 종교적으로 무의미한 행위가 된다.

그러므로 종교인은 신이 자기를 보고 있다는 확신을 가져야 하지만, 이런 확신을 하기 어렵다. 신은 너무 바쁘기에 자기를 잊은 것이 아니냐고 종교인은 늘 걱정한다. 종교인이 제일 두려운 것은 신이 그를 무시하는 것이니, 그는 때로 신의 관심을 얻고자 악을 저지르기도 한다.

그러나 칸트에서 의무의 행위는 시간과 장소 즉 도덕적 상황에 구애되지 않으니 처벌이 없는 곳에서도 의무는 실행되어야 하며, 신이 보지 못하는 때도 악행은 피해야 한다.

3) 자유 의지와 의무

칸트는 자유 의지 자체는 도덕법칙에서 규정되고 그것을 동기로 하는 것이니, 쉽게 말해서 도덕법칙이 의식되면 거기서 행위가 필연적[지성적 원인성, 사유의 필연성]으로 발생하게 된다.

의지 필연성은 의지의 유효성을 의미하지 아직 실제 행위를 끌어내는 의지를 의미하지 않는다. 왜냐하면 인간에게 이런 자유 의지만 내재하는 것이 아니고 욕망과 같은 자연적 힘이 또한 존재하기 때문이다. 이런 유효한 의지는 욕망의 힘이라는 장애에 부딪히며 이를 극복해야만, 비로소 실제의 자유 의지가 될 수 있다.

자유 의지와 욕망이 이처럼 서로 대립하고 있으며 이런 관계 속에서 이제 자유 의지는 의무 의식, 의무감으로 등장하게 된다.

의무의 의식은 일종의 감정이다. 감정은 흔히 자연적으로 발생하는 수동적이기에 정념이라고 일컬어지지만, 칸트는 인간의 감정 가운데 존경심과 더불어 의무감만은 도덕법칙에서 나오는 능동적인 감정으로 본다.

능동적 감정이라는 개념이 쉽게 이해하기 어렵다. 칸트 자신의 설명을 좀 더 따라가 보자. 칸트는 이런 의무감의 발생 과정을 아래와 같이 서술한다.

자유 의지는 욕망이라는 자연적 힘의 압박 아래 있으므로 자유 의지가 발생하게 되면 이는 욕망을 억압하는 힘으로 작용한다. 욕망은 항상 어떤 쾌락이나 고통과 같은 감정을 동반하고 있는데, 이렇게 욕망이 억압받으면서 그 가운데서 고통이라는 감정이 등장한다.

이 고통이라는 감정은 자유 의지가 직접 동반하는 감정은 아니다. 이는 자유 의지의 결과로 생기는 것, 그것도 직접적인 결과가 아닌 간접적인 결과로 생겨난다.

자유 의지가 이렇게 고통이라는 감정을 동반하게 되면서 이것이 의무의 의식, 의무감으로 된다. 의무감은 이처럼 우회적이기는 하지만, 자유 의지에서 나오는 감정이기에 능동적 감정이 된다.[35]

35 의무 개념에 관해서는 아랫글을 참조하라.
"이 법칙에 따르는, 일체의 규정 근거에서 경향성을 배제하는, 객관적으로 실천적인 행위를 일컬어 의무라 하며 이 배제로 인해 의무는 그 개념상 실천적 강요를 다시 말해 마지못해서라도 행위를 하게 하는 규정을 함유한다. 이런 강요의 의식에서 생기는 감정은 감관의 대상들에서 야기되는 것처럼 그런 정념적인 것이 아니라, 오로지 실천적인 것 다시 말해 선행하는 의지 규정 및 이성의 원인성에 따라 가능한 것이다."(『실천이성비판』,

욕망을 억압하는 데서 나오는 이런 의무감은 자유 의지의 결과이지 결코 자유 의지를 규정하는 근거, 발생의 근거가 되지 못한다. 다만 자연적 힘을 억압하는 것은 거꾸로 자유 의지가 작용할 여지를 넓혀준다는 점에서 자유 의지를 촉진할 수 있다.

　이런 점에서 칸트는 다른 자연적 감정은 비판하면서도 의무의 감정을 매우 높이 평가한다. 의무감을 강화하거나 의무 의식을 키우면 욕망의 힘을 억압하는 힘이 증가하므로 자유 의지가 그만큼 쉬워지기 때문이다.

　이런 의무감은 자유 의지와 욕망이 대립한다는 관계 속에서만 생길 수 있다. 즉 의무감은 이 두 가지가 대립하고 있는 인간만이 느낄 수 있다. 자유 의지는 욕망만 존재하는 동물에게서는 나타나지 않는다. 또한 자연적 힘이 전혀 작용하지 않는 신성한 존재나 천사와 같은 존재에서도 자유 의지는 나타나지 않는다. 이때 도덕 법칙은 그 자체로서 직접 자유 의지를 발생하는 것이니 여기서는 어떤 의무감이나 의무의 의식도 느껴지지 않기 때문이다.

　결국 칸트에게는 모순적인 주장이 성립한다. 자유 의지는 그 자유롭지만 강제적이다. 자유 의지는 그 자체로서 본다면 어떤 강제나 강요도 존재하지 않는다. 도덕 판단과 의지 또는 실천 행위 사이의 관계는 이성을 원인으로 하는 자유의 관계다.

　그러나 이런 자유 의지는 자연적 욕망의 힘을 제거하고 억압해야 한다는 점에서는 강제나 강요가 존재하는 것처럼 보인다. 자

163쪽)

유 의지와 욕망의 관계, 유효한 의지와 실제 의지의 관계에서는 강제가 작용한다.

칸트의 의무, 자율적 의지는 한계를 갖는다. 우선 순수의지가 따르는 도덕법칙이 추상성을 버릴 수 없다.

칸트의 한계는 도덕법칙이 추상적이라는 데만 있는 것은 아니다. 칸트에게서 의무의 개념은 순수의지가 욕망을 억압하므로 생겨나는 감정인데, 이런 감정은 결과이지 순수의지가 욕망을 억압할 수 있도록 해주는 원인은 되지 않는다. 결과적으로 칸트는 유효한 의지가 욕망이라는 장애를 극복해 행위로 나갈 가능성을 밝혀주지 못했다.

3장 도덕법칙의 추상성

1) 칸트의 한계

칸트는 도덕법칙이 의지를 규정하는 관계를 자유 의지라 한다. 그는 도덕법칙은 합리적이므로 의지를 규정하는 원인이 될 수 있다고 본다. 그러나 칸트의 도덕법칙이 진정으로 합리적인가는 의심스럽다.

앞에서 설명한 것을 다시 한번 상기해 보자. 칸트는 어떤 준칙이 일반적으로 실현되면[사유실험을 통해] 어떤 결과가 나올지를 생각해보자고 한다. 여기서 일반적 실현이란 곧 그 가치를 누구나, 언제나, 어디서나 실현한다는 의미다. 그 결과가 모순적이 아니라면 그런 준칙은 도덕법칙이 될 수 있다.

도덕법칙이 정합적이라는 것은 그 내용과 상관없이 형식상 성립한다. 그러므로 소위 사악한 욕망도 정합적이라면 도덕법칙이 될 수 있는가 하는 문제가 제기된다.

실제로 칸트 도덕법칙의 형식을 그대로 쓰면서 사드는 사드의 법칙을 만들었다. 이 법칙은 누구나 타인의 육체를 자기의 성적인 만족을 위해 이용할 수 있다.

사드의 법칙이 적어도 형식적으로는 정합적이니 칸트로서는 이를 도덕법칙으로 인정할 수밖에 없다. 하지만 정합적이라는 하나의 이유만으로 사드의 법칙을 도덕법칙으로 인정하기는 어렵지 않을까?

2) 소극적 규정

칸트가 도덕법칙의 검증기준으로 삼은 정합성이라는 형식은 소극적이다. 왜냐하면 어떤 주장이 자기모순이 아니라 하더라도 그것이 진리라는 것은 입증되지 않기 때문이다. 지금까지 배제되지 않았다는 사실이 그 주장이 진리라는 것을 확인해 주지 않는다. 자기모순의 개념을 통해 진리를 직접 적극적으로 찾을 수는 없다.

정합성이라는 것이 소극적인 기준이므로 서로 충돌하는 법칙이 모두 이런 형식적 검증기준을 통과할 수 있다. 결과적으로 도덕법칙의 충돌이 벌어진다.

예를 들어서 소유를 폐지하는 것은 공산주의 사회에서 실제로 실현했던 적이 있으니, 그 자체로 모순적인 것은 아니다. 자본주의 사회에서는 사적 소유가 지배하고 있으니 사적 소유 자체도 모순적인 것은 아니다. 소유의 폐지와 사적 소유는 어느 것도 무 모순적이니 그 가운데 어느 것이 도덕법칙인지 알 수가 없다.

이런 충돌은 또 발견할 수 있다. 현재 서구 사회처럼 성적 관계가 혼인의 범위를 넘어서는 일이 일반화된 사회를 생각해보자. 마찬가지로 엄격한 일부일처제가 일반화된 사회를 생각해보자. 말하자면 빅토리아 여왕 시대의 영국과 같은 사회다. 두 사회는 모두 정합성의 검증을 훌륭하게 통과한다. 그러면 어느 것을 도덕법칙으로 삼아야 할까?

칸트의 도덕법칙은 항상 추상적일 수밖에 없다. 왜냐하면 모순을 피하려면 추상적이어야 하기 때문이다. 구체적으로 될수록 모순의 가능성은 커진다.

모순을 피하고자 법칙을 추상화한다면 이제 도덕법칙을 실행하는 때 문제가 된다. 추상적인 법칙을 구체적인 현실에 실현하는 가운데 원칙 자체가 부정될 때도 있다. 이때 현실을 호도하기 위하여 기만적인 말장난이 일어나기도 한다.

예를 들어서 "살인을 해서는 안 된다"라는 법칙을 생각해보자. 전쟁에서는 살인하지 않을 수 없다. 이때 모순을 피하고자 전쟁에서는 그게 '살인'이 아니라 '전투'라고 한다. 전쟁에서 살인은 전투의 부수적 결과에 불과하다고 변명할 수 있다.

유사한 예는 많다. 가톨릭은 낙태를 반대한다. 하지만 산모의 건강이 위험할 때는 낙태를 허용한다. 이때는 낙태가 아니다. 낙태는 산모의 건강을 지키고자 일어나는 부수적인 사건에 불과하다.

이런 기만적인 말장난의 아주 좋은 예로서 클린턴의 르윈스키 사건을 들 수 있다. 그는 대통령으로서 집무실에서 인턴으로 근무하던 르윈스키와 성관계를 맺었다. 그는 이것이 문제가 되자, 그가 저지른 행위의 명목을 바꾸어 버렸다. 그게 그 유명한 '부적절한 행위'라는 개념이다. 부적절하기는 하지만 불법은 아니라는 변명이다.

3) 동기주의의 문제

이상의 비판을 통해 칸트의 도덕법칙이 과연 합리적인지 의심스럽다는 것을 말했다. 그런데 칸트의 자유 의지론 더 근본적인 문제점이 존재한다.

칸트는 자유 의지의 두 가지 핵심은 동기주의와 의무 개념이다. 그러나 이 두 가지 개념은 모두 비판을 넘어서지 못한다.

우선 동기주의의 문제를 보자. 칸트 자유 의지는 원래 행위의 동기가 오직 도덕법칙이어야만 한다. 동기주의를 강조하다 보면 행위에 앞서서 과연 어떤 동기에서 행위를 시작했는가로 관심이 옮기게 된다. 이렇게 되면 점차 나중에 일어나는 행위는 제쳐놓아지고 다만 마음만이 문제 되고 만다.

도덕적 동기주의는 결국 마음이 순수했는가만을 문제 삼는다. 심지어 다만 마음으로 도덕법칙을 따르는 것만으로 충분하다는 주장으로 나가게 된다. 실제 행위는 다르더라도 마음만으로라도 그런 도덕법칙을 따르려고 했다면 도덕적인 행위가 된다.

이런 주장은 기독교의 입장과 유사하다. 기독교에서 마음만이라도 율법을 지키고자 노력했으면 실제 행위는 타락하더라도, 이미 구원받는다고 말한다.

그러나 마음속의 동기만이 중요한 것은 아니다. 더 중요한 것은 실천적 행위이고 최종적으로 일어난 결과다. 실제로 의도와 다른 결과가 나오는 때도 많다. 예를 들어서 자신의 마음에서는 도와주고 싶어서 행위를 했으나 그 결과는 오히려 그를 해친 때 말이다.

영화감독 잉마르 베리만이 쓴 소설 가운데 『최선의 의도』라는 소설이 있다. 나중에 빌 아우구스트가 영화로 만들었다. 이 소설은 베리만이 자기 부모에 관해 쓴 반(半) 전기적인 작품이다.

이 소설에서 가난한 남자와 부유한 집안의 딸이 결혼한다. 그들 사이에는 계급적 차이가 존재한다. 두 사람은 서로를 배려한다. 남자는 아내가 자기 때문에 가족에게 부끄럽지 않도록 하고자 허세를 부린다. 아내의 부유한 부모는 이런 허세를 간단하게 꿰뚫어 보고 오히려 가증스럽게 본다. 아내는 가난한 남자를 돕고자 부모의 돈으로 남자가 모르게 그를 도와준다. 그것이 남자의 자존심을 해친다.

매사에 이런 식이다. 서로를 돕는다는 것이 사회적 배경의 차이에서 서로 다른 결과를 불러일으킨다. 이때 동기는 선하지만, 결과는 악하다.

사실 이럴 때가 적지 않다. 칸트의 동기주의는 이때 한계를 드러낸다.

4) 위선

나아가서 칸트의 경우 도덕법칙을 실행하는 의지는 위선에 빠질 가능성이 있다. 왜냐하면 칸트의 도덕법칙은 이중적이기 때문이다.

그 내용은 욕망에 기초한다. 그 형식은 일반성에서 나온다. 이런 도덕법칙이 의지를 규정할 때 이 의지가 형식에 따라 지배된 것인지 내용에 따라 지배된 것인지 모호하게 된다. 다시 말하자면 나의 의지는 욕망 때문에 행위를 한 것인지 도덕법칙이 법칙이기 때문에 행위를 한 것인지 모호하게 된다.

예를 들어서 사적 소유를 도덕법칙으로 삼는 때 나는 이 사적 소유가 나에게 이익이 되기 때문에 이를 실행하려 하는지 아니면 이것이 도덕법칙이기 때문에 이를 실행하려 하는 것인지 모호하다.

욕망 때문인지 도덕법칙 때문인지는 마음의 동기에 관련된다. 그런데 자기의 마음을 확인하는 것이 어렵다. 그것은 내적인 마음의 영역이기 때문에 그 자신만이 알지 타인은 모르기 때문이다.

더 나가서 그 자신조차도 확실히 알 수 있을까? 많은 사람은 자기의 마음을 오해하며, 나가서는 고의로나 무의식적으로 기만하기도 한다.

그 결과 사실 동기에서 욕망에 사로잡혀 행위를 한 것임에도 불구하고 자시는 그것이 법칙이라 생각하면서 행위를 했다고 호도할 가능성이 있다. 이때 위선이 생겨난다.

예를 들어서 내가 가난한 사람을 도울 때 사실은 나의 감추어진 이익을 위해 예를 들어서 명예욕이나 자기 만족감 때문에 그렇게 행위를 하는 것이 아닐까? 그러면서도 나는 순수하게 그것이 도덕법칙이기 때문에 실행했다고 주장하는 것이 아닐까?

5) 자율성의 한계

둘째로 칸트에서는 의무 개념이 모호하다. 자유 의지에서 의무로 이행하는 과정이 좀 복잡하다. 다시 한번 정리하자면 다음과 같다.

자유 의지는 도덕법칙이 의지를 규정하면서 발생한다. 자유 의지는 유한한 인간 속에서는 욕망과 대립하고 있으므로 이 욕망을 억제해야 한다. 욕망이 억제되면서 고통의 감정이 등장하며 칸트는 이런 고통의 감정에서 의무감이라는 감정이 나온다고 한다. 자유 의지는 부수적으로 의무감을 일으킨다.

사실 욕망을 포기하는 때 쓰라린 고통의 감정이 있기는 하다. 하지만 이런 고통의 감정이 그 자체 의무감이라고 보기는 어렵지 않을까?

엄밀하게 말하자면 이 고통 자체가 의무감은 아니다. 그것은 도덕법칙을 실행하면서 욕망이 상실되는 결과 생기는 고통일 뿐이다. 의무의식 또는 의무감이라고 하는 것은 이런 고통을 넘어서려는 데서 시작된다. 고통을 느끼면서 자유 의지가 움츠러들려고 할 때 이를 다시 강화하며 고통을 넘어서 자유 의지를 실현하게 하는 것이 의무감이다.

이 힘을 우리는 자유 의지가 자기 강화하는 힘 또는 물리학적 비유를 쓰자면 자기를 제곱하는 힘이라 할 수 있다. 이런 자기 강화하는 힘은 마치 강박증 환자가 스스로 고통을 느낌에도 불구하고 어떤 규칙을 자기에게 강제할 때와 같은 힘이 된다.

그러나 자유 의지가 자기를 강화하는 힘을 갖는다는 것을 칸트 자신은 충분히 설명하지 못했다. 자유 의지의 자기를 강화하는 힘은 낭만주의자의 양심 개념이 등장하면서 비로소 설명된다.

5장 낭만주의와 양심

-셸링의 자유 의지-

셸링은 인간이 두 가지 힘의 상호 대립을 통해 형성된다고 본다. 그 하나는 형상화하는 힘이며 다른 하나는 물질화하는 힘인데, 이 양자는 자기 속에 이미 상대방을 포함한다. 물질적 힘 속에는 형상을 향한 동경이 있고 형성하는 힘은 자기를 실현하는 물질적 의지를 갖추고 있다.

1장 낭만주의

1) 낭만주의의 혁명

칸트의 실천 철학은 자유 의지와 욕망이라는 두 극 사이에서 흔들리고 있었다. 자유 의지를 발견한 것은 칸트의 공적이지만, 그는 욕망에 대립하여 자기 강화하는 힘을 자유 의지에서 찾아내지 못했다.

자기 강화하는 자유 의지의 힘을 발견한 것은 낭만주의의 업적이었다. 그것이 낭만주의의 양심이라는 개념이다. 이를 통해 자유 의지는 욕망과의 전투에서 승리의 계기를 마련한 셈이다. 칸트가 자유 의지의 철학에서 첫발을 내디딘 것이라면 낭만주의 철학은 자유 의지의 씨앗이 자라는 자궁이 되었다.

독일 낭만주의의 정신적 혁명은 18세기 전환기에 출현했다. 이 시기 괴테, 쉴러에서 피히테를 거쳐 노발리스, 슐라이어마허에까지 전개되는 독일 낭만주의 철학의 정점에 셸링과 슐레겔이 있었다.

낭만주의는 초창기에 혁명적 철학이었다. 낭만주의 철학은 독일 봉건체제의 극복, 30년 종교전쟁 이후 분열된 독일민족의 통일, 나폴레옹 침략에서 해방을 추구했다. 그러나 후기에 이르면 낭만주의 철학은 메테르니히의 유럽 반동체제를 옹호하는 정신적 무기로 전락했다.

낭만주의의 영욕을 역사적으로 상세하기 살펴보는 것은 생략하도록 하자. 여기서는 주로 낭만주의의 정신적 측면에 집중하기로 하자.

2) 셸링

양심의 개념을 철학적으로 정당화하려 시도했던 대표적 인물이 서양에서는 셸링이다. 동양에서라면 단연 왕양명이다. 양심이라는 말 자체가 양지양능(良知良能)이라는 그의 말에서 따온 말이다. 이 자리에서는 셸링[36]을 통해 양심의 개념을 이해해 보자.

---

36 우선 셸링의 생애를 간단하게 살펴보자. 그는 1774년 독일 남부 대도시 슈투트가르트 인근 레온베르크에서 목회자의 아들로 태어났다. 그는 튀빙엔 신학대학교에 어린 나이에 특별 입학했고 그보다 나이가 네살이나 많은 횔덜린과 헤겔과 더불어 삼총사를 이루었다. 1789년 프랑스 혁명이

그의 양심 개념은 그가 생전에 발표한 최후의 저작인 『인간 자유의 본질』이라는 저서에 등장한다. 이 저서는 18세기 말 그의 초기 철학의 주요 관심인 자연과 체계에 관한 문제가 19세기 초 [1803년] 이후 정신과 자유에 대한 관심으로 이동한 이후 작성된 책이다. 여기서 그는 자기의 자연의 체계가 숙명론적이라고 비판한 프리드리히 슐레겔에 대해 응답했다. 아이러니하게도 이 저서

발생하자 이들 삼총사는 대학 교정에 자유의 나무를 심었을 정도로 열광했다.

칸트의 철학이 피히테를 통해 소개되자 그는 열렬한 칸트의 숭배자가 되었고 그의 철학적 기초로 삼았으나 곧 야코비 등을 통해 소개된 스피노자의 철학을 통해 칸트 철학을 극복하려 시도했다. 그는 1798년 괴테의 초청으로 예나대학교 교수가 되었고 다음 해 1799년 그의 대표적 업적이 되는 『자연철학의 이념들』을 발표했고, 1800년에는 『선험철학의 체계』를 발표했다. 여기서 그는 칸트의 선험철학을 자연의 체계로 재구성했다.

그는 이 시기 예나 슐레겔 형제 중심으로 모인 낭만주의 서클에 가담했으며, 윌리엄 슐레겔의 부인 카롤리네와 1803년 사랑에 빠지면서 우선 뷔르츠부르크로 이주했다가 1806년에는 뮌헨으로 이주했다. 1809년 카롤리네의 사후 그는 거의 은거하다시피 하면서 사색에 몰두했다. 이 시기부터 그는 자연보다는 오히려 종교와 정신의 문제를 고민했으며, 그 결과 1804년 『철학과 종교』를 발표하고 1809년에는 『인간 자유의 본질』을 발표했다. 이것이 그가 생전에 발표한 최후의 저서다.

1812년 파울리네와 재혼했으며, 그 이후 그는 가톨릭으로 개종하고, 정치적으로도 봉건제를 옹호하면서 과거 그가 교제했던 개혁적이거나 급진적 지식인과 멀어졌다. 1840년 그는 나폴레옹 몰락 이후 보수화하는 프로이센 정부의 초청을 받아 베를린 대학에서 강의하게 되었으나 이미 베를린 대학에서는 헤겔 좌파가 활발하게 활동하고 있었으므로 그의 영향은 별로 없었다. 1844년 그는 스위스에서 요양 중 사망했다.

에는 그가 평생 대립했던 철학자 헤겔의 『정신현상학』(1807년)에 영향을 받은 흔적이 다분하다[37].

3) 자연의 두 원리

이 책의 서두에서 셸링은 범신론적 체계를 기계적인 체계로 해석하기보다는 오히려 역동적인 체계로 이해한다. 이런 역동적 체계를 통해 그는 악의 가능성과 자유 의지를 설명하려 했다. 그의 이론이 최종적으로 도달지점이 양심이라는 개념이다.

우선 그의 자연철학을 간단하게 살펴보기로 하자. 그의 체계에서 핵심 개념은 신의 실존과 신이 실존하는 근거라는 두 개념이다. 셸링에서 신은 곧 자연 일반이니, 이것은 곧 자연 사물 일반에 관한 설명으로 볼 수 있다.

여기서 실존의 근거란 사물의 형상이 실존하기 위한 토대[매체]를 의미한다. 이것은 물질성의 원리라고 규정될 수 있다. 이런 실존의 근거는 사물의 형상을 물질 속에서 개별화하는 힘으로 작용한다.

반면 신의 실존이란 신이 자기의 형상을 실현하는 힘 즉 계시의 힘이다. 신은 자신의 형상을 자신의 타자인 물질에 드러낸다. 이 힘은 물질을 형상을 지닌 사물로 만드는 것이며, 이런 점에서 말씀이며 빛이다. 이것은 형상화의 원리다. 이런 형상은 곧 분화

---

37 헤겔 역시 1800년 초만 해도 열렬하게 셸링의 자연의 체계를 옹호했으나 1803년 이후 셸링의 철학을 동일철학이라고 비판하면서 그런 비판을 통해 『정신현상학』을 저술했다.

하려는 경향성을 지닌 물질을 나로 통일하는 힘이다.

실존과 그 근거, 형상과 물질, 통일과 개별화는 플라톤 이래 철학의 두 근본 원리다. 셸링의 자연철학에서 독특한 점은 그가 두 원리를 마치 뫼비우스의 띠처럼 상호작용하는 것으로 본다는 데 있다.

셸링은 물질성은 한편으로는 실존이 실현되는 질료이지만, 다른 한편으로는 자신에 대립하는 형상의 원리를 촉발하는 반작용의 힘을 지닌다. 실존의 물질적 근거 속에는 이미 말씀을 향한 동경, 삶의 시선, 영혼이 들어 있기 때문이다. 마치 빛을 반사하는 어둠이 오히려 빛을 있게 하는 것과 마찬가지다. 또 예를 들자면, 보색의 관계가 그렇다. 어떤 색은 자기와 반대되는 색깔에 반향을 일으킨다. 그 속에는 이미 반대되는 색을 향한 동경이 들어 있다고 하겠다.

다른 한편 사물의 형상은 관념이며 이런 형상의 실현이 곧 신의 계시 과정인데, 이런 형상에는 이미 자기를 실현하려는 물질적 의지의 힘이 내재하고 있다. 그는 단순한 형상을 오성(Verstand)이라고 하지만 이런 형상 즉 오성이 물질적 의지를 포함하고 있는 것을 정신(Geist)으로 규정한다. 이 정신은 곧 사물의 요소를 통일하는 힘이므로 근본적으로 사랑의 정신이다.

물질적 원리가 이미 빛과 말씀을 향한 동경을 지니듯이 정신은 이미 물질적인 힘 즉 의지이기에 스스로 자기를 해체하게 된다. 그러므로 사물은 자신을 완성하는 순간 이미 자기를 해체하며 물질적 원리로 이행한다. 이런 물질적 힘은 다시 새로운 형상을 촉발하여 그것이 실현되게 한다. 이런 상호작용 속에서 자연은 끝 없는 진화 속에 있다.

이 진화의 과정은 물질적 원리가 형상적 원리를 반작용하며, 이 형상적 원리가 실현되는 가운데 이미 물질적 원리가 스며들어 있다는 데서 성립한다. 자연 속에서 근거와 실존, 물질과 형상이라는 두 원리는 점차 밀접해지며 인간에 이르러 물질 속에서 형상이 의식[관념적 인식]되며, 관념은 곧바로 물질적 의지[자유 의지]로 실행된다. 마침내 신에 이르러 두 원리는 완전한 통일에 이르게 된다.

여기서 셸링의 이런 자연철학에 대해 상세하게 설명할 여지는 없다. 다만 그의 이런 자연철학이 그의 인간론의 기본적인 바탕이 된다는 사실만 말하고 가기로 하자.

4) 인간론

자연은 이와 같은 물질적 원리와 형상적 원리, 신의 실존과 실존의 근거 사이의 역동적 체계이며 이런 역동적 체계는 그의 인간론의 배경이 된다.

인간의 단계에서 실존의 근거는 곧 욕망이다. 이것은 개체를 실존하게 만드는 물질적 토대가 되며 동시에 개체를 모든 다른 개체와 분열하게 만드는 이기성(Selbstheit)의 힘이다. 이런 이기성 속에는 이미 개인들의 통일을 향한 동경이 들어 있다.

반면 인간의 본질 즉 형상은 오성(Verstand), 도덕법칙이다. 그것은 인간 사이의 통일을 이루게 한다. 인간에게는 이런 통일을 향해 나가는 물질적 의지가 있으니 이것이 사랑의 정신. 또는 일반 의지이다.

인간은 욕망의 힘과 사랑의 정신 사이의 상호 대립을 통해 형성된다. 두 원리는 앞에서 말한 신의 실존과 실존의 근거처럼 뫼비우스의 띠와 같이 연관되어 있다.

욕망의 힘은 오성이 실현되기 위한 토대이지만, 오성의 빛을 반사하며 이를 향한 동경을 갖는다. 거꾸로 사랑은 오성적 형상을 실현하지만, 그 자체 물질적 의지 즉 사랑의 정신을 지닌다. 사랑이 물질적 의지인 한, 이 사랑의 의지는 완전하지 못하다. 여기서 인간은 인간이라는 한계를 넘어 신을 향해 진화한다.

자연의 전체 진화하는 과정 중에서 인간 속에서 두 원리 물질성과 정신성의 원리는 가장 가깝게 다가왔지만, 그래도 아직 신에게서 나타나는 완전한 통일에 비추어본다면 두 개의 원리는 무한히 멀리 떨어져 있다.

두 개의 원리는 상호 순환을 통해 독자적인 방식으로 결합하는데 그사이에 무한히 다양한 차이가 존재한다. 각 개인은 이 두 원리가 상호작용하는 가운데 각기 독자적으로 형성된 존재이다. 그러므로 셸링은 모든 인간이 공통된 본성을 지닌다고 보지 않는다. 모든 개인은 각자 고유한 본성을 지닌다.

이 두 개 원리의 결합은 사람이 태어나면서 형성되는 관계가 아니라 인간의 삶 속에서 물질적 원리와 형상적 원리의 상호작용을 통해 끊임없이 형성되는 관계이다. 개인의 본성은 마치 성격과도 같이 가변적인 본성이다. 그것은 일시적으로만 고정될 뿐이다.

셸링은 두 가지 힘의 상호작용은 각 개인에게서 차이가 있는데, 이 가운데 형상적 힘이 우위를 차지하면 선한 본성이 나오며 물질적 힘이 우위를 차지하면 악한 본성이 나온다. 인간의 행위는 이런 본성에서 나오는 것이므로 자유로운 것이지만, 그 본성 속에 어느 힘이 우위에 있는가에 따라서 선과 악이 동시에 가능하다.

인간을 이루는 두 가지 힘은 상호 대립하면서도 전체적으로는 형상화의 힘이 물질적 힘에 대해 우위를 차지한다. 형상화의 힘은 물질적 힘에 대해 반작용하면서 이를 넘어서기 때문이다. 이처럼 물질적 힘에 대해 우위를 차지하는 정신적 힘이 곧 양심이다.

2장 악의 기원과 자유 의지

1) 내적 필연성으로서 자유

셸링의 체계는 역동적 체계이며 기계적인 체계를 거부하며, 인간 역시 역동적으로 파악한다.

이런 점에서 그는 우선 의지의 기계적 결정론을 비판한다. 그는 인간이 자유롭다는 사실은 각자가 스스로 확인할 수 있는 사실이니 철학은 이를 부정하는 것이 아니라 이 사실을 설명해야 한다고 본다.

또한 그는 자의적인 선택으로서 자유 의지 역시 비판한다. 자의적인 선택은 앞에서도 언급한 것처럼 자연과 인간 행위 속으로 우연성을 끌어들이는 것이기 때문이다. 그는 자연과 인간은 필연적 체계라는 사실을 출발점으로 삼고 있다.

인간이 필연적 체계라면 자유는 어떻게 설명되는 것인가? 셸링은 내적 본성에서 필연적으로 나오는 것 즉 자기실현을 자유 의지로 규정한다.

2) 선악의 가능성

셸링의 자유 의지 개념에서 주목되는 개념은 내적 본성이라는 개념이다. 이 개념은 칸트의 선(善) 의지 개념과 비교해 보면 선악에 대해 중립적 개념으로 보인다. 여기에는 악을 설명하려는 셸링의 관심이 개입하고 있다.

셸링은 악한 인간이 존재한다는 것을 하나의 사실로 보았다. 이런 사실을 설명하지 못하는 인간론은 사실과 어긋나는 이론이 된다. 그런 점에서 칸트가 자유 의지를 도덕법칙을 따르는 선의지로 규정한 것은 사실과 어긋난다. 셸링은 사실적으로 존재하는 악을 그 자신의 인간론을 통해 설명하려 한다.

자주 악은 불완전성, 결핍, 부조화를 통해 설명된다. 물질적 원리가 이런 것에 해당하니, 대체로 물질적인 것이 악으로 간주된다. 그러나 이런 이론은 모든 존재를 악으로 규정하게 된다는 오류를 범한다. 모든 존재는 물질과 형상이라는 두 원리가 상호작용하는 것이며 그 속에서 양자는 항상 상호 침투되어 있기 때문이다. 심지어 신도 실존의 물질적 근거를 가지니, 신도 악으로 간주된다.

그렇다면 셸링은 악을 어떻게 설명하려 할까? 그는 이를 설명하기 위해 진화론을 끌어들인다.

자연은 진화한다. 물질적인 것은 항상 형상적인 것을 동경하며 스스로에 대해 반작용하도록 정신적 힘을 촉발한다. 그러므로 형상적인 것이 물질적인 것에 대해 우위에 있으며 그것을 지배한다.

그것은 인간도 마찬가지다. 인간의 본성도 이기적 욕망과 사랑의 정신이 상호 작용하고 있으나 인간도 진화 과정에서 처해 있다. 이런 진화의 과정에서 본다면 인간은 마침내 이기적 욕망이 지배하는 동물의 단계를 넘어서서 정신의 힘이 오로지 지배하는 신적인 존재에 이른다. 인간은 이행기적 존재이다.

그러나 진화의 필연적 과정은 역동적으로 일어난다. 여기서 이기적인 욕망이 일시적으로 강화된다. 이는 잘못된 사유(logismo notho)에 기인한다. 잘못된 사유로, 욕망에 집착하면서 욕망이 강화된다. 이때 사랑의 정신이 욕망의 힘에 반작용하지 못하고 욕망이 오히려 사랑의 정신을 지배하게 된다.

욕망이 중심이 되고 사랑의 정신은 오히려 수단으로 전락하게 된다. 이게 악한 인간의 모습이다. 악한 인간도 일시적으로 사랑에 빠진다. 하지만 이 사랑은 결국 그의 물질적 욕망이 실현되는 수단이 될 뿐이다.

그러나 악이 영원히 승리할 수는 없다. 왜냐하면 진화의 과정에서 필연적인 힘이 작용하기 때문이다. 이 필연적 힘이 자기를 회복하면서 물질적 욕망은 정신적 원리를 촉발한다.

정신적 원리는 물질적 욕망에 반작용하면서 더욱 강한 힘으로 출현하게 된다. 선한 인간도 자주 악에 빠지지만 이때 악은 오히려 그의 정신적 힘을 강화하는 계기가 될 뿐이다. 물질적 힘은 정신적 힘을 강화하는 수단이 된다.

위에서 말한 것처럼 어떤 인간에게서 물질적 원리가 정신적 원리에 우위를 차지하면서 그 본성은 악하게 된다. 반면 어떤 다른 인간에게서 물질적 원리에 대해 정신적 원리가 우위를 차지하면서 그 본성은 선하다.

셸링은 인간의 내적 본성이 모두에게 공통이라 보지 않는다. 모든 인간은 정신적 원리와 물질적 원리가 상호작용한다는 점에서 공통이지만, 두 개 원리의 관계 방식은 인간마다 천차만별하다. 셸링에게서 인간의 본성은 각 개인이 자기의 삶 속에서 개별적으로 형성하는 것이라는 점에서 그에게 본성 개념은 오히려 성격이라는 개념에 더 가깝다.

셸링에서 행위는 그의 본성, 성격에서 필연적으로 나오는 것이다. 행위는 필연적으로 결정된 것이기는 하지만, 그래도 행위자에게는 책임이 있다고 본다. 왜냐하면 그의 행위가 필연적으로 나오게 되는 본성 자체가 그가 형성한 것이기 때문이다.

그는 필연적이지만, 책임 있는 행위라는 개념을 우리가 자주 겪는 하나의 경험적 사실을 통해 비유적으로 설명하려 한다.

예를 들어서 내가 누구를 사랑했을 때 그는 자신이 그를 사랑하지 않을 수 없었다는 것을 느낀다. 그것이 그의 본성에서 나오는 것이기 때문이다. 그런데도 그는 자신의 사랑에 대한 책임감을 느끼고 있다. 그것은 경험적 사실이 입증해준다. 왜 그런 책임 의식이 드는 것인가? 그것은 그의 본성 자체가 그가 형성한 것이기 때문이다.

3) 이기심의 허기

본성은 개인이 자신의 삶 속에서 스스로 형성한 것인 한, 그 전환도 스스로 가능하다. 악의 본성에서 선한 본성으로 가는 것도 가능하며 거꾸로 선한 본성에서 악의 본성으로 전환될 가능성도 있다. 여기서는 그 가운데 악의 본성이 선한 본성으로 전환되는 과정만 설명해 보자.

인간의 욕망 속에는 이미 정신적 원리를 향한 동경, 시선이 들어 있다. 그게 인간의 영혼이다. 이런 영혼이 있으므로 악 즉 이기심의 지배 속에 있는 인간에게도 이기심의 허기가 등장한다.

"바로 여기서 이기심의 허기가 일어난다. 이 이기심은 그것이 전체 및 통일성과의 관계를 끊는 만큼 더 목마르고 더 가난하게 되지만, 그러므로 욕망에 휩싸이게 되고 더 허기에 차며 더 악의에 가득 차게 된다."[38]

이기심의 허기는 이기심 속에 영혼이 들어 있으므로 즉 정신

38   셸링, 『인간의 자유』, 130쪽

에 대한 동경이 있으므로 생겨난다. 이런 영혼 때문에 이기심을 통해 욕망이 아무리 충분히 만족하더라도 그에게는 무언가가 부족하다는 느낌을 지울 수 없으며 이 때문에 어떤 영혼의 갈증이 생겨난다.

그런데 악한 자는 이런 영혼의 갈증을 올바르게 파악하지 못한다. 그는 이를 오히려 욕망의 갈증으로 오해하게 되면서 욕망을 더욱더 충족시키고자 애쓰게 된다. 욕망은 충족하면 할수록 영혼의 허기는 더욱더 채워지지 못하니, 그는 더욱더 강한 욕망에 시달리게 된다. 이것이 곧 이기심의 허기다.

욕망의 허기가 이처럼 더욱 강화되면 결국 그 모순이 드러나면서 이 모순은 다시 사랑의 정신이 출현하기 위한 매개가 된다. 그는 이를 질병에서 생겨나는 염증을 통해 설명한다.

> "모든 개별 인간 가운데서 빛을 발하는 생명의 시선은 죄인에게서 소모적인 불로 타오르게 되기 때문이다. 이것은 마치 생동적인 유기체 가운데 이 유기체를 구성하는 개개의 요소나 체계가 전체를 벗어남과 동시에 이 요소가 맞섰던 통일성과 음모가 열로 느껴지고 열이 염증을 일으키는 것과 같다."[39]

셸링은 몸에 염증을 일어날 때, 이 염증은 질병 때문에 일어난 것이 아니라 오히려 몸에 숨어 있던 건강의 힘이 병든 신체 속에 작열하기 때문이라고 본다. 그는 이 염증은 곧 정신의 회복에 따

---

39 셸링, 『인간의 자유』, 130-131쪽

라서만 치료될 수 있다고 본다.

4) 양심의 개념

마침내 셸링은 양심이라고 개념에 이르게 된다. 셸링에게서 양심이란 역동적 관점에서는 이해되어야 한다. 양심은 욕망과 따로 떨어져 있는 순수한 정신에서 나타나는 것은 아니다. 그런 순수한 정신은 관념에만 머물 뿐 자기를 실현하지 못한다.

순수한 정신의 원리가 자신을 실현하고자 그 물질적 토대가 필요하다. 그것이 바로 욕망이다. 이 욕망은 한편으로 물질적 토대가 되지만, 다른 한편으로 정신에 반작용하면서 정신 실현을 촉발하는 힘이다. 욕망이 강하면 강할수록 더욱 강하게 인간의 정신적 힘 즉 사랑의 힘이 반작용하게 하니, 거꾸로 말하자면 사랑의 힘은 욕망의 힘을 넘어서는 힘으로 발전한다. 바로 이것이 칸트가 예고했던 자기 강화하는 의지이고 곧 양심이다. 셸링은 이를 종교성의 원리라고 말하기도 한다.

셸링은 칸트가 자유 의지를 욕망의 힘에 대립한다는 측면에서만 파악했다고 비판한다. 칸트는 욕망이 오히려 사랑에 반작용하면서 사랑의 정신을 촉발한다는 사실을 알지 못했다.

셸링은 이런 양심의 특징을 세 가지로 들고 있다. 우선 그것은 '청명한 인식', '정신적 빛 그 자체'다. 그는 자신이 무엇을 해야 하는지를 구체적으로 알고 있다. 이런 인식은 "신 안에서 이루어지는 것"이며 즉 직관적인 것이다. 그는 이것을 '내심의 목소리'라

한다.

양심은 또한 "아는 대로 행위를 하는" 것이니, 도덕 판단에 따른 자유 의지다. 이런 자유 의지는 단호한 결단이며, 선택이 아니라 내적 본성에 따른 필연적인 것이 된다. 여기서 카토의 비유가 등장한다.

"카토가 올바르게 행위를 했고 그 결과 그가 이렇게 행위를 한 것이 아니라 그가 다른 식으로 행위를 할 수 없었기 때문에 덕에 가장 근접한 사람이었다고 말함으로써 그에게 이러한 행위의 필연성을 돌린다."[40]

또한 그는 양심을 취미의 개념으로 설명한다. 이 취미의 개념은 칸트의 미학에서 나온 개념이다. 취미는 대상을 욕망의 대상으로 삼지 않고 무관심한 태도로 직관할 때 등장한다. 그것은 대상의 내용 때문에 생기는 것이 아니라 대상의 형식에서 느껴지는 것이다. 이 취미는 욕망에서 느껴지는 쾌락과 구별되는 미적인 감정이다.

"모든 사람이 이성적 존재로서 아름다운 영혼이고자 하며 정의로운 존재보다는 고상한 존재로 일컬어지기를 원하는 도정에서는 도덕론이 일반적인 취미 개념으로 환원될 것이며 이에 따르면 죄악은 곧 잘못된 취미나 타락된 취미 가운데 있게 될 것은

---

40   셸링, 『인간의 자유』, 133쪽

이미 전제되어 있다."[41]

    셸링이 양심을 미적인 감정으로 설명하려 했던 것은 양심 또는 자유 의지를 통하여 느껴지는 고유한 즐거움을 표현하려는 의도가 아니었을까 생각된다. 하지만 셸링은 아직 자유 의지의 고유한 즐거움이라는 개념에 도달하지 못했고 다만 이를 어렴풋하게 암시하는 개념으로 취미라는 개념에 이르렀을 뿐이다.

---

41   셸링, 『인간의 자유』, 134쪽

앞에서 셸링은 양심 개념을 철학적으로 정초했지만, 일반적으로 말해서 양심 개념은 두 가지 특징을 갖는다. 양심은 인식의 측면과 직관적 인식이며 의지의 측면에서 단호한 의지다. 우선 양심의 법칙은 추상적인 도덕법칙이 아니라 구체적인 도덕법칙이다. 양심은 이런 구체적 도덕법칙을 직관적으로 인식한다.

3장 양심과 인식

1) 본질 직관

셸링의 양심 개념에서 이미 제시되었지만, 양심은 두 가지 특징을 갖는다. 양심은 우선 이론과 실천, 인식과 행동이 일치한다. 즉 즉각적으로 행동한다는 말이다. 또 양심은 직관적으로 본질을 인식한다고 주장하며 자기 마음이 본래부터 순수하다고 주장한다. 우선 직관적 인식이라는 능력을 검토해 보자.

양심은 자신의 수행하는 가치를 직접 인식한다. 여기서 직접성이란 곧 직관적 인식을 의미한다. 단순한 직관적 능력이 아니라 그 본질을 인식하는 능력이다. 이 점은 양심을 감각과 이성과 대비해 본다면 분명하게 드러난다. 감각적인 경험은 개별적인 사실을 인식한다. 이성은 추상을 통하여 일반적인 법칙을 인식한다. 반면 양심은 개별적인 것 속에서 그것이 지닌 본질을 직접 인식하는 능력이다.

앞에서 말했듯이 양심은 이런 본질을 "딱 보면" 안다고 한다. 아니면 때로 "꿰뚫어 본다"라든가 아니면 "형안(炯眼; 빛나는 눈)을 지녔다"라고 말하기도 하며 또는 "영감을 받거나" "계시를 얻었다"라고 말하기도 한다.

양심은 개별자 속에서 직접 일반적 본질을 인식하니, 인간이 가진 여러 능력이 양심의 후보로 간주되었다. 성경의 요셉은 꿈속에서 계시를 받았고, 예언자 요한은 자신이 본 환상을 계시록에 기록했다. 중세 이래 그노시즘(gnoscism)이 발전해 신지학이란 인식방식이 출현했다. 프로이트가 무의식을 소개한 이후 무의식을 통해 진리에 도달하려는 시도가 이루어졌다. 실존주의 철학자는 구토나[사르트르] 절망[키르케고르], 불안[하이데거]이라는 기분 속에서 본질을 인식하는 가능성을 보았다. 시인[또는 예술가]은 감수성이나 상상력이 구체적 상황 속에서 이런 본질을 인식하는 능력이라고 주장한다.

2) 양심의 순수성

양심의 놀라운 직관적 능력은 여기에 그치지 않는다. 보통 우리는 타인의 마음을 유추를 통해 안다. 즉 나의 마음에 빗대어 간접적으로 안다. 이런 유추에서 오해는 불가피하다.

그런데 양심은 타인의 마음을 직접 감응하거나 공감한다. 즉 가만히 있으면 마치 우주의 기운처럼 상대방의 마음이 전달된다. 거꾸로 양심은 자신의 양심이 마치 파동처럼 상대방의 마음을 공명시킬 것으로 믿는다. 그는 "내 마음은 하늘이 알 것으로" 믿어 의심하지 않는다. 만일 누군가 자기의 양심을 믿어주지 않는다면, 그것은 그가 진실하지 못한 것이고 스스로 마음이 혼잡하다는 것을 입증하는 증거에 불과하다.

여기서 명심해야 할 일이 있다. 양심이 인식하는 개별자와 일반자 사이의 관계가 독특하다. 개별자만 있고 일반자란 사유가 개별자를 집어넣고자 만든 그릇[즉 집합] 정도로 생각하거나[유명론자] 아니면 개인 속에 똑같은 심장이 들어 있듯이 개별자 속에 들어 있는 것으로[내재론] 생각한다. 그러나 양심은 이와 다르게 생각한다.

양심은 개별자와 일반자가 합일되어 있다고 본다. 즉 일반자 자체가 개별자 속에서 구체성을 지니고 존재한다. 이런 일반자는 추상적인 일반자와 구별되는 구체적 일반자다. 예를 들어서 살인에 관해 양심이 인식하는 것은 "어떤 때도 살인해서는 안 된다"라는 일반 도덕법칙이 아니다. 양심이 인식하는 구체적 법칙은 예를 들어서 전쟁터에서는 적용되는 살인의 도덕법칙이다. 예를 들어서 "포로와 민간인은 학살하지 않는다"라는 법칙이다.

구체적 상황에서 구현된 일반자, 이것을 법적인 용어를 통해 말하자면 정법(正法, 형평성, Billigkeit)이다. 이것은 추상적인 정의(법, 정당성, Recht)가 아니라 구체적 정의다.

정법, 형평성이 무엇인가를 설명하는 아주 좋은 예가 있다. 언젠가 광고를 보니[지금 무엇을 선전하는지는 잊어버렸다], 어떤 여인이 낮에 창가에서 졸고 있다. 이때 광고말이 나온다. "나의 여인이 잠들었을 때, 창문은 얼마만큼 열려 있어야 하나?" 바로 이때 창문의 열린 정도, 그때 그 순간 딱 들어맞는 정도, 정법이 그런 것이다.

이상에서 인식과 관련해서 양심이 갖는 두 가지 중요한 특징을 살펴보았다. 한 가지는 양심은 직관적으로 도덕법칙을 발견한다는 것이며 또 한 가지는 추상적 법칙이 아닌 구체적 법칙을 인식할 수 있다.

3) 이창동의 영화 『시』

이점과 연관하여 영화감독 이창동이 만든 영화 『시』는 아주 적절한 예를 제공한다. 시의 주인공은 할머니다. 그는 자기 딸이 맡기고 간 중학생 아이를 키우고 있다. 그런데 이 아이가 같은 또래와 어울려 어린 여학생을 강간한다. 여학생은 절망하여 자살한다. 이 사건[아마도 실제로 일어났을 법한 사건]을 둘러싸고 피해자의 어머니, 학교의 선생님, 가해자들의 부모들 그리고 경찰이 해결책을 모색한다.

가해자 중의 한 아이의 보호자인 할머니는 성폭력은 마땅히 처벌해야 한다는 일반적 법칙을 이런 구체적 상황에서 어떻게 적용해야 마땅한지를 찾는다. 할머니는 시를 배우면서 시적인 방식으로 이 일을 처리하고자 한다.

할머니는 여학생이 자살한 곳을 찾아가 보기도 하고 여학생의 어머니를 만나보기도 한다. 이 과정 중에는 얼핏 보면 이 사건과 무관한 사건도 일어난다. 할머니는 노인을 씻어주는 아르바이트를 하는데, 그런 가운데 노인이 지닌 욕망을 깨닫게 된다. 이런 체험 가운데서 할머니는 마침내 이런 상황에 일반적 원리가 가장 적절하게 적용되는 길을 찾아낸다. 할머니는 가해자의 부모와 함께 위로금을 마련해 전달하며 동시에 자기의 손자인 아이가 스스로 법적 처벌을 받도록 한다. 할머니는 아이가 경찰에 끌려가기 전 아이의 발을 정성스레 씻어준다.

감독은 이런 할머니의 판단이 형성되는 과정을 시가 형성되는 과정을 통해 보여준다. 시는 사물과의 구체적인 체험을 통해 나온다. 이런 체험이 거듭 쌓이지만, 아직은 아무것도 나오지 않는다. 그저 마음속 저 깊은 곳에서 무언가가 일렁거릴 뿐이다. 그러다가 어떤 순간 시인에게 그 상황에 가장 적절한 말이 마음에 떠오른다. 그 시어는 시인 자신도 알지 못하는 사이에 마치 번개가 치듯 마음속에 떠오른다. 바로 이런 시적인 정신, 그것이 양심이 추구하는 것이다. 양심은 이렇게 일반적 가치가 구체적 상황에 적용되는 길을 발견한다.

양심은 자신의 구체적 도덕법칙을 직관적으로 인식한다고 한다. 하지만 이런 직관적 인식은 주관성의 영향을 피할 수 없다. 결과적으로 자신이 파악한 주관적 법칙을 양심으로 가장하는 일이 벌어진다. 이와 같은 양심의 혼란을 도스토옙스키의 소설 『죄와 벌』에 나오는 라스콜리코프의 생각을 통해 더듬어 보자.

4장 라스콜리코프

1) 본질 직관의 한계

양심은 가치를 직접 인식한다. 그것을 본질 직관이라 한다. 하지만 직관은 주관적인 오류에 빠지기 쉬우니 자주 자기가 주관적으로 파악한 것을 사물의 본질에 해당한다고 우기곤 한다. 낭만주의가 가진 이런 한계 때문에 헤겔은 "꿈을 통해서 얻는 것은 잠에 불과하다"라고 말하거나 마치 "어둠 속에서 모든 소가 검게 보이는 것"과 마찬가지라고 낭만주의를 비판한다.

본질을 직관했다는 확신은 낭만주의자의 주관적 느낌이기 때문에 그 스스로는 이런 확신에서 벗어날 수 없다. 이런 낭만주의적인 확신을 설득할 어떤 방법도 존재하지 않는다.

그 자신조차 때로는 이런 것을 진리로 확신하며 때로는 저런 것을 진리로 확신하는데, 그는 자기가 왜 그렇게 변화했는지는 스스로 알지 못한다. 다만 그때마다 느끼는 확신은 요지부동이다. 예를 들자면 한때는 가장 급진적 마르크스주의자가 한때는 가장 급진적 자유주의자가 되니, 그에게 마르크스주의이든 자유주의이든 오직 낭만적 본질 직관의 대상이라는 점에서 공통일 뿐이다.

낭만주의자는 이제 마음은 오직 마음으로만 전해진다고 주장한다. 그래서 내가 진리로 믿고 있는 것은 타인이 마음의 눈이 있으면 볼 것이고 만일 그가 보지 못한다면 그것이 진리가 아니기 때문이 아니라 타인에게 그것을 볼 마음의 눈이 없기 때문이라고 생각한다. 우연히 자신이 믿고 있는 진리에 동조하는 인간은 그렇게 동조하므로 순수한 마음을 가진 인간이며 자신과 진정한 친구요 동지가 된다.

우리는 술집에 가면 이런 동지들을 수없이 만난다. 그들은 서로가 우연히 같은 생각을 가졌기 때문에 태어나면서부터 동지라고 생각하면서 서로서로 칭찬하고 자기들의 주장에 동조하지 않는 사람들은 아직 인간의 단계 도달하지 못한 존재 정도 취급한다.

2) 라스콜리코프

낭만적 양심의 이면을 보여주는 대표적인 예를 들자면 도스토옙스키의 작품 『죄와 벌』의 주인공 라스콜리코프를 들 수 있겠다. 잠시 그 소설을 상기해 보자.

라스콜리코프는 가난한 대학생이다. 그의 여동생은 가난 때문에 어떤 부잣집에 팔려갈 위기에 처해 있다. 그는 여기서 사회의 부조리를 개혁할 꿈을 꾼다. 그는 자기 주변의 전당포 노파가 부당하게 인간을 착취한다는 것을 발견한다. 그는 생각한다. 만일 그 노파가 죽는다면 노파의 재산으로 엄청나게 많은 인간이 행복을 얻게 된다.

> "더 들어봐, 다른 한편으로는 도움을 받지 못하면 좌절하고 말 싱싱한 젊은이가 있단 말이야. 그런 젊은이는 도처에 있어! 그리고 수도원으로 가게 될 노파의 돈으로 이루어지고 고쳐질 수 있는 수백, 수천 가지의 선한 사업과 계획들이 있단 말이야! 어쩌면 수백, 수천 인간들이 올바른 길을 갈 수도 있고, 수십 가정들이 극빈과 분열, 파멸, 타락, 성병 치료에서 구원을 받을 수도 있어."[42]

그는 고민한다. 그는 노파를 죽이는 것은 사회악을 제거하는 것이고, 노파의 돈은 이 사회의 행복과 정의에 이바지할 것으로 단순하게 믿는다. 라스콜리코프의 고민은 오히려 죽인다는 행위에 집중되어 있다. 사회의 행복과 정의를 위한 것이라도 한 인간

---

42 도스토옙스키, 죄와 벌 (상), 홍대화 역, 열린 책들, 2006, 101쪽

을 죽이는 것이 가능한 일인가?

『죄와 벌』에서 주인공 라스콜리코프는 어떤 개인에게는 그런 권리가 주어져 있다고 주장한다. 이 문제와 연관하여 도스토옙스키는 '영웅의 권리'라는 개념을 제시한다. 이 영웅의 권리라는 개념은 라스콜리코프를 의심하는 검사 포르피리가 라스콜리코프를 찾아와서 토론할 때 핵심 논점으로 등장한다.

라스콜리코프는 세상에는 두 종류의 인간이 있다고 한다. 하나는 저급한 평범한 부류의 인간들이다. 이 부류는 순종하기를 좋아하는 인간들이다. 그들에게 순종은 전혀 굴욕적으로 느껴지지 않는다. 왜냐하면 순종이 그들의 사명이기 때문이다. 두 번째 부류의 인간들은 "새로운 말을 할 줄 아는 재능 혹은 천분을 부여받은 인간"이다. 즉 새로운 것을 창조할 줄 아는 인간이다. 동시에 이런 인간들은 "법률을 어기는 파괴자들이거나 그럴 경향이 있는 인간들"이다. 그런 인간은 창조를 위해 기꺼이 기존의 것을 파괴하는 인간이다. 이런 파괴에는 창조를 방해하는 인간의 제거도 포함되어 있다. 역사적으로 리쿠르고스[스파르타의 개혁가], 솔로몬, 마호메트, 나폴레옹 등이 바로 이런 인간이다.

> "인류의 입법자들이며 제정자들은 새로운 법을 제시하고 그로 인해 선조에서 전해져서 사회에서 성스러운 추앙을 받은 낡은 법률을 파괴했고 만약 유혈만이 그들을 도울 수 있었다면 피 앞에서도 멈추지 않았다."[43]

43 도스토옙스키, 위의 책, 378쪽

3) 영웅의 권리

여기서 라스콜리코프는 영웅이란 곧 새로운 창조자이며 이 창조를 위한 파괴 때문에 유혈이 필요하다면 그 앞에 멈추지 않았다고 주장한다. 이러한 논리의 허점을 포르피리는 금방 알아차린다. 그는 이렇게 묻는다. 영웅에게 그런 권리가 있다고 하더라도, 어떤 인간이 그런 영웅에 속하는지를 어떻게 가려낼 수 있는가? 그 인간이 사실은 영웅이 아니면서도 영웅처럼 착각하면서 범죄적 행위를 저지를 수도 있지 않은가? 포르피리의 이런 물음에 대해 라스콜리코프는 흥미로운 논리를 전개한다.

> "그런 실수[즉 자기에 관한 착각]는 단지 첫 번째 부류 즉 평범한 인간들 측에서만 가능하다는 것을 고려해 주십시오. ... 그들 중에서 아주 많은 인간이 자기를 진보적인 인간으로 즉 파괴자로 상상하고 새로운 말을 내뱉는 것을 좋아하기도 합니다. 그것도 진심으로 말입니다. ..... 그렇지만 제 생각에는 그들이 진짜 위험한 것은 아닙니다. 사실상 조금도 염려할 필요가 없어요. 왜냐하면 그들은 결단코 멀리 가지는 못하니까요."[44]

여기서 라스콜리코프가 주장하려는 것을 간단하게 말하자면 이렇다. 문제는 영웅이 아닌 인간이 영웅처럼 말하는 때다. 이때 그가 실제 영웅이 아니라면 영웅이 지니는 무한한 용기는 없으므

---

44   도스토옙스키, 위의 책, 381쪽

로 자기의 말을 실제 행동으로 실행하지는 못한다. 그러므로 그가 착각하더라도 아무 문제가 발생하지 않는다.

반대로 누가 창조적 파괴라는 엄청난 행동을 정말로 실행했다 하자. 그러면 그는 이미 그런 행동을 통해서 자기가 영웅이라는 것을 입증한다. 즉 그의 행동은 그의 행동의 정당성을 즉 그의 행동이 창조적인 파괴임을, 그리고 자기가 영웅임을 스스로 입증한다는 말이다.

라스콜리코프의 이런 말에 대한 반론을 제기할 수도 있다. 어떤 인간이 어떤 혼란스러운 열정에 사로잡혀서 파괴적 행동을 할 수도 있는 것이 아니냐 하는 반론이다. 하지만 라스콜리코프는 이미 이런 반론에 대한 대답을 준비하고 있다. 그는 여기서 영웅이 아닌 범죄자의 일반적 특성을 거론한다. 영웅이 아니면서 어떤 열정에 따라서 그런 행동을 한 범죄자는 그 열정이 지나간 다음에는 곧바로 죄의식을 느끼고 후회한다. 그는 자신의 행동을 끝까지 밀고 나가지 못한다. 그런 죄의식과 후회를 가진 자는 영웅이 아니고 그저 범죄자에 지나지 않는다. 반면 진정한 영웅은 다시 말하자면 창조를 위한 파괴를 실행한 자라면 남들이 그의 행동을 아무리 사악한 것으로 보더라도, 스스로 아무런 죄의식도 없고 아무런 후회도 느끼지 않는다. 그런 죄의식이 없다는 것이 그가 영웅이라는 것을 증명한다.

4) 성공한 쿠데타

도스토옙스키 자신은 그의 소설 『악령』에서 다시 한번 라스콜니코프와 같은 인물을 창조한다. 이 소설은 이른바 네차예프 사건을 모델로 한다. 이 사건은 네차예프라는 러시아 인민주의자가 혁명을 위해 지하 비밀 조직을 만드는 과정 가운데 조직원이 배신하자 그를 직접 처단한 사건이다. 도스토옙스키는 『악령』에서 네차예프를 라스콜리코프의 현신으로 그려내고 있다.

사실 많은 철학자조차 스스로 정당화되는 행동이라는 개념에 동조하고 있다. 그 가운데 선악을 넘어선 의지, 소위 권력의지를 주장하는 니체도 끌어들일 수 있지만, 그 가운데 대표자라면 특히 나치의 법학자 칼 슈미트가 되겠다. 그는 헌법을 제정하는 권력은 새로운 사회를 만들어내는 것이니 스스로 정당하므로 기존의 헌법에 구애되지 않는다고 주장했다. 그는 그런 권력이 어디서 오는 것인가를 묻지 않았다. 그것이 권력의 찬탈에 따른 것이든, 쿠데타로 출현하든 아니면 혁명을 통해 수립되든, 이미 성립한 이상 결과는 같다.

그는 그 모든 권력에 대해 일단 성립한 이상 그 정당성을 더는 물을 수 없다고 했으니, 그의 논리에 따르자면 비상 대권을 통해 헌법을 정지한 나치의 권력 찬탈도 정당하며, 중앙정보부의 고문을 통해 압박하고, 군대가 국회를 포위하고 선포한 박정희의 유신 헌법도 정당하게 된다. "성공한 쿠데타는 처벌할 수 없다"라는 그 유명한 말도 슈미트의 이런 논리에서 유래된 것으로 보인다.

결론적으로 라스콜리코프의 주장을 그대로 수용한다면 영웅의 행동 즉 권력은 절대화된다. 이에서 성공한 쿠데타를 처벌할 수 없다는 유신헌법의 논리가 나오는 위험을 받아들여야 한다. 영웅의 즉각적 행동을 주장하는 낭만주의는 이런 위험을 넘어설 수 있을까?

셸링은 욕망의 힘 속에 정신을 향한 동경이 들어 있으므로 정신은 물질적 욕망을 극복하는 힘을 갖는다고 보았다. 하지만 이런 가정은 너무 형이상학적이며 실제 그런 양심이 존재하는지 의심스럽다. 무기력한 양심은 죽음을 동경하는 아름다운 영혼으로 전락한다.

5장 아름다운 영혼

1) 영웅의 행동

양심은 직관적으로 현실에 적절한 도덕법칙을 즉 본질을 인식할 수 있다고 믿는다. 하지만 어떤 직관도 이런 구체적 본질을 인식하기에 이르지 못한다. 결국 양심은 다시 칸트가 제시했던 추상적 도덕법칙을 실행하는 데로 되돌아간다.

양심은 이런 도덕법칙을 단호하게 즉각적으로 실행하는 의지라고 한다. 여기서 양심은 딜레마에 빠지게 된다.

한편으로 추상적 도덕법칙은 현실과 괴리된다. 이런 괴리 때문에 양심은 설혹 도덕법칙을 즉각적으로 행동하더라도 그의 행동은 현실과 충돌하면서 실패하게 된다. 역시 현실 속에서 행동하려면 현실을 지배하는 논리 즉 욕망을 따라야 한다. 하지만 양심에게 이런 현실의 논리는 자신의 양심을 위배하는 일이다.

양심은 도덕법칙이냐 아니면 현실이냐 하는 딜레마에 빠진다. 낭만주의 철학자 셸링이 말한 양심이 가능성은 너무 형이상학적이다. 욕망이 정신에 대한 동경을 지니고 있으며 그 결과 정신은 욕망의 반작용을 통해 욕망을 넘어선다는 가능성은 발견하기 힘들다. 현실적으로 그런 욕망과 정신의 상호작용이라는 전제가 형이상학적 전제이기 때문이다. 이런 형이상학적 논리로 양심과 현실 사이의 괴리를 극복할 수는 없었다.

2) 양심의 공동체

낭만주의적 양심이 지닌 무기력성은 헤겔이 『정신현상학』'양심' 장에서 양심이 종교적 정신으로 이행하는 과정에서 상세하게 설명하고 있다.

헤겔은 이 과정을 극적으로 구성한다. 그 한편에 양심적 지식인이 있고 다른 한편에 욕망하는 정치가가 있다. 양자의 상호 대결을 통해 양자 모두 무너지는 과정이 양심이 극복되는 과정이다. 헤겔의 설명을 좀 단순화해서 설명하자면 다음과 같다.

양심적 지식인이 역사를 바꿀 수 있다고 아직 기고만장할 때부터 시작하자. 지식인은 이때 자기가 양심적이라 믿는 동지와 더불어 소규모 모임을 형성한다. 이것이 앞에서 말했던 양심들끼리 서로서로 알아주는 소위 '양심의 공동체'다.

이런 양심의 공동체에는 실제로 어떤 공동성도 존재하지 않으며 각자 자기가 왕이라 믿는 공동체일 뿐이다. 타인이 만일 자신의 양심을 모른다면 그것은 타인이 비양심적이기 때문이다. 누구든 자신의 양심을 인정해야 하며 그렇지 못하는 사람은 배제되어야 한다.

믿음과 배제가 교차하는 이런 양심의 공동체는 허약하기 짝이 없다. 한두 번 역사적 실패에 부딪히게 되면, 양심의 공동체는 무너진다. 역사는 기고만장한 양심의 정체성을 벗겨버리니 남아 있는 것은 무기력한 패배자들이다. 패배자들은 타인의 배신에서부터 패배의 원인을 찾으니, 상호 믿음의 양심의 공동체가 사라진 잔해 곳곳에 증오의 꽃이 만발한다.

3) 정치가와 지식인

양심이 이처럼 역사 앞에서 첫 번째 시련을 이기지 못하고 결국 행동에의 의욕을 잃게 될 때 욕망하는 정치가가 등장한다. 욕망하는 정치가는 양심처럼 미래에 실현될 객관적 가치 즉 이념을 고집하지 않는다. 그는 당장 현실에 실현될 수 있는 것, 다수의 인간이 욕망하는 것을 추구한다.

이런 정치가는 욕망하는 것을 실현하는 힘을 갖는다. 그 힘이란 바로 같은 것을 욕망하는 집단의 힘이다. 이런 집단은 욕망의 공동체이며 어느 시대에는 특정한 욕망을 중심으로 대규모 집단을 형성할 수 있다. 욕망의 공동체가 추구하는 것은 오직 욕망을 효율적으로 실현하기 위한 것이다. 이를 위해 합의를 통해 얻는 공동 목적, 기능적으로 분화된 조직, 엄격한 위계질서, 한마디로 관료적인 조직이 형성된다. 바로 이런 집단의 힘, 그것이 욕망을 실현하는 힘이 된다.

이제 양심과 정치가, 양심의 왕과 욕망 공동체 사이에 대립이 벌어지게 된다. 양심은 정치가를 비난한다. 정치가는 순수하지 못한 자이며 정치가가 추구하는 목적 아래에는 항상 자기 개인의 이익이 감추어져 있다고 말한다. 반면 정치가 역시 양심을 비난한다. 정치가에게는 행동의 능력이 있다. 적어도 욕망하는 자들의 효율적인 행동조직이 있기 때문이다. 반면 양심은 행동의 능력을 갖추지 못한다. 양심은 정치가에서 무능력, 무기력하다는 비난을 받아도 양심은 반발하지 못한다.

정치가 역시 패배하는 것은 마찬가지다. 정치가가 추구하는 것은 현실적 욕망이다. 대중들은 한때 이 욕망을 통해 집결할 수 있었다. 그러나 현실 자체가 끊임없이 변동하는 것이니, 일단 현실적 욕망이 성취되면 현실은 또 다른 욕망을 향해 달려나간다. 정치가를 중심으로 집결된 대중들은 또 다른 현실적 욕망을 향해 흩어져 간다. 결국 욕망의 공동체는 현실 앞에서 갈기갈기 찢어지니, 정치가에게 남은 것은 늙은 배우처럼 한때의 영광이 사라진 초라한 모습일 뿐이다.

양심과 정치가 사이에 벌어지는 이런 대립을 가장 잘 보여주는 것은 나폴레옹이 황제가 되자 그를 위해 쓴 영웅 교향곡을 찢어버린 베토벤의 일화가 아닐까 한다. 베토벤은 나폴레옹의 현실적 힘을 알지 못했다. 나폴레옹의 배후에는 분배받은 땅을 지키려는 농민의 욕망이 깔렸다.

그런 무지에 관한 한 나폴레옹 역시 마찬가지였다. 그는 한때 토지개혁 덕분에 그에게 열광했던 농민이 영원히 자기를 지지할 것으로 믿었다. 하지만 그가 엘바섬을 탈출해서 발견한 것은 자기 땅을 갈면서 전쟁에 염증을 느낀 농민에 불과했다.

4) 아름다운 영혼

역사 앞에서 거듭된 실패에 직면했을 때, 양심은 마침내 행동을 포기하게 된다. 첫 번째 단계에서 그는 이런 패배를 개인의 양심적 의지가 본래 무능력하기 때문이라고 생각하지 않는다. 그는 오히려 현실이 자신의 이념을 실현하기에 적절하지 못하다고 생각한다. 그는 자신의 양심을 실현할 이상적인 조건을 그리워한다. 그런 이상적 조건은 자신이 사는 현실에서는 찾을 수 없으니 그는 이상적인 조건을 아무도 발견할 수 없는 머나먼 곳에 설정하며 결코 갈 수 없는 이상향을 그리워하게 된다. 이것을 낭만적 동경이라고 말한다. 낭만주의 작가 노발리스는 이런 낭만적 동경을 '푸른 꽃'이라는 환상으로 그려냈다.[45]

---

45 노발리스의 작품 『푸른 꽃』에서 주인공 하인리히는 낯선 사나이가

이런 이상향은 지구의 변방, 상그릴라나 엘도라도에 설정되지만, 실상 아무도 그런 이상향을 찾을 수는 없다. 마침내 양심은 낭만적 동경을 거두고 자신의 내면에 파묻히기 시작한다. 아직 양심을 실현할 꿈을 버리지 못했을 때 그는 술집에 처박혀 주변의 모든 현실에 대해 비난하기 시작한다.

술 한 잔마다 현실을 욕하면서 자신이 이 현실을 욕하면 욕하는 만큼 자신의 이념이 실현되는 것처럼 즐거워한다. 그가 술을 마시는 속도만큼 현실의 혁명이 빨리 다가온다고 생각한다. 그러나 이런 행동도 한정이 있으니 그의 옆에서 같이 술을 들면서 그가 현실을 욕하는 것을 들어 줄 사람이 더는 없기 때문이다. 그는 마침내 고독하게 술을 들다가 드디어는 술집에서도 자취를 감추게 된다. 그는 고독 속에서 이 더러운 현실을 더는 견디지 못하고 죽음에 대해 갈망에 빠지게 된다.

헤겔은 죽음을 갈망하는 낭만적 영혼을 아름다운 영혼이라 했다. 이런 낭만적 동경과 자살에의 갈망은 68혁명의 비극적 종말을 암시하는 도어즈 그룹의 가수 짐 모리슨의 자살을 통해서도 확인할 수 있다.

"정겨웠던 친구여, 잘 있게
하나뿐인 나의 친구여, 잘 있게

들려준 '푸른 꽃' 이야기를 듣고 이를 꿈속에 보게 된다. 하인리히는 갈수록 말이 적어지고 깊은 생각에 빠지다 마침내 그 푸른 꽃을 찾아서 아우구스부르크로 여행을 떠난다는 이야기다.

그토록 잡고 싶었던 자유와의 투쟁과도 안녕
하지만 자네는 나를 따라오진 말게
온갖 비웃음과 음흉한 거짓의 세계, 안녕
견디기 어려웠던 암흑의 땅이여, 안녕
이 절망스러운 세상에서, 우둔하기 짝이 없는 인간들이
틀어쥐고 있던 무한한 자유가 눈앞에 보이는데
상상이나 할 수 있겠나? 그런 세상을"

6장 사랑과 교회 공동체

-바울의 자유 의지-

앞에서 개인적 자유 의지를 살펴보았다. 자유 의지는 자의를 거쳐 의무와 양심으로 발전했다. 그러나 양심은 역사 앞에서 한계에 부딪힌다. 역사 앞에서 결국 절망에 빠지지 않을 수 없다. 이런 양심의 절망을 벗어나는 길은 무엇인가?

공동체의 집단적 의지만이 역사의 이념을 실현할 수 있다. 하지만 어떻게 공동체의 집단적 의지가 형성될 수 있는가? 공동체를 형성하려는 자유 의지의 최초의 형태는 기독교적 사랑의 개념이다.

1장 공동체 정신

1) 철저한 절망

이상에서 자유 의지 개념이 어떻게 발전하는지, 그 모험을 살펴보았다. 자유 의지는 운명, 자의, 의무, 양심을 거쳐 왔다. 이런 발전을 통해 마침내 양심에 이르러 자유 의지는 물질적 욕망을 극복할 힘을 가지게 된다.

그러나 양심의 개념은 형이상학적인 기초 위에 세워져 있어 그런 양심이 실제 가능한가 하는 의문을 불러일으킨다. 더구나 양심적 자발성은 개인적인 차원에서 전개된 자유 의지다. 이런 개인적 자유 의지는 한계를 지닐 수밖에 없다. 개인적 자유 의지를 통해서는 역사의 이념을 실현하는 힘이 나오지 않기 때문이다.

2) 절망과 희망

역사의 이념과 개인적 자유 의지 사이의 절대적 불균형 때문에 개인은 절망에 빠지지 않을 수 없다. 만일 개인이 절망에 빠지지 않았다고 말한다면 그것은 그의 목표가 역사의 이념과 같은 진정한 목표가 아니기 때문이라 할 수 있다.

그는 많은 유혹을 받으면서도 한 인간을 끝까지 순수하게 사랑했을 수는 있다. 그는 자신의 직분을 실행하면서도 한 푼의 돈도 부정하게 쓰지 않았을 수도 있다. 이때 그가 절망하지 않았다면 그것은 그가 그저 이런 자그마한 자유에 만족하면서 머무르고 있었기 때문일 뿐이다.

또는 그가 역사적 이념 앞에 섰으면서도 절망을 모른다면 그것은 그저 말만으로 그치고 실제 행동에는 한 번도 나서지 않은 백면서생의 오만일 뿐이다. 또는 그것은 소위 오인에 기초한다. 이 오인은 자기가 벼락이라도 쳤으면 좋겠다고 생각하는데 우연히 하늘에서 벼락에 쳤을 때 발생하는 오인이다. 그는 이런 오인 때문에 자기의 힘이 세상을 들어 올릴 수 있다고 순진하게 믿거나 아니면 자기를 기만하며 그렇게 믿고 싶어 한다.

그러나 그가 진정으로 자유로운 존재가 되고자 한다면, 그는 역사적 이념 앞에 서지 않을 수 없을 것이며 그 스스로 행동으로 나서지 않을 수 없다. 그때라면 그는 자신의 힘과 자신의 목표 사이에 존재하는 심연, 절대적 거리 앞에서 아득한 현기증을 느끼지 않을 수 없다. 그는 이런 현기증을 느끼면서 자신의 무기력 앞에서 철저한 절망에 빠지지 않을 수 없다.

그러나 절망에 빠진 자가 오히려 희망을 찾는다. 그의 절망이 철저하지 않았다면 그는 절망을 헤쳐나가지 못했을지도 모른다. 오히려 그의 절망이 그렇게 철저했기에 그 절망의 끝에서 희망을 찾을 수 있다.

생각해보라. 그가 절망에 빠진 가장 근본적인 이유는 무엇인가? 그것은 그가 끝까지 '개인적 의지'라는 아집(我執)을 놓지 않았기 때문이 아닌가? 철저한 절망은 개인적 의지라는 아집을 다시 말하자면 자신의 오만과 자신의 기만을 타파하는 무기이니, 어떻게 본다면 철저한 절망이야말로 그 자체가 진정한 희망이 아닐 수 없다고 하겠다.

3) 윤리적 공동체론

역사의 이념은 인민 대중의 집단적인 의지를 통해서만 가능하기 때문이다. 인민 대중의 피눈물 나는 투쟁 없이 역사가 한 걸음이라도 앞으로 나간 적이 있었던 것인가? 억압받는 인민 대중의 해방을 향한 역사의 발걸음에서 인민 대중의 집단적 투쟁이 없었던 적이 없었다.

인민 대중의 집단적 의지는 공동체의 형성에서부터 시작된다.

여기서 공동체를 어떻게 형성할 것인가 하는 철학적 문제가 제기된다. 공동체론은 대체로 두 가지로 나누어진다.

공동체를 구성하는 가장 일반적 원리는 윤리적 개념 즉 가치 판단에 기초한다. 이때 기초가 되는 윤리적 개념이 정의라는 개념이다. 일을 하든 분배를 하든 모든 사람이 정의롭다고 생각하는 방식으로 서로 관계한다면 가장 탁월한 공동체가 구성될 것이라는 생각이다.

물론 정의의 개념은 다양하다. 정의를 최고의 선, 행복, 효율을 실현하는 수단으로 볼 수도 있다. 플라톤은 그의 공화국에서 각자가 자신의 능력을 최대한으로 발휘할 사회를 정의로운 사회로 보았다. 근대 공리주의자는 전체 사회가 최대 행복에 도달하게 하는 것이 정의로운 사회로 보았다.

거꾸로 정의는 그 자체가 기본적인 덕목이므로 그 자체로서 존중되어야 한다는 태도도 있다. 대체로 모든 사람은 평등하므로, 평등한 권리를 갖는다면 정의로운 사회다. 이런 평등론은 다시 비율에 따라 분배되어야 한다는 아리스토텔레스적인 분배적 정의론으로 발전한다. 노동을 한 시간에 따라 분배한다거나 사람이 필요로 하는 양에 따라 분배한다는 발상이 그런 정의 개념이다.

그 외에도 수많은 정의론이 있지만, 이런 정의에 기초한 공동체는 대부분 개인의 이익이라는 개념을 기초로 한다. 그런 점에서 합리성을 지니고 있으며 실현 가능성이 크다고 할 수 있다. 하지만 근본적으로 개인의 이익이 무엇인가를 판단하는 데서 서로 충돌하는 일이 생겨날 수밖에 없으며 그 때문에 공동체는 늘 분열의 가능성을 가지게 된다.

4) 자연적 공동체론

공동체를 구성하는 방식으로 자주 거론되는 또 하나의 방식이 무정부주의다. 무정부주의는 개인의 자유로운 선택을 기본으로 하기에 자주 개인의 고립주의적인 경향이 존재했다. 무정부주의는 이런 한계를 극복하고자 스스로 공동체의 가능성을 모색해 왔다.

무정부주의자 크로폿킨에서 발전된 공동체론은 인간에게는 공생하는 유전자가 존재한다고 본다. 자연 생태계에 진화의 과정을 통해 공생 관계가 존재하듯 인간도 오랜 진화 과정을 통해 이런 공생의 유전자가 발전되었다고 한다. 이런 공생의 유전자가 있으니 외적 강제가 사라지고 인간의 본성이 그대로 발휘되게 한다면 공동체가 자연적으로 형성된다고 한다.

이런 자연적 공동체론은 오늘날 들뢰즈와 같은 무정부주의적 철학자에게도 나타난다. 들뢰즈는 인간은 수많은 미분적(微分的)인 존재가 적분(積分)되어 이루어진 존재라고 본다. 그러므로 사람들의 미분적 관계는 서로 뒤섞여 있다. 예를 들어서 남자 속에는 여성적 관계가 존재하며 여자 속에는 남성적 관계가 존재한다. 이처럼 모든 인간을 그 내부에서 들여다보면 서로 뒤섞여 있으므로 자연스럽게 공동체가 형성된다.

이런 자연적인 것에 기초를 둔 공동체론은 무엇보다도 공동체라는 것이 자연이 출현하듯 저절로 형성되는 것이라는 점에서 억지로 노력할 필요가 제거된다는 장점이 있다. 예를 들자면 가족과 같은 공동체는 자연적 공동체이니 저절로 형성된다. 하지만 여기서 말하는 자연적 공동체론은 인간 본성에 관한 형이상학적 가설에 기초한다. 이런 기초는 비현실적이니 실제로 그런 방식으로 공동체가 구성될 것인지가 의심스럽다.

5) 공동체적 자유 의지

공동체를 형성하는 새로운 가능성이 없을까? 공동체란 단순히 공동의 이익, 공동의 욕망을 전제로하는 것만으로 충분하지 않다. 공동체는 곧 개인적 의지 사이의 합일 따라서 개인적 의지와 공동체적 의지의 통일을 요구한다.

이런 통일은 가족 관계가 아니라 사회적 관계 속에 있을 때는 자연적인 방식으로 일어날 수도 없다. 물론 강제적으로 일어나는 것도 한계가 있다. 이런 공동체는 어디까지나 개인의 자유 의지를 통해서 생겨나야 한다.

이런 공동체가 형성되기 위해서는 개인적 자유 의지가 공동체적 자유 의지로 발전해야 한다. 그러면 자유 의지가 공동체적 관계 속에서 실현된다면 어떤 형태를 취하게 될까?

이런 관점에서 우리는 종교적 정신에 관심을 가지게 된다. 기독교에서 성령은 신의 정신을 의미하며 교회의 토대가 된다. 교회는 하나의 공동체이다. 예수의 복음에서 핵심은 곧 사랑의 정신이다. 이 두 가지는 서로 무관하거나 우연적 관계에 있는 것일까?

어쩌면 성령과 사랑의 정신 사이에는 필연적 연관성이 존재하는 것이 아닐까? 신은 헤겔에 따르면 사회적 공동체, 즉 집단의지가 환상적인 방식[즉 표상으로]으로 표현된 것이다.[46] 그렇다면 신의 정신인 성령은 필연적으로 공동체적 정신일 수밖에 없지 않을까? 성령이 교회의 토대인 이유도 여기에 있지 않을까?

사랑의 정신을 공동체적 정신으로 본다면 성령은 사랑의 정신일 수밖에 없다. 그러므로 예수는 성령의 본질적 의미를 사랑으로 파악했고 이를 자신의 복음으로 삼았던 것으로 볼 수 있다.

이런 관점에서 공동체적 자유 의지의 가능성을 살펴보기 위해 우선 기독교적 사랑의 개념을 분석해 보자.

---

46   헤겔은 신을 공동체의 의지를 환상적으로 표현하는 것으로 재해석했다. 그의 사상은 신은 인간의 소외라는 포이어바흐의 주장으로 전개된다. 환상이란 자기의 것을 외부에 투사한다는 것이니 자기 소외라는 개념과 같은 의미다.

신을 이렇게 자기 소외, 환상으로 파악한다는 점에서는 동일하지만, 포이어바흐와 헤겔은 구분된다. 포이어바흐는 인간의 공통 본성이 소외된 것을 신이라 하지만, 헤겔은 공동체의 집단적 의지가 환상적으로 표현된 것이 신이다.

포이어바흐나 헤겔은 모두 신의 근본정신 즉 성령을 사랑으로 파악한다는 점에서는 동일하다. 그러나 포이어바흐는 인간의 본성이 사랑이라고 했다. 반면 헤겔은 공동체의 상호관계가 사랑이라고 했다.

바울의 사상적 혁명의 핵심은 율법주의를 거부하고 성령과 합일하는 것 즉 믿음을 강조했다는 데 있다. 성령은 곧 사랑의 정신이다. 이 사랑의 정신은 공동체를 형성하는 공동체적 정신이 된다. 이를 통해 교회 공동체가 출현했다.

2장 바울의 혁명

1) 바울

여기서는 바울의 사상을 통해 기독교 정신에 다가가려 한다. 왜냐하면 기독교 사상가 가운데 사랑의 실천과 교회 공동체를 가장 강조한 사상가가 바로 바울이기 때문이다.

기독교가 로마에 정착하면서 초기 교부들은 바울의 사상을 억압했다. 초기 교부들은 로마의 스토아주의를 끌어들여 기독교를 도덕의 종교로 만들었기 때문이다. 그러나 바울의 사상이 성경에 남아 있는 한(『로마서』, 『고린도서』 등) 기독교에서 그의 사상을 완전히 지울 수는 없었다.

루터가 바울의 사상을 부분적으로 복원하면서 바울의 사상은 강력한 메시아주의로 재해석되었다. 그는 바울의 원죄 개념이나 대속(代贖) 개념에 특별히 주목했다. 하지만 그의 사상 속에 들어 있는 역사적 실천적 의미는 무시되고 말았다.

바울의 사상을 추종했던 초기 제자 가운데 마르키온이라는 사상가가 있었다.[47] 마르키온은 바울의 사상을 역사적 실천적으로

47　마르키온(Marcion of Sinope: AD 약 84-160); 마르키온은 폰투스 주교의 아들로 태어났다. 그는 젊었을 때 선원이나 선주로 활동했다고 하며, 로마 교회에 20만 세스터스를 기부할 정도로 부를 쌓았다. 그러나 로마 교회와 갈등하게 되면서 최종적으로 파문당했다. 파문 이후 그는 소아시아 교회의 중심지인 안티옥으로 가서, 그를 따르는 교회를 지도했다.

그는 기독교 복음을 최초로 편집했다. 그게 마르키온 판 성경이다. 이 성경은 주로 누가복음과 바울의 서신을 중심으로 하는 성경이다. 마르키온은 바울만이 예수의 종교사상을 진정으로 계승한 사도로 인정한다.

마르키온의 사상에서 핵심은 유대교 전통에서 내려온 창조주를 비판하는 것이었다. 그는 대략 144년경 창조주에 대립하는 사랑의 신, 예수가 아버지라고 부른 신, 즉 인격성[사랑, 자비]으로서의 신 개념을 제시했다고 한다. 창조주가 세계에 내재하는 신이라면 사랑의 신은 세계의 절대적인 타자로서 신이다. 그는 사랑의 신과 창조주 사이에 대립은 마침내 예수를 통해 사랑의 신이 승리함으로써 끝나게 되었다고 본다.

마르키온은 믿음을 사랑의 신과의 온몸을 통한 합일이라고 보았다. 이 때문에 그는 중세에는 그노시스트로 알려졌지만, 그노시즘에서 합일은 다만 지적인 인식에 그쳤다면 그에게서 합일은 오히려 의지를 통한 것이며 따라서 믿음을 통한 합일을 통해 사랑의 실천을 강조한다.

그의 사상은 주로 소아시아에서 널리 퍼져 한때 로마 가톨릭을 위협할 정도였다. 그 때문에 그는 초기 로마의 교부 특히 터툴리안(Tertullian)을 통해 격렬하게 비판받았다. 로마 교회가 성경을 편집하게 된 동기도 마르키온

해석했는데, 이 마르키온의 사상은 현대에 들어오면서 부활했다. 대표적인 예가 본회퍼와 같은 기독교 사상가다. 이런 실천적 관점에서는 바울의 사상 가운데 성령의 개념이나 교회 공동체의 개념이 주목받는다.

이제 바울의 사상을 역사적이고 실천적인 측면에서 살펴보기로 하자.

2) 율법

바울을 이해하는 출발점은 곧 바울이 율법을 부정한 데 있다. 바울이 율법을 부정하고 믿음을 강조한다는 것은 잘 알려진 주장이다. 그의 말을 직접 들어보자.

> "우리가 우리를 얽어매던 것에서 죽어서, 율법에서 벗어났습니다."(『로마서』 7장 6절)[48]

그런데 어떤 때 그는 율법의 완성을 주장한다.

> "그것은, 육신에 따라 살지 않고 성령을 따라 사는 우리에게서 율법이 요구하는 바가 완성되게 하시려는 것입니다."(『로마서』 8장 4절)

의 성경에 대결하기 위해서라고 한다. 그를 추종하는 교회를 추방하는 가운데 로마 가톨릭의 독재권이 강화되었다.

48　이하 성경 인용은 표준새번역에 기초한다.

이와 같은 모순적 주장을 이해하기 위해서 일반적 바울 해석을 들어보자. 일반적 해석에 따르면 바울은 율법을 둘로 나누었다. 그는 유대교 할례를 예로 들어, 표면적으로 할례 하는 것이 중요한 것이 아니라 마음으로 할례 하는 것이 중요하다고 한다. 마찬가지로 율법에도 외면적인 법이 있고 진정한 법이 있다. 바울은 진정한 법이 중요하다고 말하면서 이 법은 '마음에 자연적으로 새겨져 있는 법'이라 한다.[49]

---

49 표면적인 율법은 유대인에게 한정된 신의 약속이다. 반면 마음에 새겨진 율법은 모든 인류에게 일반적으로 적용되는 신의 약속이다. 한정된 율법이 '육신의 법'이라면 일반적 율법은 '속 인간의 법'이나 '하나님의 법'이다. 심지어 바울은 '죽음의 법'과 '성령의 법'이라는 말을 쓰기도 한다.

"예수 안에서 생명을 누리게 하는 성령의 법이 여러분 각자를 죄와 죽음의 법에서 해방하여 주었기 때문이다."(『로마서』, 8장 2절)

바울은 인간이 이 두 가지 법 가운데에서 분열되고 있다고 말한다. 마음은 하나님의 법을 원하지만, 육신은 죽음의 법을 원한다고 한다. 그런데 내가 육신에 사로잡혀 있으면, 나는 내가 원하는 대로 하지 못하고 이 육신의 힘에 사로잡혀 나도 모르게 그것을 하게 된다고 한다.

"나는 내가 하는 일을 도무지 알 수 없습니다. 내가 해야 하겠다고 생각하는 일은 하지 않고, 도리어 해서는 안 되겠다고 생각하는 일을 하고 있으니 말입니다. 그런 일을 하면서도 그것을 해서는 안 되겠다고 생각하는 것은 곧 율법이 선하다는 사실에 동의하는 것입니다. 그렇다면 그와 같은 일을 하는 것은 내가 아니라 내 속에 자리 잡고 있는 죄입니다."(『로마서』, 7장 14절)

바울이 주장하는 율법의 내용에서 변화가 일어난 것만은 틀림없다. 바울이 주장하는 율법 즉 하나님의 율법은 내용상 예수의 산상수훈을 중심으 이런 식으로 법을 둘로 나눈다면, 전통적인 이원론이 되살아나는 것으로 보인다. 육신의 법은 그 자체가 사악한 법이고 반면 마음의 법은 그 자체가 선한 법이라는 말이다. 무엇보다도 이때 바울이 율법을 완성하러 왔다고 한 말은 이해되지 않는다.

또한 바울이 하나님의 법이나, 성령의 법이라고 말할 때 그 의미가 율법이라고 말할 때 법과 같은 의미인지 모호하다. 여기서 법이라는 말은 의제적인 표현에 가깝게 보이며, 자주 이 법이라는 말 대신에 정신, 복음, 성령이라는 말이 사용된다.

"육신에 속한 생각은 죽음입니다. 그러나 성령에 속한 생각은 생명과 평화입니다."(『로마서』, 8장 7절)

3) 율법주의 비판

이상의 비판에서 보듯이 율법을 둘로 나누어 전자는 악이고 후자는 선이라는 식으로 단순화하는 것에는 문제가 있다. 그렇다면 율법에 관해 폐지와 완성을 동시에 주장하는 모순적인 주장을 어떻게 이해할까?

앞에서 윤리학에 두 측면이 있다고 했다. 윤리학에는 가치와 의지, 가치론과 도덕론이 구분된다. 바울의 말도 이 두 측면에서 나누어 보는 것이 어떨까? 율법에도 율법이 추구하는 가치 즉 내용과 율법을 실행하는 의지가 구별된다.

로 새롭게 결정된 내용으로 보인다. 그러나 바울의 주장 가운데 핵심은 이런 율법의 내용상의 차이는 아닌 것으로 보인다.

바울이 부정하는 것은 율법이 추구하는 가치가 아니라 율법을 실행하는 방식에 있다. 즉 바울은 율법을 실행해온 전통적인 방식 즉 율법주의를 비판하는 것으로 볼 수 있다. 율법주의란 바리새인의 율법관을 말하며 다시 말해서 율법을 처벌과 보상을 통해 강요하는 방식이라 할 수 있다.

바울은 율법이 곧 탐욕을 일으킨다는 난해한 주장을 펼치는데, 이 주장을 분석해 보면 그가 율법주의를 어떻게 비판하는가를 알 수 있다.

> "죄는 계명을 통하여 틈을 타서 내 속에서 온갖 탐욕을 일으켰습니다. 율법이 없으면 죄는 죽은 것입니다."(『로마서』, 7장 8절)

> "나를 생명으로 인도해야 할 그 계명이 도리어 나를 죽음으로 인도하는 것으로 드러났습니다."(『로마서』, 7잘 10절)

선한 율법이 죄를 들어오게 하는 이유는 무엇인가? 그것은 율법의 내용 자체가 문제가 아니라 율법이 실행되는 방식 때문이 아닐까? 율법주의의 논리를 검토해 보자. 율법은 선한 행위를 요구한다. 그런데 선한 행위를 위해 율법은 처벌과 보상을 가한다. 지상에서 처벌과 보상이 이루어지지 않는다면 심지어 천상에서 처벌과 보상이 이루어질 것이며, 또는 심판자나 메시아를 지상에 보내서 처벌과 보상을 실행하도록 만든다. 그런 점에서 율법은 인간의 법과 마찬가지다. 인간에게서도 법을 처벌과 보상을 통해 강요하기 때문이다.

처벌과 보상은 인간의 욕망하는 힘을 전제로 한다. 처벌은 이런 욕망을 차단함으로써 고통을 일으키고 보상은 욕망을 만족하게 해 쾌락을 준다. 처벌과 보상은 욕망에 기초하는 것이니 처벌과 보상을 철저하게 할수록 오히려 인간의 욕망하는 힘은 강화될 뿐이다. 이렇게 강화된 욕망은 자기 고유의 힘을 갖고 율법과 어긋나는 일을 하게 된다.

그러므로 바울은 율법이 오히려 탐욕을 불러일으키고 끝내 죄가 들어오게 만든다고 말한 것이 아닐까? 이런 신의 처벌과 보상은 결코 성공할 수 없는 프로그램이다. 왜냐하면 선한 법을 지키고자 욕망을 강화하니, 이 욕망이 강화될수록 율법을 위배하는 힘도 강화되기 때문이다.

결론적으로 바울은 가치 판단으로서 율법을 부정한 것이 아니라 처벌과 보상을 통해 율법을 실행하려는 율법주의를 제거하고자 한다.

4) 예수의 복음

바울이 선한 행동을 위해 즉 율법의 실행을 위해 율법주의 대신 제시한 것은 무엇인가?

율법을 완성하는 새로운 방식이 신의 정신[성령], 말씀[복음]

의 구체적 의미가 된다. 성령, 복음의 구체적 내용은 무엇일까?

기독교는 자주 욕망을 죄로 보면서 욕망을 벗어나는 것을 구원의 도덕으로 제시한다. 하지만 이것은 고대 스토아주의의 도덕관이 기독교에 스며들어온 것 때문으로 보인다. 스토아주의에서 욕망은 외부의 힘에 흔들리는 수동적인 것이므로, 자신에게 주어진 운명을 지켜나가는 것을 방해하는 힘이 된다. 스토아주의는 금욕적이다.

이런 관점과 달리 바울은 성령과 복음의 핵심에 '사랑'이 있다는 것을 여러 번 언급한다.

"모든 계명은 '네 이웃을 내 몸과 같이 사랑하라'라는 말씀에 요약되어 있습니다."(『로마서』, 13장 9절)

성령과 복음의 내용이라고 할 '사랑'의 정신은 구체적으로 어떤 것을 의미하는가?

기독교적 사랑은 자연적인 사랑과 구별된다. 기독교적 사랑은 혈연적인 가족애나 민족애도 아니고 성애를 바탕으로 한 남녀 간의 사랑도 아니다. 기독교에서 사랑은 범인류적 차원의 사랑이며 간단히 말해 이웃 사랑이다.

기독교의 사랑은 가치론의 측면에서 무엇을 어떻게 하라는 것인지 분명하지 않다. 사랑이 추구하는 가치는 기독교나 예수 자신이 엄밀하게 정의하지 않았다. 그것은 기독교 정신에서 사랑이 구체적으로 어떤 규범인지는 중요하지 않기 때문이 아닐까?

5) 자유 의지로서 사랑

바울의 이웃 사랑이라는 개념은 가치의 측면에서보다 오히려 의지의 측면에서 파악되어야 할 것으로 보인다.

사랑을 의지의 측면에서 본다면 사랑은 율법주의 개념과 정면으로 대치된다. 율법의 실행은 항상 처벌과 보상을 대가로 한다. 이것은 욕망의 힘을 전제로 한다. 그러므로 이런 율법주의는 도덕적 결과주의를 택한다.

사랑이 만일 처벌이 두려워 이루어진다면 그 역시 사랑이 아니다. 사랑은 욕망과 달리 어떤 보상을 바라는 것은 더욱 아니다. 사랑은 대가나 보상을 기대하지 않는다. 그런 점에서 사랑은 자주적인 자유 의지다. 즉 자신이 사랑하는 행위 그 자체로서 즐거워한다.

사랑은 자신의 사랑에 충실할 뿐이며 그런 가운데 도덕적 행복감을 느낀다. 그는 항상 자신의 사랑이 부족하지 않을까 두려워할 뿐이다. 사랑은 그 목적을 달성하고자 불의를 쓰지 않으니 사랑은 항상 사랑하는 행위와 그 과정에 충실하다.

그 유명한 바울의 사랑에 대한 시를 들어보자.

"사랑은 오래 참고, 친절합니다. 사랑은 시기하지 않으며, 뽐내지 않으며, 교만하지 않습니다. 사랑은 무례하지 않으며 자기의 이익을 구하지 않으며 성을 내지 않으며, 원한을 품지 않습니다. 사랑은 불의를 기뻐하지 않으며, 진리와 함께 기뻐합니다. 사랑은 모든 것을 덮어주며, 모든 것을 믿으며, 모든 것을 바라며, 모든 것을 견딥니다."(『고린도 전서』, 13장 4절-7절)

"교만하지 않고", "원한을 품지 않으며", "진리와 함께 기뻐한다" 등과 같은 바울의 표현처럼 사랑이 자유 의지임을 단적으로 드러내는 말은 없다고 보겠다.

앞에서 의무감, 낭만적 양심은 자유 의지이지만, 개인적 의지에 머물렀다. 그러나 사랑은 이런 자유 의지의 더 발전된 형태다. 왜냐하면 그것은 곧 공동체를 형성하는 자유 의지이기 때문이다.

바울은 사랑의 정신을 제시했지만, 그에게서 이 정신은 종교적 방식으로 믿음을 통해서 얻어진다. 믿음이란 무엇인가? 믿음은 하나님, 예수 그리스도, 성령과의 합일을 의미한다. 성령과의 합일을 통해 사랑의 능력을 얻음으로써 인간은 의로운 인간이 된다. 성령과 합일한 의로운 인간을 통해 교회 공동체가 수립되며, 이 교회 공동체가 확산하면서 하나님의 나라가 실현된다.

3장 믿음과 교회 공동체

1) 종교적 사랑

바울은 예수의 혁명이 사랑의 복음에 있다고 보았다. 이를 통해 율법주의를 넘어서는 자주적 자유 의지가 출현한다. 자주적 자유 의지는 단순한 개인의 의지를 형성하는 것이 아니다. 그것은 공동체를 형성하는 공동체 정신이다.

그런데 기독교에서 사랑이라는 자주적 공동체 정신은 자각적인 방식으로 출현하지 않는다. 기독교에서 사랑의 정신은 종교적인 방식으로 즉 하나님에 대한 믿음이라는 개념을 통해 수동적으로 주어진다.

2) 믿음의 개념

바울은 예수의 죽음으로 인간은 이미 속죄를 받아 부활했으나 이것은 가능성에 불과하다고 한다. 이런 가능성을 실현하는 것은 무엇인가? 바울은 이것을 믿음이라 한다.

그러므로 실제 구원을 받는 사람은 이런 믿음을 가진 사람이다. 이런 믿음을 가진 자는 '의로운' 존재(칭의, 稱義, justification)가 된다. 여기서 '의롭다'라는 말은 하나님의 인정을 받는다는 의미로 사용된다.

"그러나 이제 율법과는 상관없이 하나님의 의가 나타났습니다. 그것은 율법과 예언자들이 증언한 것입니다. 하나님의 의는 예수 그리스도를 믿는 믿음을 통하여 모든 믿는 인간에게 옵니다."(『로마서』, 3장 21절)

그렇다면 칭의를 매개하는 믿음이라는 개념은 어떤 의미를 지니는 것일까?

메시아주의적 해석에 따르면 믿음이란 예수가 신적 존재라는 믿음이다. 이런 신적 존재에 대한 믿음은 아직 이성적으로 증명된 것은 아니기에 주관적인 '관념'의 수준 즉 신념에 있을 뿐이다.

이런 주관적인 신념의 개념에는 중대한 허점이 있다. 신념은 어떤 사람에게 그런 신념이 정말로 존재하는가가 늘 문제가 된다. 이런 회의는 단지 타인의 신념에만 일어나는 것은 아니다. 심지어 자기도 자기에게 신념이 있는지 없는지 불확실하다.

신적 존재에 대한 믿음이 관념의 상태라면 이런 신념은 누구나 아주 쉽게 가질 수도 있고 아주 간단하게 버릴 수도 있다. 더구나 이런 신념을 가진 것과 안 가진 것이 그 자신의 삶에, 또한 세상에 아무런 의미가 없을 수도 있다. 신념만 갖는다면 구원을 받는데 굳이 더 무슨 행동이 필요할 것인가?

3) 성령과 합일

이런 비판 때문에 믿음에 관한 일반적인 해석에 머무를 수 없게 된다. 이제 믿음에 대한 역사적 실천적 해석을 살펴보기로 하자. 여기서 가장 주목받는 개념은 성령과의 합일이라는 개념이다.

"그러므로 우리는 그분의 죽으심과 연합하는 세례를 받음으로 그분과 함께 묻혔습니다. 이것은 그리스도께서 죽은 인간 가운데서 아버지의 영광으로 살림심을 받은 것과 같이 우리도 새로운 생명 가운데서 살아가게 하려는 것입니다."(『로마서』, 6장 4절)

"여러분은 스스로가 죄에 대해서는 죽은 인간이요, 하나님께 대하여서는 그리스도 예수 안에서 살아 있는 인간이라는 것을 알아야 합니다."(『로마서』, 6장 11절)

여기서 바울은 예수 그리스도와 우리가 연합되어 있다, 또는 우리가 그리스도 속에 살아 있다고 말한다.

믿음은 곧 성령과 합일이라는 주장은 『고린도 전서』에도 계속된다. 여기서는 이런 합일을 지시하고자 다양한 새로운 표현이 이용된다. 예를 들어서 '그리스도와의 친교'(『고린도 전서』, 1장 9절) 라거나, '그리스도의 마음'(『고린도 전서』, 2장 16절)과 같은 말이 그런 말이다. 이런 표현은 마침내 믿음을 통해 합일에 이른 인간이 '하나님의 집'(『고린도 전서』, 3장 9절), '하나님의 성전'(『고린도 전서』, 3장 16절)이라는 주장에서 그 절정에 이른다.[50]

이런 합일 때문에 우리는 부활하게 된다. 예수 그리스의 죽음과 부활에 따라 우리도 죽었다가 부활한다. 그리스도와 함께 죽은 것은 우리의 죄이며, 그리스도와 함께 살아나면서 우리는 새로운 생명을 받는다.

"그것은 육신에 따라 살지 않고 성령에 따라 사는 우리에게서 율법이 요구하는 바가 완성되게 하시려는 것입니다."(『로마서』, 8장 4절)

"누구든지 그리스도의 영이 없으면 그리스도의 인간이 아닙니

50 성령과의 합일이라는 개념은 우리나라 기독교 역사에서 이미 등장한 적이 있다. 원래 유교에서 천인합일이라는 개념이 전승됐다. 특히 양명학은 양심을 통해 즉각적으로 천인합일에 이르고자 했다. 동학사상에 이르러 인내천이라는 개념도 이런 전통에 속한다. 물론 천이라는 개념에 관한 해석은 각기 다르다. 오히려 유학의 천보다는 동학의 천이 기독교의 성령 개념에 더 밀접하다.

다. 또한 그리스도께서 여러분 안에 살아 계시면 여러분의 몸
은 죄 때문에 죽은 것이지만, 영은 의 때문에 생명을 얻습니다."
(『로마서』, 8장 10절)

바울에게서 믿음이란 성령과의 합일이며, 이를 통해 인간은 부
활하고 새로운 생명을 지니게 된다. 이 새로운 생명이란 무엇인
가?

우리는 성령과 합일하면 우리 스스로가 성령을 지니게 된다.
이 성령이란 곧 사랑의 정신이니, 믿음을 통해 인간은 사랑의 정
신을 가진 존재로 태어난다. 이런 존재는 단순히 복음이 사랑이라
는 것이라는 사실을 인식하는 것이 아니라 그 사랑을 스스로 실천
할 능력을 갖추게 되었다는 의미다.

4) 죄와 부활의 의미

믿음을 통해 사랑의 정신, 능력을 갖추게 되면서 인간은 죄를
벗어던지고 희망을 품는 존재로 부활하게 된다.

여기서 죄라는 것은 어떤 의미일까? 구약에서 죄는 율법을 어
기는 것이 된다. 이렇게 율법을 어기는 것은 근본적으로 욕망에
사로잡힌 것 때문이니, 욕망 또는 육신이 근본적인 죄로 즉 원죄
로 간주된다. [51]

---

51   성경에는 원죄라는 말은 없고, 바울이 아담이 지은 죄라는 말로
원죄를 암시했다. 그 후 기독교에서는 원죄가 교리상 아주 중요한 개념이
되었지만, 아담이 지은 죄는 신화적인 개념이며 구체적으로 이런 원죄가 무

그러나 신약에 이르면 율법을 어기는 죄라는 개념은 사라지면서 [52] 예수는 구약에서 본다면 죄를 지은 자들과 가까이한다. 이 때문에 구약의 바리새파로부터 규탄받기에 이른다. 하지만 예수는 그런 규탄을 개의치 않는다.

> "예수께서 그 말을 듣고 그들에게 말씀하셨다. 건강한 사람에게는, 의사가 필요하지 않으나, 병든 사람에게는 필요하다. 나는 의인을 부르러 온 것이 아니라 죄인을 부르러 왔다."(『마가복음』, 2장 17절)

위의 구절에서 예수의 목적은 죄인을 치료하는 것임이 분명하다. 그는 죄가 일어나는 근본적 원인을 치료하려 한다. 만일 죄가 욕망과 육신에서 나온 것이라면 치유의 가능성은 없다.

그렇다면 인간의 죄는 실천적으로 재해석될 필요가 있다. 이런 해석은 성령과 합일이라는 믿음 개념에서 자동으로 도출된다. 앞에서 말했듯이 절망은 역사 앞에서 개인적 의지가 무기력한 것 때문에 생겨난 것이었다. 이런 개인적 의지가 곧 죄가 된다. 반면 믿음을 통해 사랑의 능력을 갖추게 되면서 인간은 공동체적 자유 의

엇인지는 분명하지 않다.

52 이런 의미에서 죄라는 개념은 거의 사라져 버린다. 예외적으로 몇 군데 남아 있는데, 대표적인 것이 베드로 후서에 나오는 다음과 같은 구절이다. "그들의 눈에는 음녀만 보입니다. 그들은 죄짓기를 그치지 않습니다. 그들은 들뜬 영혼들을 유혹하며, 그들의 마음은 탐욕을 채우는 데 익숙합니다. 그들은 저주의 자식들입니다."(『베드로후서』, 2장 14절)

지를 가지고 집단 의지를 형성할 수 있게 되었다. 이 집단 의지는
역사의 이념을 실현하는 결정적인 무기가 된다.

> "내가 진정으로 너희에게 말한다. 사람들이 짓는 모든 죄와 그
> 들이 하는 어떤 비방도 용서를 받을 것이다. 그러나 성령을 모독
> 하는 사람은 용서를 받지 못하고, 영원한 죄에 매인다."(『마가복
> 음』, 3장 28-29절)

그러므로 성령에 대한 믿음을 통해 인간은 고립된 개인을 넘
어서 공동체를 구성하면서 절망을 벗어나서 희망을 품게 된다. 그
는 사망에서 부활하게 된다.

5) 사랑과 공동체 정신

이상에서 역사적이고 실천적 관점에서 바울의 혁명을 살펴보
았다. 바울은 믿음 즉 성령과의 합일을 통해 인간은 성령의 능력
을 갖추는 것으로 본다. 이것을 통해 인간은 개인적 의지를 넘어
서 사랑의 정신을 갖추게 되고 이제 절망에서 벗어나 희망을 품게
된다. 즉 원죄를 벗어나 부활하게 된다.

이런 점에서 바울의 혁명에서 사랑의 정신은 바울이 교회 공
동체를 위하여 끝없이 노력했던 이유를 설명해준다.

개인적인 사랑이나, 전체 사회 속에서의 사랑에 관한 언급에
비해 본다면 바울은 신자들의 공동체 즉 교회에 관해서는 무척이

나 많은 말을 남겼다. 사실 바울의 『로마서』나 『고린도 전서』는 앞에서 말한 것처럼 교회 내 유대인과 이방인, 바울파와 베드로파가 분열하는 것을 제거하기 위해서 쓰인다. 그런 만큼 『로마서』나 『고린도 전서』는 교회 내에서 신자들 사이의 사랑에 관한 글로 가득하다.

왜 바울은 앞에서 얘기했듯이 개인적 삶에 관해서나 전체 사회에 대해서는 말이 없고, 교회 공동체에 대해서만 이렇게 많은 말을 했을까? 교회 공동체가 지니는 의미, 중요성은 어디에 있는가?

6) 교회와 하나님의 나라

교회와 관련해서 가장 핵심적인 개념은 결국 성령이라는 개념이다. 교회의 근거에 관해서 사도행전에 나오는 다음의 말이 자주 언급된다.

"오순절이 되어서 그들은 모두 한곳에 모였다. 그때 갑자기 세찬 바람이 부는 듯한 소리가 하늘에서 나더니, 그들이 앉아 있는 온 집안을 가득 채웠다. 그리고 그들에게 불길이 솟아오르는 것과 같은 혀들이 갈래갈래 갈라지면서 나타나더니, 각 인간 위에 내려앉았다. 그들은 모두 성령으로 충만해서, 성령이 시키는 대로 각각 다른 방언으로 말하기 시작했다."(『사도행전』, 2장 1절-4절)

이 구절은 예수의 부활에 버금갈 정도로 중요한 성령 강림의 체험을 말한다. 기독교에서는 이 성령 강림에서 교회가 세워졌다고 한다.

"믿는 인간은 모두 함께 지내면서 모든 것을 공동으로 소유하고, 재산과 소유물을 팔아서 모든 인간에게 필요한 대로 나누어 가졌다."(『사도행전』, 2장 44절)

이런 구절을 통해서 우선 교회의 의미는 공동체이며 이것은 성령을 통해 형성되는 것이라는 것을 알 수 있다. 앞에서 우리는 성령이 예수가 전한 복음인 사랑의 정신을 의미한다는 것을 살펴보았다. 그러므로 교회 공동체는 곧 사랑의 공동체를 의미한다는 것을 알 수 있다.

이런 성령과 교회가 그저 종교적인 공동체로 머무르는 것만은 아니다. 이 교회 공동체는 하나님의 나라가 실현되는 과정에서 출현한 이행기 형태라는 점은 분명하다.

자주 정치와 교회는 분리된다. 예수가 들었던 유명한 비유를 보자.

"예수께서 물으셨다. 이 초상은 누구의 것이며, 적힌 글자는 누구를 가리키느냐? 그들은 황제의 것입니다 하고 대답했다. 그때 예수께서 그들에게 말씀하셨다. 그러면 황제의 것은 황제에게 돌려주고, 하나님의 것은 하나님께 돌려드려라."(『마태복음』,

22장 20-21절)

흔히 이 비유는 종교와 정치의 단적인 분리를 의미한다고 본다. 그런 의미에서 본다면 하나님의 나라는 저세상에서나 이루어지는 것에 불과하다.

하지만 종교와 정치는 무관할 수가 없다. 원래부터 종교는 민족의 종교로 출발했기 때문이다. 민족 종교를 넘어선 인류 종교는 새로운 방식의 사회를 상징적으로 표현하는 것으로 본다.

"예수께서 또 말씀하셨다. 내가 진정으로 너희에게 말한다. 여기에 서 있는 사람들 가운데는, 죽기 전에 하나님의 나라가 권능으로 오는 것을 볼 사람들도 있다."(『마가복음』, 9장 1절)

그렇다면 황제의 것과 하나님의 것을 분리하는 예수의 말씀은 종교와 정치의 분리를 의미하는 것이 아니라 황제의 방식으로 구성된 사회와 하나님의 방식으로 구성된 사회의 차이로 보아야 하지 않을까? 전자는 처벌과 보상이라는 율법주의가 지배하는 사회다. 후자는 성령과 복음 즉 사랑의 정신이 지배하는 사회가 된다.

그런 점에서 교회 공동체는 하나님의 나라로 나가는 매개적 역할을 한다고 볼 수 있다.

기독교는 성령과의 합일을 통해 사랑의 정신을 제시했고 이를 바탕으로 교회 공동체를 세웠다. 하지만 이런 교회 공동체는 신에 대한 믿음에 기초하는 것이므로 고립 분산적이었다. 더구나 사랑의 정신은 누구를 어떻게 사랑할 것인가에 대해 구체적인 도덕 규범을 제시하지 않는다. 그 결과 그 시대 일반적으로 받아들여진 규범이 사랑의 이름으로 실천된다.

4장 기독교의 한계

1) 바울의 한계

바울의 사상 속에는 사랑의 정신과 교회 공동체라는 실천적 역사적 의미를 포함하고 있다. 하지만 바울의 사상 전반은 여전히 기독교적 종교 사상의 한계에 머물렀다.

우선 바울의 사상에서 사랑이라는 개념이 가치나 규범의 측면에서 한계를 지닌다. 가치의 측면에서 기독교적 사랑은 모호하다. 어떤 시대 사회에서 또는 구체적인 상황에서 어떻게 하는 것이 타인을 위한 것인지는 분명하게 규정되어 있지 않다.

기독교 사랑의 정신을 대변하는 바울조차도 앞에서 말했듯이 주로 의지의 관점에서만 사랑을 말했을 뿐, 가치의 관점에서 구체적인 어떤 방식을 언급하지는 않았다.

2) 마치 그런 것처럼

바울은 개인적인 삶에 대해서는 별로 언급하지 않았다. 이런 개인적인 현실적인 삶의 차원에서 바울의 윤리를 가장 잘 보여주는 것은 그 유명한 '마치 그런 것처럼' 철학이다.

> "때가 얼마 남지 않았으니, 이제부터는 아내 있는 인간은 없는 인간처럼 하고 우는 인간은 울지 않는 인간처럼 하고, 기쁜 인간은 기쁘지 않은 인간처럼 하고…. 세상을 이용하는 인간은 그렇게 하지 않는 인간처럼 하십시오. 이 세상의 모습은 사라져 버리기 때문입니다."(『고린도 전서』, 7장 29절-31절)

말투가 별로 신경 쓰지 말라는 투다. 왜냐하면 때가 곧 다가왔기 때문이다.

바울은 사회적인 삶에 대해서 하나님의 나라를 언급하기는 했지만, 구체적으로 서술하지는 않았다.

즉 그 날 이후 "모든 통치와 권위와 권력을 폐하시고", "그 나라를 하나님 아버지께 바치실 것"이며, "그리스도의 다스림"을 거쳐서 최후로[죽음조차 멸망한 이후] 그리스도도 "하나님에게 굴복한다"라고 말한다. '그리스도', '성령'이나 '영원한 생명'이 사랑의 정신과 같은 말이니, 그 역시 사랑이 사회적으로 ·실현되어야 한다는 말과 다른 바 없으니 이 역시 추상적인 언급에 불과하다.

그 결과 역사적으로 보면 기독교에서 이웃 사랑에 속하는 규범은 그 시대 사회의 일반적 가치 규범에 따라 지배되어왔다. 중세에는 봉건적 윤리가, 근대에서는 개인주의적 윤리가 이웃 사랑의 규범이 되었다.

기독교 사랑의 정신이 이런 가치의 측면에서 모호하고 추상적이므로 기독교의 역사에서 많은 혼란이 등장했다. 기독교 가운데 부분적으로 역사적 실천에 관심을 가진 집단도 있었다. 그런 집단은 하나님의 법과 하나님의 나라를 이 세상에 실천하려 했다. 천년왕국을 부르짖으며 일어난 농민반란이 대표적인 예가 된다. 또 14세기 르네상스 시절 피렌체의 사보나롤라나 16세기 스위스에서 칼빈은 직접 신정정치를 실현하려 했다.

하지만 이 모든 시도는 대부분 단기간에 그치고 실패로 돌아갔다. 대체로 이런 농민반란이나 신정 정치는 농민이나 도시 시민의 저항이라는 의미는 있지만, 사회에 대한 근본적인 개혁을 제시하지는 않았다. 사실 반란을 일으킨 농민이나 시민 자신도 어떻게 개혁해 나갈지 몰랐으며, 지배자들이 겉보기에 또는 일시적으로 양보하게 되면 다시 주저앉고 말았다.

그것은 기독교가 그만큼 사랑의 실천, 역사적 실천에 관해서는 무관심했으며 나아가서 사랑의 방식과 하나님의 나라에 대해 구체적으로 제시하지 않았기 때문이다.

3) 믿음의 수동성

기독교에서 개인이 성령 즉 사랑의 정신을 체화하는 과정은 믿음을 통해 일어난다.

믿음은 예수 그리스도와의 연합이며, 성령과 합일하는 것이지만, 이런 연합과 합일은 믿는 자가 마음대로 선택할 수 있는 것은 아니다. 오히려 이런 연합과 합일은 전적으로 예수 그리스도와 성령의 편에서 주도적으로 움직여 다가오고 주어진다.

이런 점에서 본다면 믿음은 마치 잠이나 사랑에 빠지는 것과 같다. 내가 아무리 잠들고 싶어도 내가 스스로 잠들지는 못한다. 내가 아무리 사랑하고 싶어도 나 스스로 누구를 사랑하고 말고 할 수는 없다. 나는 나도 모르는 새 잠이 들며 또는 나도 모르는 새 누구에게 사랑을 느낀다. 잠과 사랑이 나를 저항할 수 없이 덮쳐 오는 것으로 보인다. 마찬가지로 믿음 역시 주어진다.

믿음이 이처럼 수동적이므로, 여기서 기독교의 또 하나의 한계가 드러난다. 즉 메시아주의다.

이런 메시아주의는 원죄라든가 대속이라는 개념으로 전개된다. 원죄나 대속은 모든 것이 신의 지배 아래 있다는 말이다. 우리가 저지르는 죄도 우리 자신이 저지르는 것이 아니라 외부에서 주어지는 것이며, 우리가 얻게 되는 구원조차도 우리 자신의 힘이 아니라 외부의 힘에 의존할 수밖에 없다.

이런 원죄니 대속이라는 개념은 기독교 그리고 바울 사상 속에 들어 있는 역사적이고 실천적인 의미를 파악하지 못하게 방해하는 요인이 되었다.

4) 메시아주의의 한계

기독교는 공동체를 형성하는 의지로 사랑의 정신을 제시했다. 이 사랑은 자주적인 공동체적 정신이다. 기독교는 이를 통해 개인적 자유 의지의 한계를 넘어섰고 교회 공동체를 건설할 수 있었다.

그러나 교회 공동체가 지닌 이런 실천적 역사적 의미는 실제로는 실현되지 못했다. 교회 공동체 대부분은 고립 분산적이고 교회 공동체를 매개로 일어난 중세 농민반란은 새로운 세상을 열어내지는 못했다.

이처럼 교회 공동체가 실패로 돌아간 가장 근본적 이유는 믿음의 수동성에 있다. 믿음은 사랑의 정신을 자각적으로 얻는 것이 아니라 하나님, 예수, 성령을 통해 주어지는 것으로 받아들인다.

그 결과 믿음은 실제 사랑의 능력을 체득하는 것이 아니라 단순한 환상에 빠지는 것이 될 수 있다. 즉 하나님, 예수, 성령을 직접 체험했다는 환상이다.

그 결과 메시아주의가 등장하면서 재림 예수가 출현하여 신적인 힘으로 세상을 바꿀 것이라는 기대로 발전했다. 교회 공동체는 그저 재림 예수의 출현을 기다리는 집단으로 전락했으며 어떤 실천적 의미를 지니지 못했다.

설혹 실천적 운동으로 나가더라도 교회 공동체의 기초는 진정한 성령이 아니라 개인의 주관적 환상이 되었다. 자주 주관적 환상을 통해 믿음을 얻었다는 자가 교회 공동체를 찬탈하며, 그 결과 여러 교회 공동체는 통일성을 갖추지 못하고 고립 분산된 형태로 전개되었다. 그 결과가 중세 농민반란의 실패였다.

7장 자주성과 역사

-마르크스의 자유 의지-

마르크스는 자본주의 사회에서 인간의 소외를 논하는 가운데 본래적 노동 개념을 제시했다. 소외된 노동이 인간을 황폐화하게 하며 고역과 지겨움을 주는 노동이라면 본래적 노동은 노동하는 가운데 행복을 느끼고 자기 자신을 개발한다.

1장 소외와 인간

1) 기독교의 한계

앞에서 기독교의 한계를 살펴보았다. 기독교는 사랑이라는 공동체 정신을 발견함으로써 공동체를 형성하는 가능성을 열었다. 그렇게 성립된 것이 곧 교회 공동체다.

하지만 사회에 관한 과학적 인식이 없으므로, 사랑은 맹목이나 환상에 그치는 때가 많았다. 더구나 교회 공동체는 소규모에 그쳤으며 대규모로 발전하지 못했고. 내적으로 분열되었기에 응집된 힘을 발휘할 수 없었다.

그 결과 교회 공동체는 고립 분산적이었다. 교회 공동체는 중세 농민반란의 출발점이 되기도 했으나 농민반란은 고립 분산성 때문에 대체로 실패로 돌아갔다. 교회 공동체는 역사의 이념 앞에서 또다시 무기력할 수밖에 없다.

교회 공동체가 고립 분산적이었던 이유는 종교적 믿음이라는 수동적 방식으로 사랑의 정신이 출현했기 때문이다. 성령과의 합일로서 믿음은 소수에게만 허용되는 것이고 그 믿음은 사실 주관적인 것에 지나지 않았다. 대중은 스스로 이런 합일에 이르기 힘들며 이런 소수를 맹목적으로 따를 수밖에 없으니 결과적으로 성령에 의한 교회는 고립 분산적으로 될 수밖에 없었다.

2) 마르크스주의

여기서 기독교와 같은 종교적 공동체를 넘어선 역사적 공동체를 형성하려 했던 마르크스주의에 관심을 가지게 되는 것은 자연스러운 일일 것이다. 마르크스는 어떤 정신적 기초 위에서 역사적 이념을 실현할 공동체를 구성하려 했던 것일까?

먼저 마르크스의 인간론에서부터 시작해 보자. 인간론은 가치론과 도덕론으로 구성된다. 그 가운데 마르크스주의에서 가치론은 이미 언급했듯이 가치가 사회적으로 결정된다는 입장이다.

우리의 관심은 가치론이 아니라 도덕론 즉 의지에 관한 이론이므로 이런 가치론은 생략하고 곧바로 마르크스의 도덕론적 입장 즉 의지에 관한 이론을 살펴보려 한다.

마르크스의 도덕론적 입장을 발견하기는 쉽지 않은데, 그의 입장을 마르크스의 초기 이론인 소외론에서 발견할 수 있을 것으로 본다.

마르크스는 1844년 정치 경제학을 비판하는 글을 썼다. 이 글은 수고로 남고 출판되지 않았다. 이 글은 1932년 마르크스 엥겔스 전집을 발간할 때 『경제학 철학 수고』라는 이름으로 처음으로 발표되었다.

여기서 제시된 그의 인간론은 흔히 마르크스의 초기 이론이며 헤겔 철학의 영향을 벗어나지 못했던 시기의 입장으로 규정된다. 하지만 우리가 보기에 이 관점은 마르크스의 가치론적 관점과 구분되는 도덕론적 관점에 속하는 것이다. 따라서 이런 관점은 후기에서도 여전히 지속되는 것으로 보며, 사회적 결정론으로서 그의 가치론과 충분히 결합될 수 있을 것이다.

이제 그의 소외론에서 자유 의지에 관한 마르크스의 견해를 읽어 보기로 하자.

3) 생산물에서의 소외

자본주의 사회에서 인간 소외의 출발점은 자본주의 사회에서 노동자가 생산한 잉여가치가 자본가의 수중으로 이전된다는 사실이다. 이런 이전을 마르크스는 생산물에서의 소외라고 했다.

자본주의 사회에서 노동자가 생산물에서 소외된 결과 노동자는 자신의 노동을 통해 생산수단을 마련할 수는 없으며 계속 자신의 노동력을 판매함을 통해서 생활할 수밖에 없다. 마르크스는 그 때문에 노동자는 노동에서 소외된다고 말한다.

> "노동은 노동자에 대해 외면적으로 존재한다. 다시 말하자면 노
> 동은 노동자의 본질에 속하지 않는다. 그러므로 노동자는 자신
> 의 노동을 통해 자기 자신을 긍정하지 않고 부정하며, 행복을 느
> 끼지 않고 불행을 느끼며 자유로운 신체적 정신적 에너지를 개
> 발하지 못하고, 자신의 신체를 채찍질하고 자신의 정신을 황폐
> 화한다. 따라서 노동자는 노동 바깥에 있을 때 비로소 안도감을
> 느끼며 노동을 할 때는 탈아감(脫我感)을 느낀다."[53]

여기서 마르크스는 자본주의 사회에서 노동자는 노동하는 가
운데 행복감을 느끼지 못하고 불행감을 느끼며 자신의 신체와 정
신 개발하지 못하고 황폐화된다고 말한다.

이 말은 노동자의 현실을 여실하게 그려 주면서 거꾸로 본래
적인 노동에 대한 마르크의 기대를 드러내 주고 있다. 즉 노동자
는 원래 노동을 통해 행복감을 느끼고 자신의 노동을 통해 자신의
신체와 정신을 개발할 수 있다.

4) 노동의 소외

노동의 이런 본래적인 모습이 자본주의 사회에서 소외된 모습
으로 나타나게 되는 것은 자본주의 사회에서 노동의 특수한 상황

---

53 마르크스, 경제학 철학 수고, 김태경 역, 이론과 실천, 1987, 48-49
쪽

때문이다.

> "노동의 외적인 성격은 노동이 자기 자신의 노동이 아니라 타자
> 의 노동이라는 것, 노동이 그에게 속하지 않는다는 것, 노동하는
> 노동자가 자신에게 속하지 않고 타자에게 속한다는 것에서 드러
> 난다."[54]

자본주의 사회에서 노동자는 자신의 노동력을 자본가에게 판
매하므로 여기서 노동자는 자본가를 위해 노동하며 자본가의 지
시와 명령에 따라서 노동한다. 그 때문에 자본주의 사회에서 노동
은 소외된 모습을 지니고 있다.

노동이 본래적인 모습을 되찾으려 한다면, 노동은 자기 자신을
위한 노동이어야 하며 자기의 계획과 실행을 통해 이루어지는 노
동이어야 한다. 또한 노동의 성격이 이렇게 변모하려면 기본적으
로 생산물에서 소외되어서, 노동자가 자기 노동력을 판매할 수밖
에 없는 사회적 조건이 변화되어야 한다.

---

54 위의 책, 49쪽

본래적 노동의 근저에는 인간의 본성이 전제되어 있다. 마르크스는 인간은 일반적 유적 본질이라고 규정한다. 인간은 자연을 가공하면서 자신을 대상으로 실현한다. 여기서 그는 자유를 느낀다.

동물은 자연을 파괴하지만, 오히려 자연에 종속하고 동물에게서 유적 본질의 보존은 우연히 일어날 뿐이다. 반면 인간은 자연을 제2의 자연으로 보전하면서 그에게서 유적 본질은 지속적이며 필연적으로 실현된다. 이것이 마르크스가 인간을 일반적 유적 본질로 규정한 이유다.

2장 일반적인 유적 본질

1) 자연의 가공

앞에서 자본주의 사회의 노동이 소외된 모습과 노동의 본래적 모습을 비교한 마르크스의 관점을 소개했다. 마르크스의 이런 대비는 곧 인간의 본성에 관한 논의로 발전된다.

"인간은 유적 본질이다. 인간은 실천적으로나 이론적으로나 유 곧 자기 자신뿐만 아니라 그 밖의 다른 사물들의 유를 자신의 대 상으로 삼으며, 또한 동시에 ... 인간은 지금 살아 있는 유로서의 자기 자신과 관계를 맺고 있다. 곧 인간은 일반적인 따라서 자유로운 존재로서의 자기 자신과 관계를 맺는다."[55]

마르크스의 인간론에서 핵심이 되는 개념은 유적 본질이라는 개념이다. 이 유적 본질은 원래 생명체의 기본적 본성이다. 모든 생명체는 자연과 신진대사 과정을 통해서 자신을 보존하고 자신의 유(Gattung)를 재생산한다. 이처럼 유를 재생산한다는 측면에서 생명체는 유적 본질(Gattungswesen)이라 한다.

그런데 마르크스에 따르면 인간은 다른 생명체와 구분되는 특별한 생명체다. 인간은 유적 본질 가운데서도 '일반적인 유적 본질'이다. 인간이 지닌 이런 독특한 위상은 어디에 근거하는 것일까?

다른 생명체는 개체가 자기를 보존하는 가운데, 유를 재생산한다. 다른 생명체에서 개체의 보존은 욕망을 통해 자연을 파괴하면서 일어나지만, 욕망은 자연의 위력 앞에서 자주 억제된다. 그 결과 개체는 자기 보존을 중단하게 되며 유의 재생산도 우연적인 것에 머무른다.

2) 유적 본질

인간도 개체 보존을 통해 유를 보존하지만 여기서 한 걸음 더 나가서 인간은 사회를 구성하며 여기서 사회와 개인의 관계는 생명체에서 유와 개체 사이의 관계와 같다. 즉 개인은 자신을 재생

---

55 위의 책 60쪽

산함으로써 사회 전체를 재생산한다. 마르크스는 이런 유를 자연적 유와 구별하여 일반적 유라 한다.

개인의 재생산은 자연에 대한 가공을 통해 이루어진다. 가공은 자연에 인간적 목적을 부여하는 행위이다. 즉 자연은 인간의 또 하나의 신체 즉 '비유기체적인 몸'이 된다. 이런 가공은 자연을 합법칙적으로 이용하는 것이므로 가공을 통하여 자연은 제2의 자연으로 산출된다. 이런 가공을 통해 인간과 자연은 통일을 이룬다.

이 통일 속에서 인간은 자연 속에서 대상화된 자기 자신을 보면서 자기를 의식하며, 자기를 실현하는 것 속에서 자유를 느낀다. 인간은 자연 속에서 "자유로운 존재로서 자기 자신과 관계"한다.

> "인간은 오직 의식적인 존재로서만 존재한다. 다시 말하자면 인간 자신의 생활은 인간에게 대상으로서 존재한다. 왜냐하면 인간은 유적 본질이기 때문이다. 바로 그러므로 인간의 활동은 자유로운 활동이다."[56]

생명체의 생존이 자연의 위력 앞에서 중단되는 것과 달리 인간은 자연을 지배함으로써 자기를 지속해서 재생산한다. 따라서 인간의 일반적 유 즉 사회도 우연적 재생산을 벗어나 안정적으로 재생산된다.

노동을 통해 자연에 대한 인간의 지배는 더욱 확대되며 인간

56 위의 책 61쪽

의 자기 보존의 능력이 더욱 확대되면서 인간의 유적 본질 즉 사회의 재생산은 더욱 필연적으로 된다.

다른 생명체의 경우 유의 재생산은 무의식적으로 일어나는 배후의 과정이었다. 반면 인간의 경우 개체의 자기 보존은 사회의 재생산을 위한 매개 과정 수단에 불과하게 된다.

그러므로 마르크스의 말에 따르자면 인간은 곧 '살아 움직이는 유'다. 즉 인간의 노동은 겉보기에는 개체 자신의 활동으로 보이지만 진정한 의미에서는 일반적 유 즉 사회가 자기를 재생산하는 활동이라는 것이다.

마르크스가 인간의 유적 본질이라 했을 때 그것은 인간 노동이 살아 움직이는 유의 활동이라는 사실을 말한다. 이런 노동은 오직 자연을 가공하는 자유로운 노동을 통해서만 가능하다.

그러나 자본주의 사회에서 노동은 소외된 결과 즉 자본의 목적을 위해 자본의 지시와 감독 아래 이루어지는 노동이다. 여기서 노동자의 노동은 자연을 가공하는 노동이 되지 못한다.

노동자의 노동은 오직 욕망을 만족하여 자신의 생존, 개체적 생존을 유지하는 수단에 불과하다. 이런 노동은 생명체의 수준에서 일어나는 활동이다. 마르크스는 이를 유적 본질의 소외라고 말한다.

3) 사회적 관계

마르크스가 마지막으로 언급하는 소외는 인간의 인간으로부터의 소외이다.

"일반적으로 인간이 자신의 유적 본질로부터 소외되어 있다는 명제는 한 인간이 다른 인간으로부터, 또한 양자 모두가 인간의 본질로부터 소외되어 있음을 의미한다."[57]

앞에서 인간의 노동은 자연을 가공하여 자기를 실현하는 노동이었다. 인간은 이런 노동을 통해 사회를 재생산한다.

사회는 인간 사이의 공동 노동을 통해 이루어진다. 공동의 노동은 상호 분업과 협력[생산관계]을 통해 이루어지며, 이는 자연을 지배하는 인간 능력[생산력]의 발전에 따라 발전한다.

이런 공동 노동의 발전에 따라 상호 의사소통의 능력도 발전하며 서로 협력하는 문화나 정신도 개발된다.

그러나 자본주의 사회에서 노동이 오직 생존의 수단으로 전락함으로써[유적 본질의 소외], 노동은 사회 즉 공동의 노동을 발전시키지 못한다.

자본주의 사회에서 공동 노동은 억압과 강제 때문에 일어나는 노동이며 여기서 만인의 만인에 대한 투쟁이 벌어진다. 자본가와 노동자의 대립은 물론이고, 자본가와 자본가 사이의 대립, 또한 노동자와 노동자 사이의 대립이 마치 만화경처럼 전개된다. 이 가운데 약육강식이 지배하게 된다.

---

57 위의 책, 62쪽

그 결과 자본주의 사회에서 노동은 더는 사회를 재생산하는 노동이 되지 못한다. 마르크스는 이를 인간의 인간으로부터의 소외라고 말한다.

마르크스는 본래적 노동이 자기의 목적을 자기가 실행하는 것으로 규정한다. 본래적 노동, 즉 자기 활동성은 자기실현이라는 점에서 자유 의지이며 자기가 실행한다는 점에서 자주성으로 규정할 수 있다. 마르크스는 자기 실행이 고유한 즐거움, 행복감을 준다고 한다.

3장 자주성

1) 자기 활동성의 개념

이상 마르크스는 자본주의 사회에서 노동자의 소외를 설명하는 가운데 인간의 본성에 관해 설명했다. 그런 설명의 핵심은 인간의 본성이 곧 자연을 가공하는 노동에 있다는 주장이다. 그의 인간 본성론은 자유 의지와 관련하여 두 가지 주목할 만한 점을 제시한다.

우선 자유라는 개념에 관해서이다. 마르크스는 인간은 자연을 가공하면서 자기의 목적을 자연 속에 실현하며 자연 속에 자기가 실현된 것을 보면서 자유롭다는 것을 느낀다고 한다.

여기서 마르크스는 자유를 자유주의자처럼 선택 가능성으로 보지 않는다는 것을 알 수 있다. 그에게서 자유는 자기를 실현하는 것, 자기의 대상화라는 의미다. 따라서 그의 자유 개념은 칸트 이래로 계속된 합리적인 것의 선택이라는 개념에 있다는 것을 확인할 수 있다.

마르크스는 여기서 또 한 가지 중요한 생각을 제시했다. 그것은 본래적 노동은 자기를 실현하는 것이지만 이런 자기실현은 자기가 실행하는 것이어야 한다는 생각이다. 그래서 그는 본래적 노동을 자기 활동성이라는 개념으로 규정했다.

> "소외된 노동은 자기 활동 즉 자유로운 활동을 수단으로 격하시킴으로써 인간의 유적 생활을 인간의 신체적 생존을 위한 수단으로 만들어 버린다."[58]

마르크스가 여기서 말한 자기 활동성은 두 가지 의미를 동시에 가지고 있다. 한편으로 그것은 자기 자신을 목적으로 삼는다. 다른 한편으로 그것은 자기 자신이 실행한다. 그러므로 소외된 노동 즉 타인을 위해서 그리고 타인의 계획과 지시, 감독에 따르는 노동에서는 본래적 노동이 지닌 자기 활동성이 상실된다.

2) 행복감

마르크스는 노동의 소외를 설명하는 가운데 본래적 노동 즉

58 위의 책 63쪽

자기 활동적인 노동은 그 자체로 행복감을 느끼게 해 준다고 말한다. 여기서 행복감은 자신의 목적이 실현된 결과 또는 욕망이 충족된 결과 얻어지는 행복감은 아니다. 이 행복감은 자기 스스로 노동하는 가운데서 즉 자기가 실행하는 활동에서 얻어지는 행복감이다.

자기 실행의 행복감은 소외되지 않는 노동, 본래적인 노동의 예에서 구체적으로 발견된다. 예를 들자면 농부의 노동과 예술가의 노동이다. 농부와 예술가는 자신의 목적을 자기가 계획하고 실행하는 것 자체에서 행복감을 느낀다.

앞에서 우리는 자기실현으로서 칸트의 의무 개념 그리고 셸링의 양심 개념을 살펴보았다. 이런 개념들은 모두 자기실현이라는 의미에서 자유 의지의 형태에 속한다. 마르크스의 본래적 노동, 자기 활동성 개념 역시 이런 자기실현을 의미한다는 점에서 자유 의지라는 공통 지반에 서 있다.

그러나 이 세 가지 개념은 욕망의 힘을 극복하는 방식에서 차이가 있다. 의무에서 자유 의지의 실행은 강제된다. 양심에서는 자유 의지의 실행은 심미적 즐거움을 준다. 의무와 양심 개념은 욕망을 극복하는 데서 일정한 한계를 지닌다. 반면 자기 활동성 개념은 고유한 행복감을 통해서 욕망의 힘 즉 쾌락을 극복하여 자유 의지를 관철하는 데 이바지한다.

이런 점에서 마르크스는 자유 의지의 실현 가능성을 설명하는 데 결정적인 디딤돌을 놓아주었다고 볼 수 있다.

3) 자주성

의무 또는 자율성(autonomous), 양심 또는 자발성(spontanous)과 마르크스의 자기 활동성 사이에는 또 하나 중요한 차이가 있다. 의무와 양심은 모두 자기실현 외에 자기가 실행한다는 의미를 함축하고 있지만 여기서 자기실현의 측면만이 두드러질 뿐, 자기 실행이라는 측면은 두드러지지 않는다.

반면 마르크스의 자기 활동성이라는 개념에서는 자기실현의 측면만이 아니라 자기 실행의 측면이 두드러진다. 오히려 강조점은 자기실현의 측면에 있다기보다는 자기가 실행한다는 측면에 두어져 있다. 왜냐하면 의무나 양심과 달리 자기 활동성 개념은 자기가 실행함으로써 고유한 행복감을 얻는다는 사실을 공표하기 때문이다.

자기 실행을 강조한다는 점에 비추어 마르크스의 자기 활동성은 자주성(independence)[59]이라는 개념으로 규정할 수 있을 것이다. 왜 자기 활동성을 자주성이라는 개념으로 규정할 수 있을까? 자주성은 자기실현이라는 의미를 포함할 뿐만 아니라 특히 자기 실행을 강조하는 개념이기 때문이다.

---

59 자주성이라는 용어 자체는 확실하지는 않지만, 한 말 양명학의 영향을 받은 서북 기독교 사상이나 이들이 중심이 되어 전개한 신민회에서 널리 사용된 것으로 보인다. 이런 사상의 영향으로 자주성이라는 일상적 용어로 뿌리내렸다. 북쪽의 주체사상은 인간의 본성 가운데 자주성을 가장 핵심적인 본성으로 거론하면서 자주성을 철학적인 용어로 발전시켰다.

자주성이라는 말의 의미를 살펴보자. '자(自)'란 스스로라는 의미이며, '주(主)'는 주인, 주체라는 의미다. 국어사전을 뒤져보면 이렇게 정의되어 있다.

"남의 보호나 간섭을 받지 아니하고 자기 일을 스스로 처리함."

자주성은 '자기 일'을 '스스로 처리한다'라고 규정된다.

4) 자기 실행

자주성이라는 말을 분석해 보면 두 가지 의미가 포함되어 있다는 것을 알 수 있다. 우선 한 가지는 자기를 실현한다는 의미다. '자주독립'이든 '자주 관리'이든 항상 내가 원하는 것을 실현하고자 하지 남이 요구하는 것을 실현하는 것은 아니다.

자기실현이라는 의미에서 본다면 자주성은 자유의 개념과 일치한다. 앞에서 설명했듯이 자유란 합리적 선택 즉 자기실현을 의미하기 때문이다.

자주성이라는 말에는 또 하나의 의미가 들어 있다. 그것은 남에게 맡기지 않고 자기가 스스로 실행한다는 의미다. 우리나라를 다른 나라가 대신 지켜 줄 때 그게 자주적인 나라는 아니다. 우리를 먹여 살리는 공장을 다른 사람들이 관리할 때 그것이 자주 관리는 아니다.

이 두 가지 의미 즉 자기실현과 자기 실행은 엄연히 다른 차원이다. 전자에서 '자기'는 목적어요 후자에서 '자기'는 주어다. '자기'를 '자기'가 실행할 때 자주성이 된다.

자주성의 두 가지 의미 가운데 자기실현이라는 의미는 자유라는 말로 대치해도 무방하다. 자주성이 철학적으로 의미 있는 것은 전자보다는 오히려 후자로 사용될 때가 된다. 즉 자주성은 자기 실행의 측면을 강조하기 위해 특별히 사용한다고 할 수 있다.

자주성 개념을 이렇게 자기 실행의 의미로 새길 때 마르크스의 본래적 노동 역시 자기 실행을 강조한다는 점에서 자주성으로 규정될 수 있다.

5) 그 자체 선

여기서 이런 문제를 제기해 보자. 자기의 목적을 실현하는 데 왜 꼭 자기가 실행해야 할까? 자기의 목적은 타인 즉 전문가가 대신하는 때 오히려 더 잘 실현될 수 있지 않을까? 전문가 신화는 플라톤 철인왕 개념 이래로 일반화된 주장일 것이다.

자주성을 옹호하는 사람은 이에 대해 우선 효율성을 가지고 대답한다. 타인이 대신하는 때 자기실현의 효율성이 오히려 줄어든다. 타인이 대신하면 타인이 과연 나의 뜻대로 실현해 줄지 의문스러우며 자기의 능력을 발전시키지 못함으로써 위기에 처할 수 있다. 오히려 자기 실행은 자기의 능력을 키우니, 처음에는 비효율적이더라도 나중에 가면 더 효율적으로 될 수 있을 것이다.

전문가 신화가 사실 기만적이다. 전문가 신화에 대해 비판적인 태도를 보이는 사람도 많다. 대표적인 사람이 『전문가들의 사회』라는 책을 쓴 철학자 이반 일리치(Ivan Illich)가 될 것이다.

그러나 자주성을 옹호하는 것은 단순히 효율성 때문만은 아니다. 자주성이 자기 실행을 강조할 때 그 근본적인 근거는 자기 실행이 고유한 행복감을 주기 때문이다. 다시 말하자면 자기실현 즉 자유가 그 자체 선이 되듯이 또는 건강이 그 자체 목적이듯이 자기 실행 역시 그 자체 선 또는 목적이기 때문이다.

마르크스가 본래적 노동이 고유한 행복감을 준다고 했을 때 그것은 자주성 즉 자기 실행이 그 자체 선에 속한다는 사실을 확립한 것이라고 하겠다.

레닌은 자치의 원리를 사회주의 사회의 기본 원리로 삼았다. 그 것이 사회주의 국가론의 기본 형식인 의회 중심제와 소비에트 체제로 나타났다. 자치의 원리는 민주적으로 결정된 인민의 의 지를 인민 자신이 실행한다는 것을 뜻하므로 마르크스가 제시한 자주성 개념이 사회적으로 실현된 형식으로 볼 수 있다.

레닌은 밑으로부터 올라오는 자치의 원리가 위로부터 조직되는 정당의 원리를 통해 보완되기를 기대했다. 자치 원리 그 자체로 서는 무정부주의에 빠질 우려가 있었기 때문이다. 그러나 정당 의 원리는 억압적으로 될 가능성이 있었다.

사회주의 사회가 발전하면서 두 가지 관료주의의 위험에 빠지면 서 단순히 조직적 관계를 넘어서서 공동체적 정신이 필요하다는 자각이 일어나게 되었다.

4장 사회주의 사회의 공동체

1) 자주성에서 공동체론으로

앞에서 마르크스의 자기 활동성 즉 자주성 개념을 살펴보았다. 이는 자기를 실현하는 자유 의지이며 자기의 목적을 스스로 실행하는 가운데서 고유한 행복감을 얻는다. 이런 고유한 행복감 때문에 자주성은 욕망의 힘을 극복할 수 있는 자유 의지가 된다.

마르크스의 자기 활동성, 자주성 개념은 어디까지나 개인적 의지의 차원을 넘어서지 않았다. 그러나 마르크스 이후 이 자기 활동성 개념은 공동체의 정신으로 발전하게 되었다. 이런 발전에서 징검다리 역할을 한 사람이 레닌이다.

마르크스는 사회주의 사회의 경제적 원리를 확립했지만 사회 정치적 원리에 관해서는 다만 몇 가지 단서만 제시했을 뿐이다. 레닌에 이르러 비로소 사회주의 사회의 사회 정치적 원리가 본격적으로 전개되었다. 레닌은 마르크스의 자주성 개념을 사회주의 사회의 사회적 원리로 발전시켰다.

레닌의 저서 가운데 공동체론과 관련해 주목되는 글은 『무엇을 할 것인가』(1901년)라는 글과 『국가와 혁명』(1917년)이다. 앞의 글에서 레닌은 전위 정당론을 펼쳐나간다. 뒤의 글에서 레닌은 코뮌 연합 개념을 통해 사회주의 국가론을 전개한다.

2) 레닌의 자치 사회론

레닌은 그의 저서 『국가와 혁명』에서 인민을 대변하는 의회의 형식[즉 사회주의적 민주주의]에 대해 고민한다. 사회주의 사회의 의회는 두 가지 특징을 지닌다. 그 하나는 의회 중심제이다. 부르주아 국가에서 의회가 행정부와 분리되어 있지만[삼권분립], 사회주의에서는 의회가 직접 행정을 담당하는 의회 중심제다.

이보다 더 중요한 것은 레닌이 의회를 소비에트 식으로 구성하려 했다는 것이다. 소비에트란 사회의 부문별 조직의 대표로 구성되는 것이니 부르주아 의회가 지역 대표로 구성되는 것과 구분된다.

의회 중심제나 소비에트 체제는 공통으로 자치 개념을 근간으로 한다. 의회 중심제는 인민을 대변하는 대의원이 자기가 결정한 것을 직접 실행한다는 자치 원리를 근거로 한다.

소비에트 체제라는 개념의 원천은 코뮌 연합이다. 코뮌 연합이란 각 코뮌의 대표자들이 모여서 자치적으로 관리하는 체제를 의미한다. 원래 무정부주의자 푸르동이 제시한 개념이었지만 레닌이 이를 받아들여 소비에트 체제라는 개념으로 발전시켰다.

사회주의 사회의 자치 원리는 부르주아 사회의 민주주의 원리와 대립한다. 부르주아 민주주의는 관료주의와 한 쌍을 이룬다. 부르주아 민주주의는 민주적으로 결정된 인민의 의지를 관료들이 집행하는 체제이다. 관료 체제는 실행하는 권력을 통해서 인민의 의지를 왜곡시키며 인민을 권력으로부터 소외시켜 왔다. 사회주의 사회가 자치를 기본 원리로 삼은 것은 부르주아 사회의 관료주의에 대한 비판 때문이다.

앞에서 자주성은 자기실현과 자기 실행을 포함하지만, 특히 후자를 강조하는 개념이라고 했다. 자치 사회는 자기 실행을 강조하는 체제이니, 이는 자주성의 개념이 사회적으로 출현한 것이라고 볼 수 있다.

3) 관료주의의 위험

사회주의 국가는 밑에서 올라오는 자치 체제이다. 사회주의 사회에 국가는 사회를 이루는 하나의 원리에 지나지 않는다. 사회주의 사회를 이루는 또 하나의 원리가 곧 정당, 전위 정당의 원리다.

전위 정당의 구성원은 훈련된 정치적 지식인[인텔리겐차]이어야 하며 노동자 계급의 경제적 이해를 파악하는 것을 넘어서서 한 사회 전체의 목적, 즉 정치적 목적을 파악해야 한다.

정당은 사회 전체에 마치 신경망처럼 퍼져 있는 조직이면서 국가라는 밑에서 올라오는 체계와 대립하여 위에서 중앙집권적 방식으로 조직되는 체계다.

레닌이 사회주의에서 정당의 원리를 끌어들이는 이유는 자치 사회가 갖는 고유한 한계 때문이다. 자치 사회는 각 코뮌이 자기의 의지를 직접 실행하는 체제이므로 자주 개별 코뮌 자체가 고립적으로 나갈 가능성이 크며 결과적으로는 무정부주의적인 혼란이 발생할 가능성이 있다.

레닌은 이런 한계를 극복하기 위해 자치 사회의 원리에 또 하나의 원리 즉 정당의 원리를 결합하려 했다. 레닌에게서 국가나 정당은 상호 매개적 관계가 있다. 즉 양자는 상호 제약하면서 상호보완하는 관계를 갖는다.

만일 이런 상호 매개적 관계가 원활하게 작동하지 않는다면 자치적인 국가는 무정부적으로 분산될 것이며 중앙집권적인 정당은 일당 독재로 흐르게 된다. 양자가 상호 매개되면서 비로소 국가는 국가로서 정당은 정당으로서 올바른 역할을 담당할 수 있다는 것이다.

레닌 자신은 국가나 정당이 상호 매개적으로 작용하게 된다면 탁월한 사회 공동체가 형성될 수 있었다고 믿었던 것으로 보인다. 그러나 사회주의 사회가 현실적으로 발전하면서 이런 상호 매개적 관계에서 문제점이 드러났다. 무엇보다도 관료주의의 위험이 컸다.

이런 관료주의의 위험은 두 가지 측면에서 나타난다. 하나는 밑으로부터 올라오는 국가가 무정부주의적인 혼란에 빠지는 것이다. 다른 하나는 위로부터 내려오는 정당이 억압적으로 군림하는 위험이다.

4) 홍군

사회주의 사회에서 두 가지 측면에서 관료주의의 위험을 극복할 가능성은 동아시아의 혁명 투쟁에서 발전되었다. 사회주의 혁명의 투쟁은 동아시아에서 게릴라 전쟁의 방식으로 전개되었다. 게릴라전을 수행하기 위해서는 구성원은 긴밀한 통일체를 형성할 필요가 있었다.

레닌이 사회주의 사회의 원리로 제시한 국가와 정당의 통일적 관계는 개인과 공동체, 하나와 전체가 조직적으로 통일된 공동체이다. 반면 게릴라전을 통해서 형성된 새로운 공동체는 새로운 조직적 연관을 발견한 것은 아니다. 이런 공동체는 레닌적 사회주의 사회의 원리를 전제로 하면서 그런 공동체를 이루는 개인의 내적 정신을 통해 발전된다.

그와 같은 내적 정신을 이론적으로 분석하기 전에 먼저 구체적인 예를 들어보기로 하자. 여기 한 가지 사례가 있다. 그 사례는 만리장정을 이끈 중국 노농혁명군, 홍군에서 찾아볼 수 있다.

장강을 건너고 설산을 넘으며 거대한 늪을 가로지르는 만리에 걸친 고난의 행군을 끝내 완수하게 만든 힘은 어디에서 나왔던 것일까? 중국의 작가 웨이웨이는 무려 4권에 걸쳐 대장정을 그려냈다[60]. 그는 남아 있는 모든 역사적 자료를 확인하고, 만리장정의 길을 수차례 답사하면서 철저하게 고증한 끝에 이 소설을 서술했다고 한다.

그 가운데 대장정의 최고 고비라고 할 루딩교를 확보하기 위한 전투를 보자. 홍군이 살아나려면 금사강을 건너가야 한다. 뒤에는 장개석 군이 쫓아오고 강 건너에는 군벌군이 진을 치고 있다. 청말 인민 반란으로 세워진 태평천국의 장군 석달개가 이끌던 부대도 이강을 건너지 못해서 전멸하고 말았다. 물살이 급하기로 유명한 금사강을 건너기 위해서는 쇠줄만 남은 루딩교를 빼앗아야 한다. 홍군은 루딩교를 빼앗기 위한 돌격대를 선발했다. 작가는 그 선발을 이렇게 서술한다.

"말이 떨어지기 바쁘게 한 인간이 벌떡 일어섰다. 2중대 중대장 랴오다주였다. 말수가 적고 앞에 나서서 말하는 일은 더욱 드문 인간이었다. 그러다 보니 랴오다주나 그가 이끄는 2중대는 놀랄 만한 공적 같은 건 단 한 번도 세운 적이 없었다. 남 보기에 그저 평범하고 수수한 부대였다. 지금 전투력이 뛰어나다는 중대들도 머뭇거리는 참인데 랴오다주가 이처럼 중요한 임무를 맡겠다고

60   웨이웨이(魏巍),『소설 대장정』. 송춘남 역, 보리, 2011년

나서니 놀라지 않을 수 없었다."[61]

연대장 왕카이상은 기꺼이 2중대에게 임무를 맡겼다. "놀랄 만한 공적 같은 건 단 한 번도 세운 적이 없던" 2중대를 믿고 홍군 전체의 운명이 걸린 전투의 선봉을 맡긴다는 결단, 이것이 바로 홍군의 위대한 승리를 이끌었던 힘이 아닐까? 이런 믿음이 거꾸로 평범한 2중대를 위대한 홍군의 선봉으로 탄생하게 한 것이 아닐까?

5) 김일성 부대

이런 예는 동만주에서 게릴라전을 벌였던 김일성 부대에서도 발견된다. 역사를 거슬러 올라가 1934년 동만 유격근거지로 되돌아가 보자.

이 유격근거지에서 역사의 참혹한 시련이었던 민생단 사건이 발생했다. 민생단이란 1932년 2월 14일 간도 지역 용정에서 창립되었다. 그 단체는 친일파가 주동이 되어 만든 것이다. 중국인은 물론이고 재만 한인도 이에 대해 강력하게 저항했다. 일제는 결국 1932년 7월 14일 민생단을 해산시키지 않을 수 없었다.

그런데 이미 죽은 민생단이 산 인간을 잡기 시작했다. 1932년 8월 14일 동만의 유격근거지에서 민생단을 찾아 제거하는 투쟁이 벌어지게 되었다. 1933년 4월 중공 동만 특별 위원회가 반민생단

---

61 웨이웨이, 앞의 책, 4권, 131쪽

투쟁을 강화하라는 지시를 내린 이후 사정이 악화되었다. 반민생단 투쟁으로 체포된 사람이 497명, 그중 367명이 사형되었다고 한다.

반민생단 투쟁이라는 광기가 미친 결과는 참혹했다. 1934년 9월 일제는 3차 대토벌전을 전개했다. 기왕의 모든 유격근거지는 철저하게 파괴되었다. 이 참혹한 결과는 일제의 토벌이 장기화하고 대대적으로 전개된 탓도 있지만, 유격근거지 역량을 자체 내에서 파괴한 반민생단 투쟁의 광기 탓으로 보인다.

도대체 이런 광기의 원인은 무엇인가? 당시 중국공산당을 지배했던 좌경 기회주의 때문이다. 좌경 기회주의는 모든 지주와 부농의 재산을 몰수하라고 지시했으며, 노동자 소농 중심의 소비에트 정권을 세우니, 지주와 소작인, 한족과 한인, 구국군과 인민혁명군 그리고 적의 통치지구와 유격근거지 사이에서 갈등이 생기면서 유격근거지와 인민혁명군이 고립되었다. 고립감은 일제의 토벌이 반복되면서 점차 수세에 몰리게 되자 더욱 강화되고, 마침내 위기감으로 발전했다. 위기감은 유격근거지 내에 두려움을 만연시켰다.

항상 그렇지만 심리적인 두려움은 몽상을 낳는다. 좌경 기회주의는 계급투쟁을 우선시하면서 민족해방을 금기시했다. 당시 동만의 당원과 유격대 대부분은 한인이지만, 코민테른의 일국일당 원칙에 따라서 지도부는 거의 한족 출신이 맡고 있었다. 한족 지도부는 평소 한인 대원들과 소원한 상태에 있었고 한인 대원의 조선해방이라는 염원과 민생단의 한인자치라는 구호의 결정적 차이를 이해하지 못하고 한인 대원을 의심했다. 의심이 고문을 낳고, 고문의 결과 자백은 의심을 더욱 강화했다. 그것이 바로 반민생단 투쟁의 광기였다.

6) 7차 코민테른 대회

1934년 7월 24일 역사적인 코민테른 7차대회가 열렸다. 여기서 나치가 정권을 장악한 정세를 반영해서 인민전선 이론이 수립되었다. 이는 곧 반나치 통일전선을 말하며 식민지에서는 이는 민족통일전선 이론으로 전개되었다. 드디어 민족해방을 위해 민족 대단결이라는 방침이 확립된 것이다.

이 7차대회 덕분에 동북 만주에서 광기를 펼치던 민생단 문제도 해결의 여건을 찾을 수 있었다. 7차 대회에 참가하고 돌아왔던 동만 특별위 위원장 위증민이 1936년 2월 10일 목단강이 흐르는 경박호 남쪽 남호두에서 회의를 개최했다. 여기서 일제와의 투쟁을 위해 애국적 지주와 민족 자본가와의 연대가 인정되었다. 모든 토지의 몰수, 소비에트화라는 원칙이 물러나고, 분배를 높이는 선 [예를 들어 소작료 3·7제)에서 타협하게 되었다. 정부도 전 민족이 참여하는 인민정부 형태로 전환했다. 이를 통해 동만에서 지주와 소작농, 한족과 한인, 구국군과 인민혁명군, 적 통치구와 유격근거지 사이의 연대도 다시 모색되었다.

이제 의심의 배경이 되었던 민족주의 문제가 해결되고, 두려움의 원천이 되었던 고립을 해결할 여건도 회복되었다. 여건은 개선되었지만, 두려움과 의심에서 나온 반민생단 투쟁의 광기는 여전히 칼춤을 추고 있었다.

이때였다. 북만 원정 끝에 남호두 회의에 참가하고 돌아오는 김일성은 마안산 유격근거지로 갔다. 그는 북만 원정에 나섰던 2군독립사 3, 4 대대를 북만 지역에서 활동하도록 남기고 왔다. 그는 그 대신 2군독립사 2대대를 마안산에서 만나 이 대대를 조선인민혁명군으로 개편해서 남호두에서 승인된 백두산근거지 형성, 국내 진공이라는 원대한 꿈을 준비하려 했다. 그는 거기서 2대대를 만나지 못했다. 그 대신 그가 만난 것은 민생단 혐의로 감옥에 갇혀 있는 100여명의 당원과 유격대원이었다.

그는 이들이 민생단이 아니라는 것을 직감했다. 민생단이라면 충분히 도망칠 수 있는 환경이었는데도 그들은 도망가지 않았기 때문이다. 그는 이들의 혐의를 벗겨주기 위해 산더미같이 쌓인 자백서를 몇 장 읽어보다가 집어치웠다. 그리고 그들이 갇혀 있는 감옥으로 달려갔다. 동무들이 정말 민생단인지 아닌지 정말 솔직하게 대답하라고 그는 말했다. 강하게 부정할 줄 알았던 이들이 왜 그런지 모두 하나같이 자기가 민생단이라고 인정하는 것이 아닌가.

그는 절망에 빠져 돌아섰다. 그가 돌아설 즈음 한 여자 대원이 그에게 마지막 비명처럼 외쳤다. 나는 민생단이 아니라고 말이다. 그 여자 대원이 나중에 기관총 명사수, 여장군으로 유명해진 김확실이다. 그녀는 민생단의 혐의를 받았던 유격대원 강위룡과 결혼했기에 민생단이라는 혐의를 받고 감옥에 갇힌 것이다.

김일성은 이 외침을 듣고 걸음을 되돌렸다. 이제 그는 더는 말하지 않았다. 그는 그들을 감시하는 책임자에게 그들의 자백 서류를 갖고 오라고 했다. 책임자는 머뭇거렸다. 그런 행위는 당의 지시를 위반하는 일이니, 그 때문에 자기도 처형될지 모르기 때문이다. 김일성은 자기 부하를 시켜 서류를 갖고 왔다. 그리고 감옥에 갇힌 사람들이 보는 앞에서 쌓아놓고 모조리 불사르고 말았다.

그 불길을 지켜보면서 이들 민생단 혐의자는 통곡했다. 김일성은 이 민생단 혐의자 100여명을 그 자리에서 유격대로 받아들였다. 그는 원래 꾸리려 했던 2대대 대신 이들을 주축으로 조선 인민혁명군을 조직했다. 바로 이들로 구성된 유격대가 보전보 전투를 승리로 이끌었던 조선 인민혁명군이었다.

믿음이란 어떤 능력을 갖는다. 이 능력은 믿음 자체에서 나오는 것이므로 믿음은 자유 의지에 속한다. 따라서 믿음은 일방적이고 고유한 즐거움을 주는 자주적 자유 의지에 속한다. 이런 믿음이 공동체에서 출현하는 때 그것은 공동체의 개인에 대한 믿음과 개인의 공동체에 대한 믿음으로 출현한다. 자주적 공동체 정신에서는 후자보다 전자 즉 공동체의 개인에 대한 믿음이 더 중요하다.

5장 자주적 공동체 정신

1) 엔 카이 판

앞의 예에서 드러난 정신은 두 가지로 집약될 수 있다. 홍군은 이름도 없는 2중대에게 절대절명(絶對絶命)의 과제를 맡겼다. 김일성 부대는 민생단으로 의심받는 부대원을 혁명의 선봉군으로 내세웠다. 이것은 공동체의 개인에 대한 절대적 믿음을 의미한다.

이런 공동체의 믿음에 대해 개인은 책임으로 응답했다. 2중대는 목숨을 걸로 루딩교를 확보했으며 민생단 혐의자로 조직된 조선 인민혁명군은 보전보 전투를 승리로 이끌었다. 이들의 행위는 자신에게 맡겨진 역할을 넘어서 공동체 전체에 대한 무한 책임의 정신을 보여준다.

이상 역사적으로 살펴본 절대적 믿음과 무한 책임의 정신을 이제 이론적으로 분석해 보자. 여기서 전제되는 것은 게릴라전을 통해 형성된 공동체이다. 이 공동체는 개인과 개인, 개인과 공동체가 진정으로 통일을 이룬 공동체이다.

진정한 통일체로서 공동체는 단순히 공동의 이익을 추구한다는 데 그치는 것은 아니다. 진정한 공동체는 공동체 의지와 개인 의지의 합일이 일어나야 한다. 한편으로 공동체의 의지가 개인의 의지가 되며 다른 한편으로 개인의 의지가 공동체의 의지가 되어야 한다.

이런 공동체를 흔히 전체가 하나이고 하나가 전체가 되는 공동체 즉 '엔 카이 판(en kai pan)'[62]이라고 한다. 의상대사의 법성게는 이런 경지를 다음과 같이 읊고 있다.

    一中一切多中一 하나 중에 일체 있고 일체 중에 하나 있어
    一卽一切多卽一 하나가 곧 일체요 일체가 곧 하나라

공동체의 의지가 개인의 의지로 되는 것은 개인의 의지가 공동체의 의지로 되는 것과 동전의 이면을 이루고 있다. 즉 본래 이 두 측면은 하나이지만 현상적으로 반대되는 두 측면으로 나누어진다는 것이다. 이와 같은 의지의 합일을 이루게 하는 내적 정신

---

62 이 말은 그리스 철학자 헤라클레이토스에서 유래했다고 한다.

은 무엇일까?

2) 사랑과 믿음과 책임

교회 공동체를 지배하는 정신은 사랑이었다. 이 사랑을 구성하는 두 요소가 믿음과 책임이 아닐까? 사랑이 감정에 머무르는 것이라면 믿음과 책임은 구체적 행위를 의미할 것이다. 믿음과 책임이라는 구체적 행위가 없다면 사랑은 말에 그칠 것이다. 그러기에 사랑은 흔히 서로 믿고 서로 책임진다는 의미로 사용됐다.

여기서 한 예를 들어보자. 로마의 시인 루키우스 아풀레이우스[63]의 『황금 나귀』에 나오는 에로스와 프시케의 이야기는 사랑과 믿음, 책임 사이의 연관성을 잘 보여준다. 프시케는 남편인 에로스와의 약속에도 불구하고 남편의 얼굴을 보고 싶어서 남편의 얼굴을 비추어본다. 남편이 괴물이 아닐까 하는 의심이 그녀를 지배했기 때문이다.

그 때문에 프시케는 온갖 시련을 겪으며 나아가서 저승에 가는 처벌을 받는다. 이는 곧 죽음의 시련을 의미하지만, 프시케는 이를 수행함으로써 다시 에로스의 사랑을 회복하게 된다. 이 이야기에는 사랑과 믿음, 책임의 관계가 잘 그려져 있다. 약속은 곧 믿음을 의미하며 죽음의 시련은 책임을 의미하는 것으로 이해된다.

여기서 더욱 흥미로운 것은 믿음과 책임의 관계이다. 내가 타

---

63 아풀레이우스(Lucious Apuleius: 약 124 – 약 170); 로마 2 세기 소설가, 카르타고에 살았다.

인을 믿는다는 것은 무엇을 의미할까? 그것은 일단 타인이 자기의 책임을 다한다는 것을 전제할 것이다. 거꾸로 나는 나의 책임을 다하는 것을 통해 타인의 믿음을 얻을 수 있다. 믿음과 책임은 상호 의존 관계에 있다.

신앙에 기초한 교회 공동체가 자각적 공동체로 전개된다면 사랑의 정신 속에 미분화된 상태로 머무르던 믿음과 책임이 분화되어 나타날 것이다. 교회 공동체가 단순한 이웃 관계로 이루어진다면 이런 자각적 공동체에서 관계는 개인과 공동체의 관계로 나타난다.

여기서 개인과 공동체, 믿음과 책임은 마치 뫼비우스의 띠와 같은 방식으로 관계할 것이다. 개인의 공동체에 대한 믿음과 책임, 공동체의 개인에 대한 믿음이 순환적인 고리를 이룬다.

여기서 믿음과 책임의 관계도 변화한다. 앞에서 믿음과 책임은 상호 의존 관계에 있었다. 이제 이 의존 관계가 해체된다. 믿음과 책임은 서로 대립하면서도 통일되어 있다. 믿음과 책임은 뫼비우스 띠의 양면에 해당하는 것이다. 이런 뫼비우스의 띠를 따라가 보면 개인의 공동체에 대한 믿음은 곧 공동체의 개인에 대한 책임으로, 이는 다시 개인의 공동체에 대한 책임으로 나가며, 이는 다시 공동체의 개인에 대한 믿음으로 나가게 된다.

이 가운데 개인의 공동체에 대한 믿음이나 공동체의 개인에 대한 책임은 널리 알려져 있다. 오히려 더 주목되는 것은 공동체의 개인에 대한 믿음과 개인의 공동체에 대한 책임이다.

3) 믿음의 개념

우선 공동체의 개인에 대한 믿음의 측면을 검토해 보자. 믿음(belief)이란 개념부터 알아보아야 하겠다.

의식이 무엇을 믿는다고 할 때, 믿음은 어떤 지향적 태도로 간주된다. 믿음은 욕망과 마찬가지로 지향적 태도에 속하지만, 욕망과 믿음은 지향하는 방식에서 차이를 가지고 있다. 욕망이 지향적 대상을 동화하려는 태도라 한다면 믿음이란 지향적 대상을 긍정하거나 시인하는 태도를 의미한다.

대상을 믿는 지향적 태도는 대상에 관한 인식과 달리 대상을 마음속에서 재현하는 것은 아니다. 믿음은 어떤 행위를 일으킨다. 예를 들어서 내가 화산이 터질 것이라는 말을 믿는다면 단순히 그 말을 마음속에서 떠올리는[재현하는] 것은 아니다. 나는 화산이 터질 것을 대비해서 도피하거나 아니면 정부에 보호를 요청한다.

믿음 자체가 어떤 행위를 직접 일으키기보다는 믿음은 다양한 행위가 나오게 하는 성향을 지닌다고 하겠다. 그것은 마치 유리가 깨어지는 성향을 지닌다는 것과 같은 의미를 지닌다.

믿음은 어떤 능력이므로 그것은 의지의 한 형태라고 할 수 있다. 믿음이 지닌 능력은 어떤 것을 믿기 때문에 나오는 능력이다. 믿음은 그 능력으로 도달하는 결과 때문에 나오는 것이 아니다. 그러므로 믿음은 욕망과 달리 자유 의지에 속하는 능력이다.

따라서 믿음은 일방적이다. 그것은 어떤 다른 것을 조건으로 생겨나지 않는다. 믿음은 그 자체로서 고유한 만족감을 준다. 따라서 믿음은 자주성의 일종이라 하겠다.

4) 내재적 초월

믿음은 지향적 태도이므로 믿음의 대상은 믿음이라는 지향적 태도에 대해 독특한 관계를 지닌다. 후설(E. Husserl)에서 시작된 현상학은 지향적 대상은 지향적 의식에 대해 내재적인 동시에 초월성을 지닌다고 한다.

예를 들어서 내가 무엇을 믿는다고 한다면 그 믿음의 대상은 한편으로 나의 지향적 의식 즉 믿음에 의존하고 있다. 동일한 대상이 대한 믿음이라 할지라도 사람마다 서로 다른 의미를 지닌다. 예를 들어서 사람들이 누구를 믿는다고 할 때 어떤 사람은 그 사람이 착하므로 그를 믿을 것이며 다른 사람은 그 사람이 유능하므로 믿는다.

동시에 믿음의 대상은 각자의 지향적 의식에 대해 초월적이기도 하다. 예를 들어서 나는 그가 착하므로 그를 믿지만, 그렇다고 그가 착한 측면만을 믿는 것은 아니다. 나는 그의 착한 측면을 넘어서 온전한 그를 전체적으로 믿는다. 나의 믿음의 대상인 나의 믿음을 초월하고 있다.

믿음의 대상이 지닌 초월적 성격은 사랑이라는 지향적 태도를 생각해보면 더 확실하게 알 수 있다. 나는 그의 눈이 아름다워 사랑하게 되었지만, 그저 그의 눈만을 사랑하는 것은 아니고 그의 온전한 인간 전체를 사랑한다.

믿음의 대상은 믿음에 내재한다는 측면에서 믿는 자는 그 대상을 자신과 동일한 것으로 여긴다. 그는 이 대상 속에 자기 자신을 느끼며 여기서 친근감과 자유롭다는 느낌을 얻는다.

다른 한편 대상은 믿음에 대해 초월하므로, 믿는 자는 그 대상을 자기와 대립하는 것, 자기를 넘어서는 타자, 낯선 것으로 의식한다. 이때 믿음은 두려움과 전율을 동반하게 된다.

종교적 신앙과 공동체 내에서의 믿음 사이에서 믿음의 성격이 구별된다. 종교적 신앙의 경우 신과 인간 사이의 내재성은 무의식적으로만 성립하며, 신과 인간 사이의 대립적 성격이 지배적이다. 그러므로 신앙은 환상적 형태를 취하고 있다.

반면 개인과 전체가 하나가 된 공동체에서는 가치의 공동성과 의지의 공동성이 성립한다. 그러므로 양자의 합일이 분명하게 드러나므로 여기서 믿음은 자각적이고 이성적 형태를 취한다.

5) 종교적 신앙

믿음이 인격들 사이의 관계에서 나타나는 때는 일방의 믿음이 상대방의 믿음과 마주 대하고 있다.

믿음의 상호성은 상호 의존적인 관계를 의미하는 것은 아니다. 믿음은 본래 자유 의지의 일종이므로 독립적이기 때문이다. 어떤 조건에서 믿는다는 것은 믿음의 본래적 성격과는 배치되는 것이다. 따라서 두 서로 마주 보는 믿음은 마주 보고 있기는 하지만,

각자 독립적으로 존재할 뿐이다.

　종교적 신앙(faith)의 경우 신의 인간에 대한 믿음과 인간의 신에 대한 믿음이 마주 대하고 있다. 여기서 신은 불완전한 인간을 믿으며 인간은 초월적 신을 믿는다. 종교적 신앙에서 인간의 신에 대한 믿음만이 강조되지만, 신의 인간에 대한 믿음도 존재한다.

　기독교에서 신앙은 구약에서 신약으로 가면서 변화하는 것으로 보인다. 우선 구약에서 믿음을 보자. 『창세기』, 22장은 아브라함이 이삭을 제물로 바치는 이야기가 나온다.

> "하나님이 말씀하셨다. 너의 아들, 네가 사랑하는 외아들 이삭을 데리고 모리아 땅으로 가거라. 내가 너에게 일러주는 산에서 그를 번제물로 바쳐라."(『창세기』, 22장 2절)

　아브라함이 얻은 이삭은 그가 마지막으로 얻은 아이이며, 그가 누구보다도 사랑하던 아이다. 이삭은 아브라함 자기 자신이다. 이삭을 바친다는 것은 아브라함이 자신을 바친다는 것과 다른 바 없다. 이런 자기 부정을 통해 아브라함은 믿음의 조상이 되었다.

　그런데 신약에 이르러 절대적 믿음의 개념은 새로운 차원으로 발전했다. 신에 대한 절대적 믿음은 이제 신의 인간에 대한 그것도 세상의 약하고 불완전한 인간에 대한 믿음으로 전환된다.

> "그런데 이 둘 가운데에 누가 아버지의 뜻대로 했느냐? 예수께

서 이렇게 물으시니, 그들이 맏아들입니다라고 대답했다. 예수께서 그들에게 말씀하셨다. 내가 진정으로 너희에게 말한다. 세리와 창녀들이 오히려 너희보다 먼저 하나님의 나라에 들어간다."(『마태복음』, 21장 31절)

창녀와 세리는 당시 사회에서 가장 약하고 가장 불완전한 존재다. 왜 예수는 맏아들이 아니라 창녀와 세리를 믿게 된 것인가?

신과 합일에 이르려면 먼저 자기를 부정해야 한다. 현실적으로 강하고 완전한 존재는 자기를 부정하기 어렵다. 그는 자기만족에 사로잡혀 있기 때문이다. 반면 현실적으로 약하고 불완전한 존재는 이미 스스로가 부정되어있으므로 자신을 쉽게 부정하므로 신과의 합일에 더욱 빨리 도달하게 된다. 위에 인용된 예수의 말씀은 바로 이런 의미가 아닐까?

구약의 믿음에서 신약의 믿음은 정반대로 전환한 것은 아니다. 원래 종교적 믿음은 두 가지 믿음이 동시에 존재한다. 다만 구약에서는 인간의 신에 대한 믿음이 강조되었으며 거꾸로 신약에서 신의 인간에 대한 믿음이 두드러진 것이다.

6) 공동체에서의 믿음

전체가 하나인 공동체에도 두 가지 믿음이 마주 대하고 있다. 즉 공동체의 개인에 대한 믿음과 개인의 공동체에 대한 믿음이다.

두 가지 서로 마주 보는 믿음 가운데 어느 것이 더 본질적일까? 믿음의 경우 공동체를 개인이 믿기보다 공동체가 개인을 믿기 더 힘들다. 왜냐하면 공동체는 완전하고 강하지만, 개인은 불완전하고 약하기 때문이다.

공동체의 믿음의 대상인 개인은 영웅적 개인, 공동체를 대변하는 개인을 의미하는 것은 아니다. 이런 개인은 공동체의 힘보다는 자기의 힘을 오히려 믿으며 결과적으로 공동체를 파괴할 가능성이 크다.

반면 약하고 불완전한 존재가 될수록 공동체의 필요성이 더 철저하게 자각된다. 영웅적 개인보다는 오히려 약한 불완전한 존재가 공동체를 진정으로 공동체답게 만들어줄 것이다. 그러므로 공동체의 믿음은 이런 약하고 불완전한 개인으로 향한다.

이것은 마르크스가 프롤레타리아에게 기대한 것과 마찬가지다. 프롤레타리아가 역사의 주체로 등장하는 이유는 프롤레타리아가 이미 모든 것이 박탈되어 있어서 잃어버릴 것은 발목을 묶고 있는 사슬 외에 아무것도 없기 때문이다.

바로 이러한 공동체의 개인에 대한 믿음, 그것도 가장 약하고 불완전한 존재에 대한 믿음이 홍군이 2중대에 임무를 맡긴 이유이며 김일성 부대가 민생단으로 의심받는 대원들을 인민혁명군으로 조직한 이유가 된다.

책임이란 일반적으로 행위의 결과에 대해서 논의되지만, 한 공동체 내에서 부여된 임무에 대해서 책임이라는 말을 쓸 때도 있다. 이때 책임은 임무를 완수하는 것과 관련된다. 이런 책임은 스스로 짊어지는 것이니 자유 의지에 속한다. 따라서 책임은 독립적이며 그 자체 고유한 즐거움을 주는 자주적 정신에 속한다. 이런 책임은 하나가 전체인 공동체에서는 유한 책임이 아니라 무한 책임으로 나타난다. 이런 무한 책임의 정신을 우리는 사도 바울의 사도 정신에서 발견할 수 있다.

6장 무한 책임의 정신

1) 무한 책임

공동체는 개인적 의지가 공동체의 의지가 되고 공동체의 의지가 개인의 의지가 되는 것이다. 이 가운데 후자 즉 공동체의 의지가 개인적 의지로 되는 것은 앞에서 설명했듯이 공동체의 개인에 대한 믿음을 통해서 출현한다. 이것이 절대적 믿음이다.

이제 전자의 측면을 살펴보자. 개인적 의지가 공동체적 의지가 된다는 것은 어떤 것을 의미하는가? 그것이 곧 홍군이나 김일성 부대에서 발견되는 무한 책임의 정신이다. 이제 무한 책임의 정신으로 이행하여 보자.

2) 책임의 개념

우선 책임의 개념을 개념적으로 검토해 보자. 책임은 인과적 관계를 전제로 한다. 책임이란 이와 같이 원인이 결과에 대해 지고 있는 부담이다. 이 부담은 결과를 다시 원래 상태로 되돌려 놓을 부담이다. 긍정적인 경우는 되돌릴 필요가 없으니 책임이란 말이 사용되지 않는다. 책임이란 말은 결과가 부정적인 경우 사용된다.

도덕적으로 책임 개념을 강조한 철학으로는 대표적으로 실존주의를 들고 있다. 사르트르와 카뮈는 모든 것은 우리가 선택했기에 행위의 결과에 대해 그 자신이 책임을 져야 한다고 했다.

여기서 실존철학자들은 인간이 절대적으로 자의적인 선택하는 것이 가능하다는 것을 전제로 한다. 어떤 외적인 힘도 인간의 선택을 강제할 수는 없다. 그러므로 모든 행위는 궁극적으로 자기의 선택이니 이 선택에 대한 책임은 그 자신에 있다고 한다.

여기서 책임이란 나의 행위가 미친 결과를 내가 부담한다는 뜻이 된다. 만일 그런 행위가 타인에게 어떤 손해를 끼치거나 피해를 주게 된다면, 그것이 나의 책임이라는 뜻이다. 이때 책임은 빚이나 부담, 죄라는 의미에서 사용된다.

실존주의에서 현실은 우연적이다. 이런 우연성 때문에 우리의 행위는 우리를 배반한다. 우리가 실현하려 했던 목적은 현실 속에서 실현되지 않을 뿐만 아니라 오히려 그 목적과 반대되는 것을 이루기도 한다. 이런 부조리한 상황에서도 자신의 행위에 대해 자신이 책임지려는 정신이 곧 시지포스의 정신이다.

카뮈는 이런 부조리한 현실과 관련해 시지포스의 신화를 설명한다. 행위의 결과가 기대와 다른 것이라도 그 결과에 대해 스스로 책임지려는 정신이 바로 시시포스의 정신이다.

사르트르는 여기서 한 걸음 더 나가서 나의 책임은 단순히 나의 행위가 미친 직접적 결과에 그치지 않는다고 한다. 나의 행위가 미친 결과는 이미 상호 연관의 망을 통해 전 세계에까지 펼쳐지고 있다. 나는 나의 행위를 통해 이 세계 전체에 관여[앙가주망]되어 있으니, 나는 이 세계 전체에 대한 책임이 있다. 사르트르는 개인적 책임의 문제를 세계에 대한 책임의 문제로 확대하고자 했다.

실존철학에서 책임의 윤리는 많은 비판을 받아왔다. 과연 사르트르가 말한 것처럼 자의적인 선택이란 것이 있는가? 자의적 선택이란 우연의 결정이 아닐까? 행위에서 결정하는 관계가 없으니 무엇이 책임 있는지를 알 수 없으며, 책임의 문제는 아예 발생하지 않는다.

더구나 실존주의에서 책임이라는 개념은 항상 자신의 행위가 일으킨 결과와 관련된다. 실존주의는 이 세상이 부조리한 것으로 간주하는데 나의 행위의 결과가 나의 의도와 무관한 것이라면 그것에 대해 내가 책임져야 할 이유가 있을까? 사실 실존철학은 책임의 윤리를 강조했으나 그 철학적 전제는 무척이나 부실한 것이었다.

3) 임무와 책임

앞에서 보았듯이 실존주의적 책임 개념은 행위의 결과와 관련된다. 그런데 책임 개념은 이런 경우 말고도 사용될 수가 있다. 예를 들어 어떤 임무나 과제를 놓고 그것에 대해 책임진다고 할 때이다. "맡은 바 책임"이라는 말이나 "너의 책임을 다하라"라고 할 때가 바로 그렇다.

이런 경우는 여러 사람이 공동으로 어떤 일을 하는 것을 전제로 한다. 이 경우 책임을 진다는 것은 주어진 임무나 과제를 완수한다는 것을 의미한다.

이런 경우 책임이란 말은 임무나 과제와 같은 의미로 사용된다. 이것이 회사와 같이 일반적 기능적 조직에서 책임이라고 할 때의 의미이다. 이런 의미에서 책임은 외적으로 강제되며, 성과에 의해 평가되므로 하나의 욕망과 같은 범주에 속한다.

그러나 단순히 임무나 과제라고 말하지 않고 굳이 책임이라고 말할 때는 여기에는 도덕적 의미가 부과된다. 즉 그 임무나 과제를 실현하는 것은 그에게 가치가 있을 뿐만 아니라 그의 의지를 움직이는 힘을 갖는다는 것이다.

이런 의지는 외적으로 강제되는 것이 아니며 그것이 지닌 가치가 그의 의지의 동기가 된다는 뜻이다. 그러므로 그는 이런 임무나 가치를 그의 사명이나 소명으로 간주하며 자주 이를 도덕적 의무나 양심의 명령으로 간주한다.

그러므로 이런 의미에서 책임은 자유 의지에 속하며 그 책임은 어떤 대가를 요구하지 않으며, 마치 사랑처럼 일방적인 것이다. 어떤 임무나 과제에 책임있다는 것은 그 책임을 수행한다는 것만으로 이미 행복감을 주며, 따라서 자주적인 것이다.

그러므로 임무나 과제와 연관된 의미에서 책임이라는 말이 사용될 때 그 임무나 과제를 달성했는가 하는 결과가 문제 되지 않고 오히려 그가 그 임무나 과제를 수행하는 데 얼마나 충실했는가로 평가된다고 하겠다.

공동체에서 공동체와 개인 사이에서 책임은 서로 마주 보고 있다. 개인의 공동체에 대한 책임은 공동체의 개인에 대한 책임과 마주 대한다. 하지만 믿음이 다른 자유 의지와 마찬가지로 독립적인 것이므로, 양자는 서로 의존적인 것은 아니다. 두 가지는 독립적인 것으로 서로 마주 보고 있다.

두 가지 서로 마주 보는 책임 가운데 어느 것이 더 본질적일까? 앞에서 믿음의 경우 공동체의 개인에 대한 믿음을 강조했다. 반면 책임의 경우는 오히려 개인의 책임이 우선적이다.

공동체가 개인을 책임지기는 쉽다. 공동체는 개인에 비해 강하고 완전하기 때문이다. 많은 사회론은 이런 의미에서 공동체의 책임을 논한다.

하지만 불완전하고 약한 개인이 공동체를 책임지는 것은 어렵다. 도덕론에서는 개인의 공동체에 대한 책임이 강조된다.

4) 유한 책임과 무한 책임

책임은 그 정도에 따라서 유한 책임과 무한 책임으로 나누어 볼 수 있다. 임무나 과제에 책임을 지는 때 그 책임은 자신의 임무나 과제에 대한 책임이니 유한한 책임에 속한다.

그러나 임무나 과제와 관련해 책임이 문제 된다면 이때 책임은 무한 책임이 될 수밖에 없다. 공동체 속에 나의 임무와 타인의 임무가 대체로 나누어져 있지만, 사실 엄밀하게 구분되기는 어렵다. 특히 조직적 체계가 분업적 조직이 아니라 협업적인 조직[64]일 때 그런 구분은 더욱 어려워진다. 더구나 하나가 전체이고 전체가 하나라는 관계 속에서 이런 구분은 아예 불가능하다고 할 수 있다.

공동체 속에서 공동의 임무가 있을 때 나의 책임은 그 가운데 나에게 맡겨진 역할에만 한정될 수 없다. 나의 임무는 공동체 내의 타인이 임무와 직결되어 있다. 타인의 임무가 완성되지 않는 한 나의 임무도 완성되지 않다. 그러므로 나는 나의 임무를 완성하려면 나의 임무에 대한 책임뿐만 아니라 타인의 임무가 완성되게 해야 할 책임까지 지게 된다. 그러므로 타인이 자기의 역할을

---

64 분업은 포드 테일러 시스템처럼 임무가 명백하게 나누어져 고정된 때다. 협업은 대체로 무정부주의적 조직의 특징인데, 각자 임무를 나누더라도 고정되지 않는 때다. 즉 다음번에는 다른 방식으로 임무가 나누어진다. 전자가 분업을 통해 소외현상을 일으킨다면 후자는 각자가 전 인간적인 발전을 이룰 수 있는 관계가 된다.

다하도록 지원하는 것이 필요하거나 필요하다면 나는 타인의 역할을 대신할 수밖에 없을 때도 있다.

우리는 이러한 측면에서 무한 책임이라는 말을 사용할 수 있다. 즉 나의 임무는 나의 역할에만 한정되는 것이 아니라 공동체 전체의 임무를 완성하는 것까지 포함한다는 말이다.

이런 무한 책임은 달리 말하자면 주인의식이라고 할 수 있다. 내가 이 집의 주인이라면 나는 이 집을 유지하고 발전시키는 데 무한 책임을 진다. 설혹 손님이 그의 역할을 충실하게 하지 못한다면 손님을 비난하는 것만으로 아무런 의미가 없다. 나는 그 손님이 다하지 못한 역할을 대신하지 않을 수 없다. 그게 이 집의 주인이 짊어질 책임이라 할 수 있으니 주인은 자신의 집에 대한 무한 책임을 지고 있다고 할 수 있다.

5) 사도 바울의 정신

이미 기독교 교회 공동체에서도 무한 책임의 정신이 제시된다. 이런 무한한 책임의 정신은 바울의 사도 정신을 통해 잘 드러난다.

바울은 자신의 사명을 이런 하나님의 나라로 가는 매개자로서 교회 공동체를 건설하는 일로 보고 있다. 그게 바로 그의 사도로서 역할이다. 바울은 사도로서 그의 역할에 대하여 많은 말을 남기고 있다.

사도는 "복음을 전하는 제사장의 직무"(『로마서』, 14장 16절)

이다. 사도는 "하나님께 기뻐하실 거룩한 산 제물"(『로마서』, 12장 12절)이다. 복음을 전한다는 것은 신자들이 믿음을 갖게 하는 일이며 이런 믿음을 통해 사랑으로 하나가 된 공동체를 만드는 일이다. 하나님의 나라를 직접 실현하는 일은 사도의 일이 아니다. 그것은 교회 공동체 자체의 일이다.

바울은 사도로서 자신이 하나님이 부여한 소명에 충실해 왔다는 것을 말한다. 그는 이런 직분에 무한히 충실할 책임을 느껴 왔다. 하나님의 나라를 실현하는 이 책임은 무한 책임이다.

그런 과정 중에 그는 수많은 고난과 역경을 겪었다. 그는 "이 세상의 쓰레기처럼 되고", "만민의 찌꺼기처럼 되었다."(『고린도 전서』,4장 13절)

그는 다른 사도처럼 결혼할 수 있었지만, 혹이나 사도직에 방해될까 포기했으며, 또 사도로서 신자들에서 물질적인 지원을 받을 수도 있지만, 이조차 거부했다고 한다. 더구나 그는 "자유로운 몸이지만," "많은 인간을 얻으려고, 스스로 모든 인간의 종이 되었다"(『고린도 전서』, 9장 19절)라고 한다.

바울은 수없이 채찍질을 받았으며 풍랑의 한 가운데 갇히기도 했다. 사도 바울이 담담하게 서술하는 그의 생애를 읽노라면 그의 삶이 어떤 삶이었는지 짐작된다. 어떤 사상가도 바울처럼 고난에 찬 삶을 살지는 않았다. 그런데도 그는 다시 이렇게 말한다.

"그러므로 주께서는 내가 교만하지 않게 하시려고 내 몸에 가시를 주셨습니다. 그것은 사탄의 하수인이라고 할 수 있는데 그것으로 나를 치셔서 나로 하여금 교만하지 않게 하려 하신 것입니다."(『고린도 후서』, 12장 7절)

하나님의 소명이 개인의 힘으로 이루기에 무한한 어려운 것임에 비추어본다면 그가 한 개인으로서 노력해 왔던 것이 아무리 거대한 것이라 할지라도 그 소명의 크기에 비추어보면 부족하기 짝이 없다. 그러므로 그는 혹이나 자신이 행한 일에 도취하면서 지니게 될지 모르는 오만에 대해 경계한다. 바울은 그의 몸속에 있는 병 즉 몸속의 가시가 이런 오만에 대한 경계를 위해 하나님이 준 것으로 간주한다.

이런 하나님이 부여한 책무와 그 자신의 능력 사이에 존재하는 절대적인 불균형 때문에 그는 그가 이룬 모든 것이 자신의 힘이 아니라 하나님의 힘으로 이루어진 것으로 간주한다. 그러기에 그는 그가 이룬 모든 것에 감사한다.

저자 이병창
서울대학교 철학박사, 동아대학교 철학과 교수
현대 사상사 연구소 소장, 헤겔철학과 정신분석학 및 마르크스
주의를 연구하면서 문화철학 및 영화철학을 연구한다

정신의 오디세이

초판 1쇄 인쇄 2021년 8월 14일
초판 1쇄 발행 2021년 8월 21일
저자   이병창
펴낸곳 먼빛으로
주소   서울 마포구 만리재로 123
전화   070-8742-5830
팩스   070-7614-3814
이메일   bclee1972@gmail.com
출판등록 617-91-76607
ISBN   979-11-967323-2-5(93190)

우리 시대의 영화 읽기

우리 시대의 영화 읽기

윤정헌 지음

學而思 | 학이사

1부 _ 더 리더 : 책 읽어주는 남자(2009)

2부 _ 김복남 살인사건의 전말(2010)

3부 _ 도가니(2011)

4부 _ 남영동 1985(2012)

5부 _ 월터의 상상은 현실이 된다(2013)

1895년 프랑스의 사진사, 류미에르 형제에 의해 이 땅에 선을 보였던 영화는 오늘날 우리 삶과 떼어 놓을 수 없을 만큼 크나큰 대중 견인력을 갖는다. 영화는 활자의 상태로 고형화되어 있는 '죽은 서사'를 일으켜 세워 관객에게 다가가게 하는 영상미학의 결정체이기 때문이다. 추상적 이미지를 통해 관념적 진실을 토로했던 활자문학 또는 비시각(非視覺) 콘텐츠의 모호함이 보다 구체적인 이미지를 통해 일상적 현실과 조우하는 순간, 영상의 마력은 극대화되어진다.

『춘향전』은 작가군의 의도에 따라 갖가지 재미있는 설정과 독자적 문체로 의미분화되어 담론상의 여러 갈래, 즉 판본들을 파생시켰다. 이것이 영화화되어 마음 속의 신기루로 담아 두었던 춘향의 모습과 당대 춘삼월 광한루의 화사한 정경을 구체적 영상으로 접할 수 있게 되었다.

그러나 책을 통해 인각되었던 춘향의 모습과 당대 정경은 이질적인 영상으로 구체화되기 마련이다. 감독은 왜 이런 배우를 캐스팅해 타이틀 롤을 맡기고 이런 장면을 연출해 관객의 상상력과 경쟁하는지 영상으로 다시 태어난 『춘향전』을 통해 독자(관객)들은 텍스트의 다변적 의미를 인식하게 되는 것이다.

이처럼 영화는 사색적이고 추상적인 1차 텍스트의 한계를 훌쩍 뛰어 넘어 은막 위에서 새로운 공간을 연출함으로써 명쾌하고 구체적이며 현실적인 지침을 제시한다.

나폴레옹 전쟁기를 배경으로 숱한 인물이 출몰하며 만만찮은 서사량을 과시하는 톨스토이의 『전쟁과 평화』는 새벽 여명 속 설원의 결투 장면과 나타샤 왈츠와 함께 다가오는 나타샤(오드리 헵번)의 청순한 미소가 화면 가득 채워지면서 비로소 작품 속에 연착륙할 수 있게 한다. 그런가 하면 도스도옙스키의 『까라마조프家의 형제들』에서, 까라마조프家 형제들의 복잡미묘한 갈등에 혼란스러웠던 독자들은 영상을 통해 전달되는 이들 형제들의 분명한 캐릭터와 영화 속에서 압축된 플롯의 강렬함에 이끌려 훨씬 수월하게 작품의 주제에 접근할 수 있게 된다. 또한 『삼국지』에서 황건적을 치기 위해 우후죽순처럼 일어났던 각지 영웅들과 이들이 얽혀 벌이는 숱한 사건들이 헷갈렸던 독자들은 구체적 인물(배우)들이 벌이는 각인된 영상 이미지에 힘입어 보다 체계적으로 스토리를 수용할 수 있게 된다. 뿐만 아니라 『수호지』에서 양산박에 모인 108 영웅들의 퍼스낼리티와 집결과정을 따라가기 버거웠던 독자들도 영화 속에서 훨씬 효율적으로 정리된 기승전결과 스토리 재편성의 재편성을 통해 빠르고 정확하게 이야기의 본질에 접근할 수 있게 된다.

책을 읽으며 미혹의 바다에 빠져 헤매던 독자들이 인물의 성격을 구체화하고 플롯의 방향을 명쾌히 제시하며 배경을 시각화하는 영화에 탐닉하게 되는 것은 어쩌면 너무도 당연한 현상인지 모른다. 그러나 영화라고 그렇게 만만하지만은 않다. 영상 위주의 일방적 편집, 내면 묘사를 대치하는 사건과 사건의 모자이크식 결합, 카메라 앵글의 미학에 묻혀 버리는 서사의 무게 등 문학과는 또 다른 영화의 횡포는 자칫 한눈을 파는 사이, 스토리를 찰라의 미궁 속에 헌납하게 하기도 한다.

이 책은 2009년부터 2013년까지 5년간 〈영남일보〉에 〈윤정헌의 시네마라운지〉란 제목으로 연재되었던, 개봉영화 120편(외화 66편, 방화 54편)에 대한 단상(斷想)을 연도별로 분류해 묶은 것이다. 영화를 비평적 시각에서 재단하기보다 영화의 메시지에 부담 없이 다가설 수 있도록 감성적 통로 구실을 하는데 주안점을 두었다. 영화는 가슴으로 감상하고 머리로 이해하되 현학적 천착을 위해 분석하고 고찰하지 말자는 것이 필자의 소박한 바람이다.

제1부에서는 〈비카인드 리와인드〉에서 〈아바타〉까지 2009년에 개봉된 영화 23편(외화 13편, 방화 10편)을 다루고 있는데 홍행대박을 터뜨린 〈아바타〉와 〈해운대〉의 존재감이 두드러진 가운데, 2차대전 후 독일인들의 나치컴플렉스를 30대 여인과 10대 소년의 정사를 통해 건져 올리는 〈더 리더 : 책 읽어주는 남자〉의 마력에 눈길이 간다.

제2부에서는 〈더 로드〉에서 〈아메리칸〉까지 2010년

에 개봉된 영화 24편(외화 17편, 방화 10편)이 소개되는데 작가주의를 지향한 〈시〉, 만화를 영화화한 〈이끼〉, 한국 공권력의 치부를 고발한 〈부당거래〉, 플롯의 위력이 돋보인 저예산영화 〈김복남 살인사건의 전말〉 등 방화의 선전이 돋보이는 가운데 베네주엘라 청소년 교향악단의 성공사례를 다룬 다큐영화 〈엘 시스테마〉가 주목을 끈다.

제3부에서는 〈심장이 뛴다〉에서 〈히어 앤 데어〉까지 2011년에 개봉된 영화 25편(외화 13편, 방화 12편)을 다루고 있는데 세간에 우리 사회의 어두운 질곡을 밝혀 이를 바로잡는 동력이 되었던 방화 〈도가니〉는 영화의 사회적 기능과 역할에 대해 다시 한번 생각하게 한다. 한편 전세계인을 동심과 마법의 세계로 이끌었던 해리포터 시리즈의 마지막편 〈죽음의 성물2〉도 눈길을 끈다.

제4부에서는 〈밀레니엄 : 제1부 여자를 증오한 남자들〉에서 〈원데이〉까지 2012년에 개봉된 영화 23편(외화 14편, 방화 9편)이 언급되고 있는데 세계 영화사 초기의 산 중인 죠르즈 멜리아스의 생애를 오마주한 외화 〈휴고〉와 제5공화국 김근태 고문사건을 극화한 방화 〈남영동 1985〉가 주목할 만하다.

제5부는 〈라이프 오브 파이〉에서 〈월터의 상상은 현실이 된다〉까지 2013년에 개봉된 영화 25편(외화 9편, 방화 16편)을 다루고 있다. 이 해엔 〈설국열차〉를 필두로 〈7번방의 선물〉, 〈베를린〉, 〈파파로티〉, 〈숨바꼭질〉, 〈관상〉, 〈공범〉, 〈집으로 가는 길〉 등 작품성과 대중성을 갖춘 수

준급 방화가 유독 많이 개봉되어 팬들을 즐겁게 하였다. 그 틈새에서 〈그래비티〉,〈라이프 오브 파이〉,〈월터의 상상은 현실이 된다〉 등 독특한 소재의 외화도 눈길을 끌었으며 특히 국산 흑백 독립영화 〈지슬〉의 어색하고 미약한 걸음마는 또 다른 가능성을 담보하는 듯해 기특했다.

2015년 12월
윤정헌

제1부

더 리더 : 책 읽어주는 남자

〈2009년〉

비카인드 리와인드

2009. 1. 8 개봉

잭 블랙은 땅딸한 외모에 우스꽝스러운 몸짓으로 미국 사회를 풍자해온 코미디언이다. 그 앞에 도무지 진지한 건 없다. 초상집에 가서도 헤비 메탈 반주에 맞춰 만가(輓歌)를 연주할 위인이다. 그러나 미친 척 '생까는' 그의 너스레는 항상 시대의 형상과 현주소를 반추하는 역설적 교술(逆說的 敎述)로 작용해 왔다.

잭 블랙이 흑인 파트너 모스 데프와 공연한 〈비카인드 리와인드〉는 사라져 가는 시대와 물상에 대한 황당한 톤(tone)의 '딴지 걸기'이다. 전력발전소에서 감전사고를 당하게 된 제리(잭 블랙 분)는 우연히 친구인 마이크(모스 데프 분)가 일하는 비디오 가게에 들렀다가 자력으로 인해 가게의 모든 테이프들을 지워버리고 만다. 주인에게 이를 들키지 않기 위해 한 편 두 편 고객들이 원하는 영화를 직접 제작부터 촬영, 연기까지 맞춤형 영화들을 만들어 내면서 어느새 이들의 비디오는 실제 영화보다 더한 유명세를 타게 되는데….

황당무계하기 짝이 없는 이들의 자작 비디오가 인기를 끌게 되자, 대여료는 하루 1달러에서 20달러로 치솟고,

비디오를 빌리려면 학교 성적표와 혈액형을 등록해야 하고 영화 퀴즈까지 풀어야 하지만, 가게 앞엔 손님들이 두 줄로 늘어서 있을 정도다.

제리와 마이클이 정품 대신 생비디오로 리메이크하는 〈고스트 버스터즈〉, 〈러시 아워2〉, 〈드라이빙 미스 데이지〉, 〈로보캅〉, 〈캐리〉, 〈라이언 킹〉 등의 역작은 모두 비디오 시대의 향수가 배어 있는 작품들이다. 영화의 제명(Be Kind Rewind)처럼 '반납할 때 되감아 주세요'란 비디오 가게의 스티커도 선명했던 그 시절로 추억의 타임머신을 타게 한다. 비록 지금은 비디오 시대가 DVD를 건너뛰어 초고속인터넷의 '다운로드' 위용에 밀리는 형국이 되었다지만, 그 시절 그 영상은 잃어버린 시대의 꿈을 되살리기에 충분하다.

영화의 배경으로 설정된 뉴저지의 저소득층 동네, 퍼세익(Passaic)은 순수와 몽상의 시네마천국으론 딱 제격이다. 2차대전 직후, 이태리 시칠리의 한촌을 배경으로 영사기사와 소년의 우정을 애잔한 멜로디에 실어 전하며 옛 영화관의 향수를 자극했던 〈시네마 천국〉이 미국식 버전으로 희화화(戲畵化)되는 경로엔 이처럼 도발적 악동의 기상천외 소동이 있었다.

레볼루셔너리 로드

2009. 2. 19 개봉

〈아메리칸 뷰티〉, 〈로드 투 퍼디션〉 등을 통해 미국 중산층 삶의 이면을 통렬히 해부해 온 영국 출신의 샘 멘더스 감독이 자신의 아내 케이트 윈슬렛을 내세워 급변하는 1950년대, 이상과 현실 사이에서 갈등하는 젊은 부부의 치열한 정신세계를 드라마틱하게 해부해냈다.

〈타이타닉〉 이래 11년 만에 남녀 주인공으로 재회한 레오나르도 디카프리오와 케이트 윈슬렛의 공연작으로 화제를 모은 〈레볼루셔너리 로드;Revolutionary Road〉는 1961년 발표된 리처드 예이츠의 동명소설을 영화화한 작품으로, 제 2차 세계 대전 이후 혁신기술의 개발과 교외로의 주거 이전 붐 등, 아메리카의 신풍속도(新風俗圖)가 빚은 비극적 애정담이다.

에이프릴(케이트 윈슬렛)과 프랭크(레오나르도 디카프리오)는 맨하탄에서 1시간 거리의 교외, '레볼루셔너리 로드'의 가장 아름다운 집에 보금자리를 꾸민다. 외견상 안정되고 행복해 보이는 '레볼루셔너리 로드'에서의 탈출을 원하는 에이프릴과 프랭크는 모든 것을 버리고 파리로의 이민을 꿈꾼다. 새로운 삶을 찾게 된다는 희망에 들떠 회사를 그만두려는 순간, 프랭크는 승진 권유를 받게 된다. 모든 것을 뒤로 하고 파리로 가려는 에이프릴과 '레볼루셔너리 로드'에서의 현실에 안착하려는 프랭크는 서로를 너무 사랑하지만 현실과 이상의 간극 속에 끝 없는 갈등을 계속하게 된다. 그리고 마침내 치명적 파국을 맞는다.

이름 그대로 혁명과 혁신의 길인 '레볼루셔너리 로드'는 외형적인 성장과 발전이 인간의 근원적 행복과 복지를 저절로 보장해 주지 않는다는 역설적 애펠레이션(appellation;命名)에 다름 아니다. 첫 눈에 반한 이들 커플이 열정적 신혼 생활 후 맞이하는 환희, 격노, 흥분 등 갖가지 애증의 감정들은 점차 자본주의화·비인간화되어가는 시대적 물상의 실루엣들이다. 서로가 외도를 하며 정신적으로 황폐화되어가는 프랭크 부부를 통해 당대 미국 중산층의 도덕불감증과 허위의식을 적나라하게 표출하고 있는 이 영화는 특히 주변 인물의 효과적 틈입이 돋보인다. 이들의 프랑스행을 축하하면서도 사실은 시기하는 옆집 캠벨 부부와 정신질환자이지만 프랭크 부부의 정신적 현주소를 정확히 짚어내는 중개업자의 아들 존(마이클 쉐넌)의 존재는 당대 미국사회의 거품진 왜곡상을 드러내는 만화경(萬華鏡)적 미장센인 것이다.

킬러들의 도시

2009. 3. 5 개봉

고혹적 중세도시를 배경으로 킬러들의 잔인한 활극이 펼쳐지는 영화 〈킬러들의 도시〉는 배낭여행 매니아들이 가장 선호하는 북해 연안의 작은 보석 '브뤼주'에 대한 르포르타쥬이다. 세계문화유산에 지정된 이 아름다운 이승의 도시에서 저승사자(킬러)들의 생존게임이 벌어진다는 설정 자체가 아이러니일 수밖에 없다.

대주교를 암살하고 영국에서 도망친 킬러 레이(콜린 파렐)와 켄(브렌단 글리슨)에게 보스는 2주 동안 벨기에의 관광도시 브뤼주로 가라는 명령을 내린다. 아름다운 고딕풍의 관광도시브뤼주에서 낙천적인 고참킬러 켄은 관광을 즐기지만 혈기 왕성한 레이는 지루하기 짝이 없는 시간을 보낸다. 그러다 레이가 거리의 여인 클로이(클레멘스 포시)와 사랑에 빠지고, 켄이 브뤼주의 매력에 흠뻑 더 빠져들 무렵, 그들의 원칙주의자 보스 헤리(레이프 파인즈)는 레이를 죽이라는 지시를 켄에게 내린다. 레이가 임무를 수행하면서 킬러들의 규칙을 어기고 실수로 어린이를 죽였기 때문이다.

전망 좋은 종탑과 고풍스러운 성당, 백조의 유유자적한

유영, 운치있게 흐르는 운하가 화면 가득 펼쳐지는 배경 속에 영화는 잠시 씌웠던 코믹의 외피를 벗어던지고 킬러의 속죄의식이란 실존적 명제를 다룬다. 마치 거창한 대저택을 배경으로, 신비스런 주인과 가녀린 여인의 로맨스에 가슴 졸이는 음모가 더해지는 고딕소설이 고뇌하는 킬러를 비롯한 다양한 캐릭터의 합류에 힘입어 부조리극으로 변모해 가는 과정을 보여주는 듯하다. 여기엔 극작가 출신의 신예감독 마틴 맥도나의 예지력 넘치는 센스가 한몫한다. 실상은 이 도시를 끔찍하도록 지루하게 여기는 레이의 생애 마지막 휴가지로 브뤼주를 낙점한 냉혈한 보스 헤리의 낭만적 성정을 느끼게 하는 부분과, 15세기 화가 히로니무스 보스의 그림 〈최후의 심판〉을 레이와 켄의 자의식을 조명하는 심층의 통로로 설정한 대목에선 오락영화에서 대할 수 없는 은은한 품격이 전해진다. 잔인함 속에 배어있는 인간적 고뇌를 연기한 세 킬러 외에 레이의 인간성을 부각시키는 보조인물로서의 숙소 여주인(임산부), 소외된 자의 페르소나에서 원칙주의자 헤리의 인간성을 부각하는 소도구로 작용하는 난장이 배우 등의 설정도 흥미롭다.

그랜 토리노

2009. 3. 19 개봉

영화 〈그랜 토리노〉에는 〈황야의 무법자〉에서 〈더티 해리〉와 〈아웃로〉를 거쳐 〈밀리언 달러 베이비〉에 이르기까지 보수적이고 강직한 미국적 남성 페르소나를 창출해왔던 크린트 이스트우트(감독 및 주연)의 세월을 비껴간 눈망울이 이글거리고 있다.

자동차 공장에서 은퇴한 채 무료한 일상을 보내는 한국전 참전 용사 월트(크린트 이스트우드)는 남편의 참회를 바라던 아내의 유언에도 불구하고 참회할 것이 없다며 버틴다. 어느 날, 옆집에 사는 베트남계 몽족 이민소년 타오(비방)가 갱단의 협박으로 월트의 72년산 포드 자동차 '그랜 토리노'를 훔치려 한 사건을 계기로 이 옹고집 노병은 타오의 가족과 교류하게 된다. 그리고 자식들보다 자신을 더 잘 이해하는 이들과 하나가 되어가면서 미국인 아들에게도 가르쳐주지 못한 '남자가 되는 법'을 타오에게 전수하기 시작한다. 그러면서 한국전의 고통스러운 기억을 잊고 생애 처음으로 변화의 조짐을 받아들인다.

혼자 생활하기 불편한 주택을 처분하고 노인복지에 편리한 양로원에 들도록 권하는 아들 부부의 타산적 인간성에 몸서리치는 월트가 그랜 토리노에 집착하는 이유는 명확하다. 비록 지금 미국의 도로는 날씬하고 효용성 뛰어난 일제와 독일제 자동차들이 석권하고 있지만, 시끄럽고 크며 연비도 떨어지는 72년산 '그랜 토리노'의 우직하고 둔탁한 차체에서 미국적 가치의 온전한 향수를 느끼기 때문이다. '그랜 토리노'로 상징되는 마지막 서부 사나이의 안간힘은 영어도 모를 뿐 아니라 동족끼리 허구한 날 모여 시끄럽게 떠들어제끼는 야만인이라며 무시하던 아시아 소수민족(몽족)의 진솔한 가족구조 속에 틈입하는 순간, 새로운 추동력을 얻게 된다. 무표정한 얼굴에 시가를 물고 비정하게 범법자를 처단하던 냉혈한(冷血漢) 인종차별주의자, 크린트 이스트우트가 아시아 인종과의 화합이란 카드를 통해 '인간 구원'의 메시지를 보내는 이 영화는 어찌 보면 가장 이스트우트답지 않은 위작(僞作)처럼 비쳐진다. 그러나 할리우드의 연기자들이 가장 작업하고 싶어하는 0순위 감독답게 항상 인간의 존재적 진실에 착목하면서 새로운 세계를 겸허히 수용해 왔던 전천후 영화작가 이스트우트는 이제 기꺼이 주인공(자신)을 희생시키는 농익은 영화미학을 조용히 마무리하고 있는 것이다.

더 리더 : 책 읽어주는 남자
2009. 3. 26 개봉

2009 아카데미 여우주연상에 빛나는 케이트 윈슬렛의 열연이 돋보이는 〈더 리더〉는 세대를 초월한 남녀간의 운명적 사랑을 나치즘의 진원지 독일을 배경으로 그리고 있는 다층적 메시지의 걸작이다. "교묘하다. 냉정하게 도덕적 질문을 들이대면서 30대 여성과 10대 소년의 음란한 장면을 묘사하며, 동시에 우아한 스타일과 문학적 진지함을 잃지 않는다."는 베른하르트 슐링크의 원작소설에 대한 〈타임〉의 평처럼, 원작의 깊이를 모범적으로 계승한 영화는 인간존재에 대한 근원적 성찰을 게을리 하지 않는다.

1958년, 서독의 노이슈타트. 전차에서 내린 15세 소년 마이클(데이비드 크로스)은 길을 가던 중 열병으로 인해 심한 구토를 일으키고 우연히 소년을 지켜 본 36세 여인 한나(케이트 윈슬럿)의 도움을 받게 된다. 이 우연한 만남을 계기로 둘은 연인이 되고, 성숙한 손에 이끌려 첫 경험을 한 15살 소년은 36살 여인에게 의식처럼 책을 읽어준다. 그러나 불같은 사랑이 익어가던 어느날, 여인은 갑자기 사라진다. 그후 소년은 법대에 진학하고, 전범을 다루는 법정에서 피고로 선 여인을 다시 만난다.

 영화는 20년 후, 중견 법조인이 된 마이클(랄프 파인즈)의 회고적 시각에서 현재와 과거를 오가며 나레이션된다. 그리고 한나에 대한 추억과 자책감에서 비롯된 마이클의 불행한 결혼생활과, 문맹(文盲)의 창피함과 친위대 경비로서의 전범행위를 맞바꾼 한나의 무기수 생활을 서사의 두 축으로 놓고 플롯을 전개시키고 있다. 가장 도발적이고 육감적이며 부도덕한 정사를 통해 단순히 남녀간의 사랑 뿐 아니라, 전후 세대가 직면한 진실과 그들이 소통하며 겪는 고통, 인간의 수치심 등에 대한 다층적인 이야기를 알레고리(allegory;寓意)화하는 영화의 중심엔 원숙한 여인의 관능과 섬세한 내면을 소화한 케이트 윈슬렛의 내공이 자리한다. 한나와 마이클은 나치의 만행을 방관했던 전쟁세대와 비겁하게 등 뒤에서 이들을 규탄하는 전후세대를 대표한다. 그러기에 '30대 여인과 10대 소년의 정사'란 가장 부도덕하고 불결한 영상코드를 통해 '역사적 시련 속에서 단련되는 세대간의 갈등과 그 치유의 과정'이란 가장 고귀한 메시지를 극적으로 뿜어낼 수 있게 되는 것이다.

제독의 연인
2009. 4. 23 개봉

물과 전쟁밖에 몰랐던 러시아의 해군 제독 알렉산드르 코르차크의 사랑 이야기를 다룬 〈제독의 연인〉은 모처럼 접한 러시아판 블록버스터이다. 영화 초반 스크린을 압도하는 1차세계대전의 생생한 발틱해전 장면은 실전을 방불케 한다기보다 실전보다 더 사실적이다. 마치 극장이 아닌 전장의 한복판에 앉아 전쟁을 관람하는 기분이 들게 한다.

제정 러시아의 말기, 제1차 세계대전을 맞은 러시아 해군은 독일과 힘겨운 전투를 벌이고 있다. 하지만 러시아 해군에는 뛰어난 군인정신과 책임감으로 무장한 제독 알렉산드르 코르차크(콘스탄틴 카벤스키)가 있다. 독일 함선과의 해전에서 승리를 거둔 코르차크는 승전 파티장에서 부하 세르게이의 아내 안나 티미료프(엘리자베타 보야르스카야)를 만나 사랑에 빠진다. 두 사람의 사랑이 채 익기도 전에 전황은 거세지고, 코르차크는 또다시 출정 명령을 받는다. 이 와중에 볼셰비키 혁명이 일어나자 코르차크는 반혁명 전선(백군)의 선두에 선다.

알렉산드르 코르차크는 러시아의 넬슨으로 불리는 실

존인물이다. 1차세계대전 중, 독일해군을 상대로 발트해와 흑해에서 대첩(大捷)을 거두고 군 내외의 높은 신망으로 흑해함대 총사령관에 올랐던 전쟁영웅이다. 러시아 해군함대 보관소에서 발견된, 53통에 달하는 '제독의 연인', 안나의 편지를 기초로 재구된 이 영화는 코르챠크와 안나가 처음 만났던 1915년에서 코르챠크가 총살당한 1920년까지의 시간을 그린다. 강직한 코사크 혈통의 군인이었던 한 사나이가 볼세비키 혁명의 와중에 무변(武弁)의 신념을 버리지 않고 전장에서 산화한 이면에, 불같은 사랑이 내재해 있었음을 보여준다는 점에서 영화는 분명 전쟁로맨스이다.

콘스탄틴 카벤스키와 엘리자베타 보야르스카야의 신선도 만점의 눈빛 연기는 무척 고혹적이고, 배우자의 외도에 상처받는 코르차크의 본처 소피아와 안나의 남편 세르게이를 연기한 조연배우의 내면 연기도 훌륭하다. 그러나 무려 24,000장의 CG로 재현한 해상 전투신을 비롯한 전쟁스펙타클의 압도적 영상에 밀려 '전쟁과 사랑'의 균형이 한 쪽으로 기운 듯한 인상을 지울 수 없어 아쉬웠다. 아기자기한 스토리텔링의 구사보다 도도한 스케일의 프로파갠더적 서사성을 내세우는 러시아 영화의 현주소를 가감없이 보여주는 영화이다.

사랑을 부르는 파리

2009. 5. 7 개봉

　세드릭 클래피쉬 감독의 〈사랑을 부르는 파리〉는 다분히 누보로망(nouveau roman)의 전통에 기대고 있다. 누보로망이란 객관적 사실 묘사나 합리적 심리 분석보다는 작가의 자연발생적 지각,충동,기억 등을 새로운 형식과 기교에 담아 전하는 2차대전 이후의 획기적인 서사양식을 말한다. 전체를 관통하는 마땅한 줄거리가 없을 뿐 아니라, 등장인물은 시공을 초월해 제 멋대로 출몰하고, 회상과 비유로 점철되는 전개는 의식의 단절을 일상화한다. 시한부 인생을 선고받은 물랑루즈의 메인댄서 피에르(로망 뒤리스)의 집으로 누나인 사회복지사 엘리즈(줄리엣 비노쉬)가 두 딸과 막내아들을 데리고 이사 오는 것으로 영화는 시작된다. 동생 피에르를 돌보기 위해 거처를 옮긴 엘리즈는 에펠탑이 보이는 그곳(파리지엔의 낭만이 넘쳐날 것으로 상상되는)에서 새로운 인연들을 만나고, 자신을 돌아볼 잠깐의 여유를 얻는다. 그러나 〈사랑을 부르는 파리〉에서 엘리즈는 결코 주인공이 아니며 줄거리도 그녀를 중심으로 수렴되지 않는다. 영화의 주인공을 굳이 따지자면 특정개인이 아니라 다양한 작품 속 등장인물을 포용하고 있는 '파리'라는 도시 그 자체이다.

에펠탑에서 물랑루즈, 파리 16구, 메닐몽탕, 센느 강변, 헝지스까지 영화 속에 등장하는 파리의 일상적 공간은 어떤식으로든 서로 관계를 맺고 위안을 얻으며 살아가는 파리지엔의 외로운 모습을 투영시키는 최적의 미장센(mise en scène 무대 배치)으로 기능하고 있다. 제자 래티시아와 주책 없는 사랑에 빠진 역사학 교수 롤랭, 래티시아를 훔쳐 보며 생의 불꽃을 되새기는 피에르, 그런 동생을 위해 사랑의 파티를 여는 엘리즈, 자신 때문에 아파하는 남정네들을 개무시(?)하고 오직 즉물적 사랑을 향유하는 래티시아, 새 생명 탄생의 감격으로 사랑의 의미를 깨닫는 롤랭의 동생 부부, 사랑에 상처받은 사람들끼리 부대끼며 서로를 다독이는 헝지스의 야채 상인들, 우연히 만난 패션모델을 못 잊어 밀입국하는 카메룬 청년 등 영화 속 군상들은 옛 것과 새로운 것이 충돌하고 역사와 탈역사의 중간에 놓여있는 파리의 담백한 자화상이다. 영화는 가장 솔직하고 첨예한 '보여주기'를 통해 파리인의 사랑을 고찰하고 있다. 극장을 나서니, 대지를 적시는 봄비가 새로운 사랑을 부르고 있었다.

악마가 너의 죽음을 알기 전에

2009. 5. 14 개봉

뉴욕파 영화의 고전 〈12인의 성난 사람들〉(1957)은 살인 사건으로 기소된 소년의 평결을 두고 펼쳐지는 배심원들의 갈등상을 통해 인간의 허위의식과 편견, 군중심리 등 삶의 심층적 편린을 예리하게 천착한 수작으로 꼽힌다. 약관 30에 이 작품을 연출했던 시드니 루멧이 80을 훌쩍 넘긴 고령에 메가폰을 잡은 〈악마가 너의 죽음을 알기 전에〉엔 한층 무겁고 적나라해진 삶에 대한 아픈 통찰이 엿보인다.

횡령한 회사자금을 채워야 하는 형 앤디(필립 세이모어 호프만)와 아내와 이혼 후, 딸의 양육비에 허덕이는 동생 행크(에단 호크), 형제는 부모의 보석가게를 털어 그들의 위기를 해결하려 한다. 보석가게의 피해는 보험처리되므로 모두가 윈윈(win-win)할 거란 형제의 예상과는 달리, 범행 도중 어머니가 살해되고 애처가 아버지(앨버트 피니)가 발 벗고 범인을 쫓아 나서는 바람에 점차 파국으로 치닫게 된다. 만사형통하리라 생각해 실행한 계획이 사소한 비틀림으로 대형재난화되는 그리스적 비극의 미국판 버전임은 제목이 이미 암시하고 있다. 아일랜드의 건배사

"악마가 네 죽음을 알기 전에 30분 정도 천국에 있을지도 모른다"에서 따온 영화의 제목은 도덕적 사형선고를 받은 한 미국가정의 돌이킬 수 없는 비극적 현주소를 은유하고 있다. 전문범죄자가 아닌 보통사람도 타락과 부도덕의 수렁에 한 번 빠져들면 급속도로 지옥의 관문에 이를 수 있음을 보여주는 영화의 메시지는 장인의 돈을 노려 아내를 위장납치했다 대형살인극으로 치닫는 〈파고〉(1996)의 업그레이드 버전을 연상시킨다. 메인플롯 사이에 등장하는 형제의 곁가지 악행(공범의 처남 및 마약상 살해, 형수와의 불륜 등)은 연초 개봉한 〈다우트〉(수녀의 편견과 전횡에 시달리는 사제 역)와 〈레블루셔너리로드〉(정신병을 앓는 부동산중개인의 아들 역)에서 열연한 필립 세이모어 호프만, 마이클 쉐넌, 에단 호크 등 배우들의 천연덕스런 실감연기 덕에 더욱 섬뜩히 다가온다.

시간의 재구조화를 통해 이들의 범행이 파국으로 치닫는 인과관계를 역추적해가는 '플래시 백'(flash back)은 이 영화의 또 다른 매력이다. 보편적이고 통합된 시점에서 범행 당사자의 개별적 시점으로 시간이 재구되는 순간, 영화감상의 즐거움은 짜릿하게 배가되기 때문이다.

잘 알지도 못하면서

2009. 5. 14 개봉

　서울 출장길 들른 낯선 극장엔 '잘 알지도 못하면서' 영화 속에 몰입하려는 홍상수 감독의 '충성스런' 매니아들이 행복한 사투를 벌이고 있었다. 영화 〈잘 알지도 못하면서〉엔 삶의 외연을 위악적으로 까발려 온 홍 감독의 또 다른 포즈가 묻어나고 있었다.

　제천영화제 심사위원으로 초청받은 영화감독 구경남(김태우)은 우연히 만난 후배 부상용(공형진)의 집에 동행한다. 그의 아내 유신(정유미)과 술을 마시지만, 얼떨결에 파렴치한으로 몰리고 경남은 그길로 영화제를 떠난다. 12일 뒤, 학교 선배이자 제주영상위원회에서 일하는 고국장(유준상)의 초청으로 특강차 제주도에 내려간 구경남은 그곳에서 평소 존경하던 선배 화가 양천수(문창길)를 만나고 그와 재혼한 부인이 대학 시절 자신의 첫사랑 고순(고현정)이란 걸 알게 된다. 고순은 예전의 감정을 상기시키며 경남을 자극하고 결국 둘은 양천수가 부재한 고순의 침실에서 밀애를 즐기게 된다.

　배우들마저 촬영 당일날 트리트먼트를 받는 바람에 '잘 알지도 못하면서' 찍게 됐다는 영화 〈잘 알지도 못하면서〉는 이처럼 제천과 제주라는 두 공간에서 펼쳐지는 단발성 에피소드의 조합으로 이뤄지고 있다. 이름에서 조차 방관자의 냄새를 물씬 풍기는 영화감독 '구경남'은 1930년대의 경성시내를 방관자적 시선으로 주유하는 '구보'(박태원의 〈소설가 구보씨의 일일〉의 주인공)의 현실 안주 갈망과 70년대의 서울시내를 조심스럽게 서성이는 '구보'(최인훈의 〈소설가 구보씨의 일일〉의 주인공)의 어정쩡한 포즈를 포개놓은 인물이다. 그런 점에서 다 같은 구경꾼이고 관찰자이지만 90년대의 현실세태를 날카롭게 비판하는 '구보'(주인석의 〈소설가 구보씨의 하루〉의 주인공)에까진 이르지 못하는 인물이다.

이런 인물이 겪는 일련의 일상적이면서도 우발적인 사건들을 통해 감독은 다 아는 듯 착각하고 있지만 실상은 아무 것도 모르고 살아가는 우리네 인간관계를 담채화처럼 유추해 보인다. 사람들이 이해도 못할 영화를 만드는 경남이나, 스승 부인의 외도에 당사자보다 더 슬피 울며 오버하는 동네청년(하정우)이나, 경남의 마음을 흔들곤 태연히 늙은 남편에게로 돌아가는 고순, 모두는 위선의 시대를 살아가는 불가해(不可解)한 인간군상의 일단일 뿐이다.

보이 A

2009. 5. 21 개봉

　일찍이 기성세대에 대한 청년세대의 반발과 저항을 다룬 '성난 젊은이'(Angry Youngmen)의 사조를 탄생시켰던 영국영화의 전통은 〈성난 얼굴로 돌아보라〉(1958), 〈장거리주자의 고독〉(1962)을 거쳐 〈할람포〉(2007)에 이르기까지 인간세상에 둥지를 트는 다양한 청소년상을 조형해 왔다. 2009 아카데미작품상 수상작 〈슬럼독 밀리어네어〉 제작사인 영국의 Film4가 만든 〈보이 A〉는 소년범죄 가해자의 사회적응에 따른 시련에 초점을 맞춤으로써 청소년문제의 영상화에 지속적 관심을 보여온 영국영화의 스펙트럼을 한층 확장시키고 있다.

　친구 필립과 함께 소녀를 살해한 에릭(앤드루 가필드)은 14년간 복역 후, 잭이란 이름으로 사회에 복귀한다. 보호감찰관 테리(피터 뮬란)의 지극한 보살핌으로 새로운 직장에 친구와 연인까지 생긴 잭은 자동차 사고를 당한 소녀를 구하면서 일약 영웅으로 부상한다. 그러나 그와 동시에 소년살인범 '보이 A'(잭의 신분을 보호하려는 별칭)의 석방소식이 대대적으로 보도되면서 감춰왔던 과거가 드러나고 다정했던 사람들은 차갑게 돌변해 소년을 세상

밖으로 밀어내기 시작한다.

1993년 영국 리버풀의 어느 쇼핑센터에서 발생한 2세 남아 '제임스 벌저' 실종살해사건을 모티브로 한 조나단 트리겔의 소설을 존 크롤리 감독이 영화화한 〈보이A〉는 용서와 대가에 대한 진중한 물음을 우리에게 던지고 있다. 아무리 현재는 갱생의 삶을 살고 있다지만 법적 제도적 제재를 필한 잔혹한 범죄자에게 과연 온전한 면죄부가 주어질 수 있는가 하는 문제는 쌍방적 관점을 요구한다. 영화는 그간의 범죄영화가 피해자 중심의 시각에서 범죄의 잔혹성만을 일방적으로 부각시킨 것과는 달리, 미혹한 소년에게 닥친 운명적 사건으로서의 찰라성과 그 끝없는 업보에의 인과율에 주목하고 있다. 그리하여 순간적 감정조절의 오류로 빚어진 찰라의 범죄가 소년의 일생에 거북이 등짝 같은 멍에로 남게 되는 현실을 오롯이 화면에 담아낸다. 잭의 수감생활을 생략하고 출감후 재사회화 과정에서의 인간적 소회에 주력함으로써, 친자식보다 소외청소년에 더 정성을 쏟는 테리의 인간미에 덧붙여, 청소년전과자의 척박한 갱생현실을 예각적으로 진단하는 영화는 그래서 더더욱 찐하게 다가온다.

약탈자들

2009. 6. 18 개봉

〈극장전〉(홍상수 감독)의 조감독 손영성이 6천5백만 원의 저예산으로 연출한 〈약탈자들〉이 매니아층의 조용한 입소문 속에 한국형 컬트무비의 새 역사를 쓰고 있다. 실재하는 공간 금정굴(경기도 일산 중산마을 소재)을 배경으로 감독의 실제체험을 영화화의 모티브로 활용했다는 이 영화는 하이퍼텍스트(비선형의 나열형 이야기)의 영상적 실험성이 돋보인다.

오랜만에 장례식장에 모인 동창들이 선배이며, 역사학도인 상태(김태훈)의 뒷담화를 하고 있다. 속물적이고, 여자를 밝히고, 거대한 얘기를 즐겨한다는 상태는 병태(박병은)와 은영(염지윤)을 비롯한 동창들에게 기이한 인상으로 남아있다. 뒷담화 속의 그는 금정굴에 대한 논문을 준비하고, 할아버지가 창씨개명을 했다는 죄의식에 시달리는가 하면, 성추행 혐의를 받고 학교에서 잘리기도 한 인물이다. 한편 최초발화자인 이들의 회상 속의 인물이었던 연쇄 살인범 택시기사(정인기)와 비전의 필살무술 '뫄한머루'의 창시자인 무술의 달인(윤동환)마저도 각자의 이야기를 풀어내기 시작하면서 '까대기만 하는 뒷담화의 진실성'은 점차 미궁 속에 빠지게 된다.

외형적으로 스릴러를 표방한 영화 〈약탈자들〉에서 영화 속 스토리와 진실의 향방은 오히려 부차적 문제인지도 모르겠다. 술자리에 없는 지인을 안주 삼아 하룻밤에 기상천외의 대하소설 한 편씩을 만들어내는 우리네 뒷담화 풍토의 뒤안길을 되짚어 보며 '인간진실의 불가해함'을 중층적 스토리텔링으로 들춰내는 영화는 교술적이면서도 난해하다. 살인을 저지르는 택시기사, '봐한머루'를 전수해 준 달인, 산소 근처에 쓰러진 여인 등 꼬인 플롯 속에 필연성이 의심스럽게 출몰하는 등장인물은 구조적 난맥상에 기여하는 듯했고, 숱한 에피소드를 현재와 과거, 서로 다른 화자의 입을 넘나들며 펼치는 과정에서 발생한 의미전달의 불투명함은 당연한 업보인 듯했다. 그러나 "이야기가 이동하는 방식에 대해 고민했다"는 감독의 진지한 고백에서 느껴지듯, 순전히 인물의 대화를 통해 시공을 초월하는 복합적 플롯을 오롯이 엮어낸 실험정신은 마땅히 평가받아야 한다. 끊임 없이 인간적 진실을 까대고 진의를 왜곡·약탈하는 세상을 향한 경고장으론 가장 유효하고 적합한 방식이었기에….

아부지

2009. 7. 15 개봉

 전무송 주연의 〈아부지〉는 1970년대 평화로운 농촌마을을 배경으로 13살 시골 소년의 시점을 통해 옛날을 떠올리게 한다. 몇 해 전 아버지 신드롬의 원조였던 김정현 원작 〈아버지〉가 우리 시대 도시 아버지의 살신성애(殺身成愛)를 다뤘다면 이 영화는 시골 아버지의 투박하면서도 은근한 사랑을 이야기한다. 그런가 하면 근자의 독립영화 〈워낭소리〉가 농촌의 현재를 배경으로 가축과의 교감을 전면에 내세운데 비해 〈아부지〉는 30년 전의 농촌을 배경으로 잃어버린 인간의 문제를 소박하게 반추시킨다.

 중학교 진학을 앞둔 기수(조문국)는 책벌레로 통한다. 하지만 아버지(전무송)는 농사꾼은 농사만 잘 지으면 된다며 아들의 공부에는 별 관심이 없다. 기수 담임선생(박철민)과 특별 초빙된 또 다른 선생 미란(박탐희)의 주도로 아동극을 준비하던 어느 날, 방과 후 늘 늦게 귀가하는 기수를 나무라던 아버지는 참다 못해 직접 학교에 들이닥쳐 한바탕 난리를 친다. 그래서 연극 연습은 중단되지만 기수와 반 아이들은 다시 연습을 시작하고, 드디어 공연 당일 아버지는 마지못해 가족들과 연극 공연장을 찾는다.

농약 먹고 자살하는 농민을 통해 '농가 부채'란 당대적 화두를 정면으로 부각시키는 아동들의 연극은 고루하고 보수적인 시골농부 아버지의 마음을 숙연하게 하고 마침내 자식의 중학 진학을 위해 재산목록 1호인 누렁이를 팔기로 결심하게 하기에 이른다.

이처럼 〈아부지〉는 실제 농촌의 모습을 담기 위해 드라마 〈사랑과 야망〉의 순천 오픈 세트장과 순천 논곡마을 등에서 촬영하면서까지 기울인 심혈에, 영화의 취지에 동감해 제 몸값을 받지 않은 배우, 스탭의 열정이 뭉쳐져 이룬 '70년대의 빛바랜 추억상자'이다.

오직 가족만을 위해 고단하고 힘겨운 길을 외롭고 우직하게 걸어갔던 당대의 모든 아버지께 바치는 헌사와도 같은 이 영화를 보면서, 우리 시대의 또 다른 아버지가 되어버린 필자의 뇌리에도 누런 1호봉투에 담긴 도시락을 들고 출근길을 재촉하던 우리 '아부지'의 뒷모습이 스쳐 지나갔다. 각설하고 '아버지' 아닌 '아부지'로 다가오는 그때 그 시절의 초라하지만 정겨웠던 추억의 파편을 불러모으는 것만으로도 본전은 건질 수 있는 영화이다.

해운대
2009. 7. 22 개봉

　상영시각을 기다리는 동안, 1,000만 돌파 영화에 대한 관객의 시선은 다양하게 이어져 있었다. 영화 팜플렛을 주시하는 이, 팝콘을 씹으며 시계를 보는 이, 연인의 품에 안겨 단잠을 청하는 이, 이들 만큼이나 영화 〈해운대〉엔 다양한 캐릭터로 무장한 인간군상이 등장한다.

　쓰나미로 죽은 동료의 딸을 짝사랑하는 만식(설경구)과 이미 가슴 한 켠에 그를 품은 연희(하지원), 쓰나미의 한복판에서 7세 딸 지민(김유정)을 매개로 가족의 소중함을 새삼 깨닫는 김휘(박중훈)와 유진(엄정화) 부부, 세상에서 가장 투박한 구조대원과 가장 가식적인 3수생의 조합을 통해 세상에서 가장 아름답고 슬픈 사랑을 연출해 보이는 형식(이민기)과 희미(강예원), 아들의 면접에 신고 갈 구두를 사려다 쓰나미에 휩쓸려 버리는 어머니의 죽음에 오열하는 망나니 동춘(김인권), 그리고 상가 재개발사업 추진으로 해운대 상인들에게 공공의 적으로 부상하지만 마지막 순간, 거룩한 자기희생을 감수하며 물살 속으로 사라지는 재개발추진회장(송재호) 등, 이들 모두는 재난영화의 외형적 스케일에 묻혀 인간이 실종될 수 있었던

〈해운대〉의 한계를 굳건히 떠받친 일등공신들이다.

 지진·항공사고·화재 등을 다룬 할리우드 블록버스터형 재난영화에선 인물들을 한 곳에 모아두는 그랜드 호텔 스타일(공간적 배경이 고정된 방식)을 애용한다. 고정된 공간에서 시간의 흐름 속에 절체절명의 순간을 맞는 이들의 심리변화를 통해 관객의 긴장감을 배가시키고 영화 속에 몰입시킬 수 있기 때문이다. 그러나 〈해운대〉의 등장인물들은 한 곳에 모여 있지 않고, 각각 분절된 시공에서 그들 나름의 독립된 에피소드를 간직하고 있는 소시민들이다. 특히 지질학자 김휘의 가족은 영화가 끝나는 순간까지 다른 이들과 한 번도 마주치지 않으며, 등장인물 각자는 마치 세포분열의 증식과정을 거치듯 자신의 바운더리 안에서 다른 인물들과 연계를 이뤄나간다. 재난 속 다층적 인간관계를 입체적으로 투사해 스펙터클한 해일장면에 시너지효과를 창출한 영화의 전략은 향후 한국 재난영화가 참고할 대목이다. 그러나 그만그만한 인물의 인생사를 밑밥으로 던져 얼키설키 엮어 놓고 쓰나미란 구원군에 기대 작위적(인물의 반은 적당히 죽여가며)으로 해결한다는 인상을 지울 수 없어 아쉬웠다.

바더 마인호프
2009. 7. 23 개봉

〈브루클린으로 가는 마지막 비상구〉의 울리 에델이 메가폰을 잡은 프랑스, 체코, 독일 3개국 합작의 〈바더 마인호프〉 Der Baader Meinhof Komplex는 관찰자적 시점에서 냉정하게 되짚어 본 독일 적군파(RAF: Red Army Faction)의 역사이다.

1967년 6월 2일 서독, 이란의 전제군주 레자 팔레비 방문 반대집회에서 한 대학생이 경찰의 총격에 죽는 사건을 기점으로 정부의 정책과 베트남전쟁에 반대하는 혁명 단체들의 움직임이 과격해진다. 서독에서 미국의 그림자를 완전히 걷어내려던 열혈청년 '안드레아 바더'(모리츠 블라입트르)는 연인 에슬린(요한나 보칼렉)을 비롯한 동료들과 함께 백화점 폭탄테러를 일으키고, 좌파 여류언론인 '울리케 마인호프'(마르티나 게덱)가 이들을 옹호하고 활동에 동참하게 되면서 '바더 마인호프' 테러집단이 결성된다. 제도권 내에서 정부에 대항하는 게 힘들다고 판단한 이들은 테러라는 극단적인 선택을 통해 세상을 바꾸려 한다.

독일영화 사상 최대의 제작비(2천만 유로)가 투입된 이 영화는 계란과 닭의 끝 없는 평행논리로 대변되는 '정의 실현을 위한 테러의 합목적성'에 대한 탐구보고서이다. 팔레비 방문 반대집회 장면과 리얼한 시위 진압씬, 베트남전에 반대하는 대학생들의 항의집회와 은행강도, 폭탄 테러 등 숱한 장면에 등장하는 무려 6300명의 엑스트라와 로마, 모로코, 요르단 등의 해외를 비롯해 140여 곳에 이르는 대규모 로케이션은 실재한 역사의 촘촘한 디테일을 확보하려는 영화의 필사적 몸부림을 증명하고도 남는다.

나치 잔재 청산과 반자본주의 이념을 슬로우건으로 내건 급진적 혁명단체인 적군파의 근간, '바더 마인호프'가 이념적 순수성을 유기하고 과격 테러집단으로 변모하는 과정에서의 인간적 고민에 좀더 첨예한 포커스를 맞췄더라면 하는 아쉬움이 '이념은 간 데 없고 액션만 넘친다'는 촌평의 연장선에서 퍽 설득력 있게 다가온다. 그러나 추상적 고뇌보다는 외현화된 서사행위에 강점을 가지는 영상예술의 숙명적 속성을 염두에 둔다면, 그리 괘념할 문제는 아니다. 그보다는 다큐멘타리와 드라마를 오가며 이념의 노예로 자폭해 가는 젊은 영혼들을 도발적으로 스케치한 카메라의 진솔한 포즈에 묘한 공감이 일었다.

국가대표
2009. 7. 29 개봉

 기막힌 형제애를 다룬 〈오! 브라더스〉와 외모 콤플렉스를 설파한 〈미녀는 괴로워〉를 통해 공감 넘치는 인물 설정의 미학을 구현해 온 김용화 감독의 신작 〈국가대표〉에는 그의 장기가 그대로 넘쳐 흐른다. 입양전 생모를 찾기 위해 한국 국적을 취득한, 미국 알파인 주니어 대표 출신의 차헌태(하정우), 감독의 딸 수연에게 구애하기 위해 나이트클럽 웨이터 생활을 청산한 홍철(김동욱), 아버지의 그늘에서 벗어나 정체성을 찾으려는 고기집 잡일꾼 재복(최재환), 연로한 할머니와 모자란 동생을 보살피기 위해 기필코 병역면제를 받아야만 하는 칠구(김지석), 그리고 이들을 감언이설로 끌어 모아 국가대표 스키 점프팀을 급조하는 허풍의 달인 방종삼 코치(성동일) 이들 모두는 영화의 핍진성(그럴듯함;plausibility)을 보장해주는 생생한 캐릭터들이다. 관객이 이들의 일거수 일투족에 주목하는 순간 이미 영화의 절반은 성공한 셈이다. 여기에 다단계 옥방석을 파는 방코치의 망나니 딸로 이들의 인간적 상황을 더욱 입체적으로 얽어주는 수연(이은성)과 순진무구한 인간적 심성으로 감초 역할을 하는 칠구의 중학생

동생 봉구(이재응)의 합세는 영화의 드라마적 완성도를 높여주고 스토리 경색의 돌파구 구실을 하는 데 부족함이 없다.

물론 실화를 취재한 스포츠 소재 영화로서의 한계 또한 분명히 노정된다. 이미 정해진 사실 내(해당 경기의 성적과 결과)에서 내용을 엮다 보니 시나리오 운신의 폭이 제한적이고 알려진 결말을 향해 가는 도정에서 긴장감이 떨어지는 것 또한 사실이다. 이를 극복하기 위해 영화는 신파적 기법을 차용한다. 아들을 버리고 남의 집 가정부로 굴욕을 겪는 헌태 모(이혜숙)의 초라한 삶을 상쇄시키는 헌태의 기백엔 독기가 서려있고, 무주 올림픽 유치 실패 후 흩어졌던 이들이 겨울비 오는 날 약속도 없이 훈련장에 모이는 장면에선 관객 모두의 눈에 핏발이 서 있었다. 결론이 정해져 있을 땐 과정을 감칠나게 다듬는 수뿐이다. 올림픽의 성적이야 마음대로 조작할 수 없지만, 맨몸으로 하늘을 나는 스키의 비상장면과 함께 역경을 헤치는 인간승리의 디테일은 엿장수의 가위질(감독의 혜안)로 얼마든지 봉합할 수 있기 때문이다. 유쾌한 신파를 대한 관객들의 표정에서 단 엿냄새가 읽혀졌다.

애자

2009. 9. 9 개봉

주말 산책 후, 들른 영화관에서 매표원은 감동적이라며 〈애자〉를 추천했다. 모녀간 이야기라기에 뻔한 신파가 지겨워 딴 걸 고르려니, 대기시간이 이게 가장 짧다. 할수 없이 제일 구석자리에 비집고 앉았다. 제법 객석이 찬게 조짐이 심상찮다. 여고시절부터 자타가 공인하는 막장 청춘의 박애자(최강희)와 그런 애자의 유일한 호적수인 수의사 어머니 최영희 여사(김영애)의 불꽃 튀는 캐릭터 대결이 관객을 화면에 붙들어맨다. 초반은 두 인물의 설정을 부각시키기 위해 코믹 모드로 나가더니 영희의 발병 이후 영화는 시종 무거운 톤을 유지한다. 그러나 막가파 딸과 무대뽀 엄마의 이별 방정식을 다룬 영화는 억지 눈물을 강요하지 않는다. 이래도 안 울 거냐며 슬픈 음악을 깔지도, 청승맞은 신파조 대사를 펼쳐 놓지도 않는다. 대신에 두 모녀, 아니 두 배우의 감정선에 의탁해 가만히 따라가다 보면 저절로 콧등이 시큰거리게 된다. 산사에서 스스로 최후를 맞는 어머니를 애자가 숨죽이며 보내는 장면에선 객석 여기저기서 참았던 흐느낌이 새나왔다.

심청의 초특급 효성과 흥부의 초강력 우애와 춘향의 일

편단심 절개를 강조하는 재래의 인물 중심 스토리와 달리, 비록 제목은 '애자'이지만 영화는 애자 혼자 북치고 장구치게 놔두지 않는다. 개성 강한 여러 인물들의 등장과 아기자기하게 얽힌 플롯은 폭풍 전야의 밑밥 구실을 톡톡히 하고 있다. 현란한 CG도 없고 제작비를 걱정할 만한 스펙타클한 시각적 서비스도 없었다. 그야말로 스토리텔링의 힘을 보여주는 영화다. 부산 사투리로 무장한 신구 두 여배우의 불꽃 열연을 잉태시킨 시나리오의 저력에 갈채를 보낼 만하다. 영희의 앞좌석 공포증과 오빠의 불구와 아버지의 부재가 어린 시절, 애자가 한 몫한 교통사고에서 비롯되었음이 숨은 그림찾기처럼 드러나게 한 플롯의 디테일은 애자와 영희의 내면에 성큼 다가서게 하는 통로로 충분히 의미가 있다. 유기견의 안락사에 단호했던 영희가 안락사로 생을 마감하는 대단원은 새로운 사생관을 정립시켜야 할 우리 세대에 던지는 장엄한 메시지이다. 엔딩크레딧의 여백에 후일담을 아우르는 편집도 퍽이나 신선했다. 애인의 눈물을 닦아주느라 입에 넣었던 팝콘을 내 무릎에 줄줄이 흘린 옆자리 청년의 오도방정이 밉지 않았다.

하바나 블루스

2009. 9. 17 개봉

쿠바산 음악영화 〈하바나 블루스〉는 빔 벤더스의 〈브에 나비스타 소셜클럽〉이 창출한 야릇한 신기루 위에서 출 발한다. 하지만 '할배 밴드'를 통해 베일에 쌓였던 쿠바재 즈의 원류를 보여준 〈브에나비스타 소셜클럽〉과는 분명 또 다른 꿈틀거림을 엿볼 수 있는 영화이다.

루이(알베르토 요엘 가르시아)와 티토(로베르토 산 마르 틴)는 어려운 생활 속에서도 음악의 힘으로 즐겁게 살아 가는 무명 뮤지션들이다. 그들이 우연히 스페인에서 온 거물급 프로듀서를 만나게 되고 실력을 인정받아 스페인 음반업계의 진출까지 약속받는다. 하지만 공정치 못한 계 약 조건을 알게 되고 그들의 밴드는 내분에 빠진다. 루이 와 티토는 동료들을 버리고 갈 것인가 하바나에 남아 지 금처럼 살 것인가 결정의 기로에 놓인다.

영화의 스토리는 지극히 간명하다. 영화를 보고 나서 "그래서 어쩌라구?"란 의구심이 들게 할 정도이다. 하지 만 객석은 스토리에 괘념치 않는 표정들이다. "〈하바나 블루스〉는 쿠바와 음악, 쿠바인들의 정서에 관한 영화다" 란 베니토 잠브라노 감독의 언급처럼, 시종일관 화면 속에 준동하는 흥겨운 음악과 그 연주 장면, 그리고 배경으로 깔린 쿠바의 풍광에 빨려든 때문일까?

쿠바 국립 오케스트라의 객원 지휘자인 대구 출신의 이재준은 "연주 당일, 차를 타지 못해 연주회에 불참한 단원이 있었다"고 회고했었다. 쿠바는 아직도 대중교통수단이 절대 부족하고 밤이면 불빛 하나 없는 황량함이 엄습할 정도로 전력사정이 열악하다. 도로가에 줄지어선 건물은 새까맣고 우중충한 때자국에 절어있고, 거리엔 30년 이상 된 미제 고철 차량이 트레일러를 개조한 희한한 대중수송차량인 '까멜로'(낙타버스)와 뒤섞여 횡행하고 있다.

〈하바나 블루스〉는 이 도시의 슬픔과 열정을 '보석비빔밥'처럼 비벼 스크린 위에 펼쳐 보인다. 영화 속에서 쿠바 음악과 어우러진 하바나 골목의 구석 구석은 카리브해의 잃어버린 낭만과 노스탤지어를 들추어내는데 부족함이 없다. 무명 쿠바 팝 밴드에서 힙합, 레게, 헤비메탈 등 온전한 록 퓨전 사운드에 이르기까지 카리브 음악의 진수를 작심하고 선보이는 〈하바나 블루스〉는 그래서 숨겨둔 자식을 세상에 내놓는 불안한 설렘을 인각시키는 영화이다.

알제리 전투

2009. 10. 15 개봉

 질로 폰테코르보 감독의 〈알제리전투〉(La Battaglia di Algeri, 1966)는 잊고 지냈던 애뜻하고 시린 과거를 반추시키는 흑백사진 같은 느낌을 주는 영화다. 영화 자체가 제국주의 지배세력에 대항하는 피지배국가 민중들의 폭력저항과 독립이란 가볍지 않은 내용을 다루고 있을 뿐 아니라, 40여 년 전 제작(1966년 베니스 영화제 황금사자상 수상)되었다는 '묵은 지' 같은 촉감 때문일 것이다.

 1954년에서 1962년 사이, 9년 간 프랑스 식민통치에 대항한 알제리 민족해방전선(FLN)의 무장독립투쟁과 프랑스군의 정치적 폭력행위 등을 다큐멘터리 형식으로 재구성한 〈알제리전투〉는 세계 영화 사상 가장 급진적이고 선동적인 서사극으로 평가받아 왔다. 전쟁 당사자인 알제리나 프랑스가 아닌 이탈리아 제작진에 의해 만들어져, 알제리나 프랑스 어느 한쪽의 편도 들지 않고 건조한 다큐멘터리 카메라의 시선으로 총알과 폭탄파편이 난무하는 거리와 알제리민중의 눈물과 저격당한 프랑스 경찰의 피와 고문당하는 FLN 단원들의 상처가 얼룩진 '전투상황'을 터프하게 묘사했지만, 그러한 불편부당(不偏不黨)의

솔직담백함이 오히려 프랑스 당국을 격노케 하여 오랜 동안 상영금지 처분을 받기도 하였다.

영화는 집안 벽을 허물고 지은 쪽방 같은 공간에 어린이를 포함한 3명의 동료와 은거 중인 FLN의 거물, 알리(브라힘 해기아그)의 회상으로 시작된다. 그리하여 문맹의 전과자였던 알리가 교도소에서 독립운동가로 변신해 대불 무장투쟁에 나서게 되는 과정과, FLN을 와해시키기 위해 프랑스에서 급파된 매튜 소령(장 마르텡) 휘하, 대테러 특수부대의 무차별 초토화작전을 오싹할 정도로 섬세하게 그려놓는다. 결국 투항 권유를 무시한 채 알리가 폭사당한 2년 후, 거리를 가득 메운 민중들의 전면 궐기 장면을 보여주며 알제리 독립을 은유적으로 처리하는 영화의 에필로그는 왠지 작위적 인상을 지울 수 없지만, 알제리 정부의 적극 지원에 힘입어 현지거리에서 엑스트라로 나선 현지인들의 뜨거운 눈망울은 다큐멘타리를 능가하는 리얼리티를 창출하기에 부족함이 없다. 월드컵 영웅 지단과 노벨상 작가 까뮈의 고향, 알제리는 프랑스에게 '가까이 하기엔 너무 먼 당신'임을 깨닫게 하는 영화이다.

파주

2009. 10. 28 개봉

경상도 소도시 밀양의 고적한 풍경을 배경으로 구원과 용서에 대한 인간심연을 다룬 영화가 〈밀양〉이었다면, 삭막한 군사도시에서 개발 붐을 타고 수도권의 블루칩으로 떠오르는 경기도의 신흥도시 파주를 배경으로 형부와 처제의 모호한 감정을 터치하고 있는 〈파주〉는 영화 전편을 덮고 있는 자욱한 안개 만큼이나 불가해한 영화라고나 할까?

첫 사랑의 악몽을 간직하고 파주로 흘러 들어온 운동권 수배자 중식(이선균)이 은수(심이영)를 만나 가정을 이루자 그에겐 은모(서우)란 중학생 처제가 생긴다. 그러나 연이은 아내의 사고사와 처제의 가출, 그리고 철거민대책위원장이 되어 파주의 현실과 부딪치는 순간, 처제 아닌 여인으로 중식 앞에 나타나는 은모, 영화는 처제를 사랑하기에 비밀을 감추는 형부 김중식과 그를 의심하면서도 사랑하는 처제 최은모의 은밀한 내면을 스릴러 멜로에 담아 전하려 한다.

운동권 수배 시절, 첫사랑 유부녀 선배와의 정사에서 비롯된 뿌리 깊은 상처 탓에 아내를 울려야 하고 처제마저 자신을 증오하게 해야 했던 중식의 고뇌는 아내의 죽음에 중식이 관련되었으리라는 은모의 추리 앞에 설상가상 깊어만 간다. 형부를 용서하고 받아들이고픈, 사춘기의 터널을 막 지난 처녀의 절박한 바람과 어린 처제의 가슴에 씻을 수 없는 응어리를 남기기 싫은 형부의 숭고한 인내의 과정, 이것이 7년의 시간을 넘나들며 과거와 현재를 뒤섞어 보여주는 여류감독(박찬옥)의 오롯한 작가정신의 소산이리라!

그러나 금기의 모럴에 빠져드는 인간의 모습과 격정의 감정이 빚어내는 파란의 러브스토리를 감성적으로 지향한다던 영화 카피를 그대로 수긍하기에 〈파주〉는 수시로 출몰하는 화면 속 안개의 실루엣 만큼이나 모호하고 불친절하다. '언니의 남자와 아내의 동생'이라는 익숙한 관계에 '사랑'을 덧입혀 관객의 시선을 유도하려는 상투적이고 불순한(?) 의도는 감정선 처리에 미숙한 서우의 어정쩡한 연기 덕에 본색을 드러내고 말며, 부정확한 발문은 결정적 단서를 제공하는 대사를 진공 속에 날려버린다. '앙꼬 빠진' 형부와 처제의 석연찮은 러브스토리에 썩소를 짓는 심야관객에 섞여, 나도 '가는 귀'를 탓하며 극장을 나설 수밖에 없었다.

집행자
2009. 11. 5 개봉

 방화 사상, 사형집행 교도관의 시선으로 사형제도를 바라본 최초의 영화 〈집행자〉는 첨예한 주제로 인간의 내면을 해부해 보이는 다소 불편한 작품이다. 직무상 개인적 원한이 없는 타자를 죽여야 하는 (정확히 말하자면 7만 원의 집행수당을 받고 조직의 공무상 명령을 이행하는) 교도관들의 고뇌를 가감 없이 포착하려 한 감독의 시도는 처절하도록 집요하고 사주받지 않은 리얼한 연기로 관객의 감성을 압박하는 배우들의 열정은 지나쳐 생경한 숭고미마저 느끼게 한다.

 지난 12년간 중지됐던 사형집행이 연쇄살인범 장용두 사건을 계기로 되살아 나자 서울교도소엔 일대 파란이 인다. 법무부의 사형집행명령서가 전달되고 교도관들은 패닉상태로 빠져든다. 사형은 법의 집행일 뿐이라 주장하는 종호(조재현)는 자발적으로 나서지만 모든 교도관들이 갖은 평계를 대며 집행조에 뽑히지 않으려는 사이, 사형수 장용두는 자살을 기도하고, 유일하게 사형집행 경험을 가진 김교위(박인환)는 어디론가 사라져버리고 만다.

 이 영화의 압권은 역시 사형집행의 현장을 재현한 장면.

가로 2미터 세로 4미터 창문 없는 직사각형의 방에 10명이 들어갔다 9명만이 나오는 사형집행장에서 펼쳐지는 생명을 앗는 자와 앗기는 자의 조용하지만 치열한 각축을 통해 인간존재의 내밀한 범주를 다원화시키고 있다. 형이 집행된 후에도 채 숨이 끊어지지 않은 연쇄살인범 장용두를 교살하기 위해 꿈틀거리는 사형수의 목에 매달린 밧줄을 당기며 피를 뒤집어 쓰는 집행교도관들의 얼굴이 클로즈업될 때, 관객들은 시선을 외면하고 있었다. 단순한 직업적 선택으로 교정직 공무원이 된 신참 교도관 오재경(윤계상), 만만하게 보이면 교도관이 될 수 없다며 재소자를 가혹하게 다루는 10년차 고참 교도관 배종호(조재현), 그리고 사형수와 장기를 즐기다 12년 만에 다시 찾아온 사형집행 앞에 한없이 무너지는 원로 교도관 김교위(박인환), 3인의 인물 설정이 뻔한 주제에 다가 가기 위해 지나치게 작위적으로 이뤄졌다는 점은 아쉬운 대목이다.

썰렁한 객석을 빠져나오며 손수건으로 눈가를 훔치는 여성 관객의 뒷모습을 보면서 죽어가는 사형수를 위한 눈물인지 죽여야 하는 교도관을 위한 눈물인지 고개가 갸우뚱거려졌다.

백야행 : 하얀 어둠 속을 걷다
2009. 11. 19 개봉

　알리바이를 묻는 형사의 질문에 소년 요한은 죽은 새끼를 품에 안고 다니는 원숭이 편을 다룬 '동물의 왕국'을 보고 있었노라고 천연득스레 대답한다. 일본 추리작가 히가시노 게이고의 원작을 각색한 〈백야행〉은 어린 시절부터 한 소녀에게 영혼을 저당 잡힌 순정파 청년의 어둠 속 잠행을 다루고 있다.

　자살을 위장한 교살의 현장에서 타살임을 직감한 형사 조민우(방중현)는 이 사건이 14년 전의 살인사건에서 비롯되었음을 알게 된다. 당시의 담당 형사였던 한동수(한석규)가 수사 도중 어린 아들을 잃었으며, 당시 피살자의 아들이었던 김요한(고수)이 14년을 사이에 둔 두 사건에 연루되었음이 밝혀지는 과정은 재벌총수 승조(박성웅)의 약혼녀 유미호(손예진)의 과거 행적을 쫓는 비서실장 시영(이민정)의 시선과 맞물려 긴장을 고조시킨다.

　궁색한 살림 속 연명을 위해 어린 딸을 탕자의 노리개로 진상한 비정한 어머니가 있고, 딸 같은 소녀를 유린한 인면수심(人面獸心)의 아버지가 있다. 그리고 그런 아버지를 죽인 아들이 있고 그런 어머니를 위장살해한 딸이 있다. 두 사람은 어린 시절부터 서로를 가슴에 품고 장래를 약속한다. 여기에 더해, 남편의 살해자가 아들임을 평생 가슴에 묻고 사는 또 다른 어머니(차화연)가 있고, 자전거가 갖고 싶은 아들을 부추겨 수사에 활용하다 사고사시키고 아픈 가슴을 쥐어 짜는 또 다른 아버지(한석규)가 있다.

영화는 추리물의 형식을 빌려, 방사선식으로 얽힌 이들의 속내를 풀어 헤치면서, 인간존재의 심연에 다가서려 한다. 어린 시절의 비극적 인연을 담보로 한 연정이 맹목적 집착과 굴절된 사랑으로 이어지는 궤적을 추적한 영화의 얼개는 가슴으론 수긍할 수 있으나 머리로 받아들이긴 어려웠다. 추리물과 순정물을 어색하게 혼합한 탓일까?

남과 여의 서로 다른 빛깔의 집착과 내면을 드러낸 고수와 손예진의 연기는 비교적 무난했으나 몇 % 부족함이 분명하다. "영혼이 죽은 미호의 껍데기를 목숨 바쳐 감싸안는 요한의 순정이 죽은 새끼를 안고 다니는 원숭이의 모정을 연상시키네요" 시종 진지하게 감상하던 옆자리 대학생 커플의 촌평이 감독의 은유가 실패하지 않았음을 증명하고 있었다.

시크릿

2009. 12. 3 개봉

영화 〈시크릿〉은 문자 그대로 서로 다른 '비밀'을 간직한 세 인물의 퍼즐 풀기 게임을 다룬 추리영화다. 살인사건의 용의자로 떠오른 아내를 지켜야 하는 담당형사 김성열(차승원)·죽은 동생의 원수를 갚기 위해 반드시 범인을 손수 처단하겠다는 조폭 두목 재칼(류승룡)·조폭 조직과 연관을 맺기엔 너무 생뚱맞은, 형사의 아름다운 아내 지연(송윤아)·이들 세 인물의 근저엔 또 다른 절박한 비밀이 숨겨져 있다. 그리고 그 비밀은 성열의 증언으로 정직 당했던 동료 최형사(박원상)의 집요한 복수심과 끊임없이 성열을 압박하는 음성변조의 전화 메시지와 맞물려한 없이 증폭되어 긴장을 고조시킨다.

남편의 불륜 과정에서 교통사고로 딸을 잃은 지연의 원한과 동생에 대한 보복보다 실상은 사라진 마약의 행방에 촉각을 곤두세우는 재칼의 야욕이 수면 위로 드러나며 비밀의 심층구조가 밝혀지기까지 영화는 추리소설의 공식에 더없이 충실하다. '정교히 만들어진 하나의 미스터리를 기지와 용기를 갖춘 탐정(수사관)이 풀어 헤쳐 사건을 해결하게 하는' 추리소설의 전범성에 수사 담당자인 형사 부부의 치정에 얽힌 에피소드를 버무린 스토리라인은 휴일 객석을 메운 관객의 서리발 같은 시선을 빼앗기에 부족함이 없어 보인다.

그러나 지나치게 관객과의 퍼즐게임에 집착한 결과인 듯, 추리영화의 성립근거가 되는 미스터리의 논리적 개연성엔 급히 마감질한 도배 벽면처럼 깔끔치 못한 의문이 남는다. 피살자의 상흔으로 보아 전문가 아닌 일반인의 범행이란 수사 초반의 가정이 뒤틀린 점, 지연이 저지른 '진정한 살인'에 따른 언급과 수사과정이 통째로 건너뛰기한 점, 영화 중반 쯤이면 누구나 어림 짐작할 수 있는 음성변조 피에로의 정체가 끝내 제3의 인물 아닌 '마약에 전 현장목격자'(오정세)로 고수되고 있다는 점 등이 그것이다.

수험생이 성급히 시험장을 빠져나온 후, 남은 자들에게 결정적 힌트를 주듯, 엔딩 크레딧이 올라가고 성급한 관객이 객석을 벗어난 뒤, 마지막 비밀을 말해 주는 결말 편집방식은 퍽 신선하게 다가왔다. 그럼에도 불구하고 강력사건을 담당하는 현장 형사가 왜 시종 모델급 슈트 차림으로 화면에 등장해야 하는지 그것이 끝내 '시크릿'스러웠다.

아바타

2009. 12. 17 개봉

　19세기 호주대륙에 첫 발을 디뎠던 캡틴 쿡 일행은 애버러진(호주 원주민)에게 방한용 담요를 선물했다. 이튿날 그 담요를 덮고 잔 애버러진 부족은 영원히 깨어나지 않았다. 담요엔 이미 면역이 된 바깥세상 사람에겐 전혀 문제될 게 없는 미세한 세균 바이러스가 묻혀져 있었다. 미개대륙을 문명화시킨다는 미명 아래 신대륙과 원주민에게 가해졌던 서구인의 횡포에 대한 자성적 고뇌는 이제 문화콘텐츠의 현실적 소재로 등장하게 되었다.

　〈타이타닉〉, 〈터미네이터〉로 대변되는 블록버스터의 거장 제임스 캐머런이 12년 만에 메가폰을 잡은 〈아바타〉는 가상의 미래 행성에서 벌어지는 '또 하나의 원주민 박해 스토리'이다.

　에너지 고갈에 시달리던 인류가 판도라 행성에서 대체자원 '언옵테이니엄'을 채굴하기 위해 무력행동대를 파견하고 그 과정에서 원주민 나비((Na'vi)족과 갈등을 일으키지만, 나비의 여전사 '네이티리'와 사랑에 빠진 지구인 대원 '제이크 설리(샘 워딩튼)'의 코스모폴리탄적 인류애에 힘입어 해피엔딩으로 마무리된다는 뻔한 스토리는 진부하기 그지 없다. 하지만 판에 박힌 선악 대결에 통속적 접근방식을 두루 갖춘 우주 오페라(space opera)의 전형인 이 영화에서 눈여겨 볼 것은 스토리가 아닌 그 기발한 '상상력의 구현 방식', 즉 스토리를 구성하는 아이디어의 저력이다. 인터넷 게임에 익숙한 신세대의 감수성에 의탁해 '아바타'(사이버 공간에서 사용자의 역할을 대신하는 애니메이션 캐릭터)를 메인 화두로 설정한 발상은 그 자체로 이미 대박감이다. 육체와 영혼의 분리를 통한 어드밴처 묘사는 이미 〈매트릭스〉에서도 시도된 바 있지만 〈아바타〉의 감동은 색다르다.

하체 불구의 전역 해병대원 제이크의 영혼이 탑재된, 파란 피부의 3m 장신 '나비'의 외형은 '이모션 캡쳐'의 새로운 CG방식이 창출한 비주얼의 혁명이다. 보는 것만으로도 가슴 벅찬 이 거대한 '아바타'가 연인과 사랑을 나누며 원색의 시조새를 타고 적과 맞서는 장면에선 그야말로 '언옵테인'(unobtain)한 전율이 느껴진다. 3D 상영관에서 '나비'를 만나지 못한 아쉬움을 달래며 극장을 나서는데, 같이 본 아들 녀석(수능 백수)이 불쑥 한 마디 내뱉는다. "아무래도 〈전우치〉가 맞서기엔 역부족 같은데?"

제2부

김복남 살인사건의 전말

〈2010년〉

더 로드

2010. 1. 7 개봉

　미국 문단의 지성파 작가 코맥 매카시의 소설을 영화화
한 〈더 로드〉는 종말론과 부성애를 버무린 '로드무비'이
다. 타이틀 롤을 맡은 비고 모르텐슨이 "〈더 로드〉의 핵
심은 결국 러브스토리다."고 고백했듯이, '지구 멸망의
날'에 온몸 바쳐 아들을 지키려는 아버지의 올곧고 순백
한 사랑이 화면 가득 펼쳐진다.

　식량이 바닥나고 인육을 먹는 사람들이 출몰하는 잿
빛 세상에서 어린 아들(코디 스미스 맥피)과 함께 구원
의 길을 나서는 아버지(비고 모르텐슨)의 심경은 저 유
명한 네오리얼리즘의 대표작 〈자전거 도둑〉(비토리오
데시카 감독, 1948)에서 아버지의 그것에 견줄 만하고,
그 가상의 날에 맞닥뜨릴 세상의 모습은 마술적 리얼리
즘의 영화 〈눈먼 자들의 도시〉(페르난도 메이렐레스 감
독, 2008)에서 이미 봐 왔던 풍경이다.

　도둑맞은 자전거를 되찾기 위한 실낱 같은 희망을 안고
어린 아들 브루노(엔초 스타졸라)와 함께 로마시내를 헤
매는 아버지 안토니오(람베르트 마조라니)의 절박함 속
에 묻어나는 자식사랑은 보다 끔찍한 상황 (지구 종말)에

서의 그것으로 대치되어 있다. 그런가 하면 사물의 실체를 확인할 수 없는 '도덕성 제로'의 가상 상황(〈눈먼 자들의 도시〉)에서의 인간존재의 원시적 실상은 더욱 가혹하게 파헤쳐져 있다.

불현듯 닥친 세상의 종말에서 희망의 빛을 찾아 남하하는 이들 부자의 여정은 '세상의 모든 길이 곧 인생 그 자체'라는 불변의 진리를 새삼스레 각인시킨다. 공간 이동을 통해 인간관계의 새로운 계기를 마련하게 하는 로드무비의 매력은 길 떠남의 여정 속에서 맞닥뜨리는 예측불허의 사건들을 통해 자아를 되돌아 보게 한다는 데 있다. 여기서의 자아란 등장인물에만 국한되는 것이 아니라 이를 감상하는 관객에게까지 확장되어질 수 있다는 점에서 로드무비는 치료적 효능을 탑재하는 셈이다.

이유 없이 닥친 공멸의 세상에서 오직 살아 남아야 한다는 원초적 갈망을 부성애란 아름다운 인간조건으로 승화시키기 위해 호주 출신의 '초짜 감독'(존 힐콧)은 그 배경이 되는 세상의 황량함에 초점을 맞춘다. 극장을 나서며 눈 쌓인 신천변을 아들과 함께 거닐어 보고픈 충동이 일었다. 천변에 부는 겨울바람이 매서울수록 우리 부자의 정은 더욱 깊어갈 것이다.

8인 : 최후의 결사단
2010. 1. 21 개봉

1906년, 쑨원이 혁명가들과 비밀리에 모임을 갖기 위해 홍콩에 도착하고 수백명의 청나라 자객이 그를 암살하기 위해 홍콩에 잠입한다. 이를 알게 된 한 교수(양가휘)는 오랜 친구이자 대부호인 리유탕(왕학기)을 설득해 쑨원을 지키기 위한 계획을 세운다. 그리고 뛰어난 무술실력을 갖춘 도박꾼(견자단), 대부호의 충성심 깊은 인력거꾼(사정봉), 전설의 고수인 걸인(여명) 등이 합류해 쑨원을 보호하기 위한 호위대를 결성한다.

액션영화의 달인, 진덕삼 감독이 메가폰을 잡은 〈8인 : 최후의 결사단〉은 중국 근대사의 대영웅 쑨원을 위해 기꺼이 표적이 되었던 민초들의 이야기를 다루고 있다. 동서고금을 막론하고, 대의와 집단을 위해 개아를 희생한 인물들의 이야기는 감동적 견인력을 가지게 마련이다. 특히나 자기 절제와 인의의 유교문화에 젖은 동양권 관객에겐 엄숙한 비장미마저 느끼게 한다. 격동의 시기 20세기 초, 아시아의 거인에서 세계의 虎口로 변해 버린 중국을 배경으로, 결코 민중이 의지할 만한 착한 정부가 될 수 없었던 청나라의 구차스러운 마지막 모습을 담고 있는 이 영화의 키워드는 '8인'으로 알레고리되는 역사 속에 감춰진 의인의 존재이다.

E. H. Carr는 역사란 '과거에 발생한 사실 자체가 아니라, 역사가에 의해 선택되어진 역사적 사실'일 뿐임을 강조한다. 실재한 중국 근대사에 무협 드라마를 버무린 이 영화도 감독에 의해 선택되어진 낭만적 사실일 따름이다. 어디까지가 사실이고 어디까지가 허구인가 하는 것이 중요한 문제는 아니다. 다만 당대 중국 민중의 정신적 현주소를 8인을 통해 얼마나 그럴 듯하게 부각시켜 관객의 뇌리에 심어주었나 하는 것이 관심거리이다. 중화권을 대표하는 양가휘, 사정봉, 여명, 견자단 등 대스타들이 역사상의 스타 쑨원을 위해 은막 속에서 스러져 가는 모습에선 사라져 가는 공동체적 가치를 애써 붙잡으려는 프로파갠더적 메시지가 느껴져 서글프기까지 하다. 그래서 정치적 이데올로기에 할애된 초반부는 다소 지루할 수밖에 없었다. 화려한 무술로 치장된 막판 액션 장면이 진부한 서사의 틀을 깨고 의미있는 방점을 찍을 때, 관객들의 일그러졌던 표정도 조금씩 풀려지고 있었다.

식객 : 김치전쟁

2010. 1. 28 개봉

〈식객 : 김치전쟁〉은 허영만의 인기만화를 새로운 에 피소드로 재구한 것이다. 대령숙수의 칼을 얻은 후, 여전히 트럭을 몰고 전국을 누비던 성찬(진구)은 수양 어머니 수향(이보희)이 운영하는 '춘양각'을 찾는다. 그러나 수향의 친딸이자 세계적 쉐프 배장은(김정은)이 귀국해 '춘양각'을 없애려 한다는 사실을 알게 되자 '춘양각'의 존치를 두고 장은과 한판 대결을 벌이게 된다. '춘양각'의 운명을 김치대회에 참가해 이기는 자의 뜻에 맡기기로 한 것이다.

'천재 식객의 김치대결'을 시각적으로 부상시키기 위해 영화 속엔 무려 123가지의 김치요리가 등장한다. 화면 가득 펼쳐지는 갖가지 김치의 파노라마에 빠져 들다보면 마치 스크린으로부터 날아온 겉저리의 아싹한 향이 코 끝에 스며드는 듯한 착각마저 일게 된다. 성찬과 장은이 벌이는 3차례 세기의 맛대결은 '백의민족'(白衣民族), '아침의 나라', '통'(通)으로 각각 주제가 정해진다. 음식이 단순한 식도락의 도구나 대상이 아니라 민족신념과 생활철학의 산물일 수도 있다는 이 대목에 이르면, 감독(백동훈)이 시각적 효과 이상으로 '김치의 혼'에 집착하고 있음을 깨닫게 된다. 두 주역 성찬과 장은을 둘러싼 주변 캐릭터에 포진한 인물들, 이를테면 '춘양각'의 단아한 여주인 수향(이보희), 그녀의 일편단심 인생동반자 자운(최종원), 기구한 운명의 성찬 생모(추자현), 그리고 경찰에 쫓기는 아들(성지루)을 향한 애타는 모정을 가슴으로 느끼게 해준 여상의 모친(김영옥) 등 조연급 연기진의 넉넉한 밑받침도 인상적이다. 만화컷을 오프닝 크레딧으로 활용한 아이디어도 퍽 신선하다.

그러나 영화도 서사예술인 이상, 스토리의 원죄적 무게에서 벗어날 수 없다는 사실을 이 영화는 역설적으로 말해 주고 있다. 3차례의 김치대결을 중심으로 화면 속에 화려한 김치 백태가 펼쳐질 수록 왠지 허전하고 막막한 감을 지울 수 없다. 각자 다른 양상으로 자리잡고 있던 두 사람의 '어머니와의 갈등'과 그 해소방식이라는 뻔한 스토리를 김치를 볼모로 되새김질하고 있음에 다름 아니라는 결론에 이르기 때문이다. 무슨 결말이 어떠한 과정을 거쳐 이뤄지는지, 그 팽팽한 긴장감을 즐기려는 관객을 김치전시회의 구경꾼으로 착각하지 말아야 한다. "이만큼 볼거리를 줬으니 뻔한 결말을 양해하라" 해선 안될 말이다.

꼬마 니콜라
2010. 1. 28 개봉

 1956년 발표 이후 세계적으로 큰 반향을 일으켰던 벨기에산 만화 〈꼬마 니콜라〉 시리즈가 기발한 톤의 프랑스 영화로 각색·재구되어 우리 곁을 찾아왔다. 어른의 세계가 궁금한 악동들의 속내를 '이니시에이션 스토리'(initiation story; 성년식 소설) 양식에 담아 전하는 영화의 훈훈한 메시지는 관객들로 하여금 아직도 가슴 한 켠에 유예된 모습으로 남아 있는 어린 시절의 향수를 불러 일으킨다.

 곧 동생이 태어나 부모로부터 버림받게 될 운명에 처한 니꼴라(막심 고다르)를 돕기 위해 7명의 꼬마 친구들(먹보대장, 우유빛깔도련님, 밉상범생, 동네파이터, 깨방정, 전교꼴찌, 파파보이)이 뭉친다. 그리하여 니콜라를 포함한 이들 8명의 비밀결사는 마침내 동생의 제거를 희대의 살인마 애꾸눈 잭에게 의뢰한다. 그러나 잭이 제시한 '동생 처리 비용' 500 프랑은 이들에게 '가까이 하기엔 너무 큰 액수'다. 궁리 끝에 만화에서 힌트를 얻어 동네 조무래기들을 상대로 '힘세지는 스프'를 제조·판매해 가까스로 비용을 마련한다. 하지만 애꾸눈 잭은 이번엔 자동차를 요구조건으로 제시하는데…….

 영화는 어른 세계의 언어와 행동을 천진난만한 아동들이 수용하는 기상천외의 해석방식에 주목하고 있다. 갑자기 돈독해진 부부 관계는 동생 출현의 신호탄으로, 자동차 정비공의 자동차 정비 수순은 애꾸눈 잭의 동생 제거 방식으로 각각 읽히는 '그들만의 기표-기의 구조'는 기성세대의 도식적 인과관계를 초월하는 아름다운 상상력의 소산이다. 수백만 명의 경쟁자를 뚫고 공개 오디션을 통해 니콜라로 낙점된 9살의 꼬마 훈남, 막심 고다르의 또랑또랑한 눈망울과 그의 학급 친구로 캐스팅된 아역배우들의 생기 넘치는 연기는 '어린이는 어른의 스승'이란 아포리즘에 절묘히 매치되는 조합으로 손색이 없다. 프랑스 코미디의 새로운 동력으로 부상되는 니콜라 아버지 역의 카브라, 어머니 역의 발리에리 르메르시, 두 배우의 부창부수(夫唱婦隨) 연기도 영화의 완급조절에 무리 없이 공헌하고 있다. 그러나 60년대 한국 아동들의 성장 만화경을 통해 우리 시대의 잃어버린 고향을 반추하는 〈9살 인생〉의 풋풋한 내음보다 자꾸만 텁텁한 버터 냄새가 느껴지는 건 아무래도 外畵의 한계인가 보다!

우리가 꿈꾸는 기적 : 인빅터스
2010. 3. 4 개봉

"정복 당하지 않는 내 영혼을 위해 내가 임하는 모든 신들께 감사하리요. 나는 내 운명의 지배자요 내 영혼의 선장은 바로 내 자신이리" 영화 〈우리가 꿈꾸는 기적 : 인빅터스〉는 윌리엄 E 헨리의 시 〈인빅터스;invictus '정복 당하지 않는'이란 뜻의 라틴어〉에서 단초를 얻고 있다. 1994년 흑백 정권 교체를 이뤄내며 남아공 최초의 흑인 대통령으로 선출되었던 넬슨 만델라의 인종화합 드라마를 다루는 영화는 특이하게도 럭비를 소재로 한다.

그 자신이 혹독했던 백인정권의 피해자였던 만델라(모건 프리먼)는 집권 후 실질적인 인종화합을 이루기 위해 '1995 럭비 월드컵 우승 프로젝트'를 가동한다. 영국 럭비팀 초청 경기를 관전하던 중, 백인들만이 남아공 대표팀(애칭 스프링복스)을 응원하고 흑인들은 오히려 적인 영국팀을 응원하는 데 충격을 받았기 때문이다. 그는 스프링복스의 백인 주장, 프랑소와 피나르(맷 데이먼)를 불러 그의 뜻을 간절히 말하며 정치범으로 27년간 로빈 섬의 독방에 갇혀 있었던 그를 일국의 대통령으로 다시 서게 해준 한 권의 영혼지침서(〈인빅터스〉가 실린 윌리엄 헨리의 시집)를 전한다.

영화의 주제는 너무나 간명하고 이를 부각시키는 구성은 일사불란해 별 다른 해설이 필요없다. 명목상 정권 교체는 이룩했으나, 경제적 실권을 쥐고 있는 백인 세력을 끌어 안고 그 동안의 박탈감을 보상받고 싶어 하는 흑인들을 달래야 하는, 실로 난해한 과제를 풀어야 할 만델라의 '스포츠를 통한 국민화합의 승부수', 그것이 이 영화의 모든 것임을 알아차리는 건 어렵지 않다. 밴쿠버 동계 올림픽에서 김연아가 금메달을 따던 순간, 역 대합실에서 기차를 기다리던 숱한 여행객들이 생면부지인 서로의 손을 맞잡고 환호하듯, 단 1명의 흑인이 포함되었을 뿐인 스프링복스가 백인의 스포츠인 럭비 월드컵을 제패한 순간, 흑과 백은 하나가 된다. 실화의 현장, 엘리스 파크 스타디움에서 울려 퍼지는 함성에 비례해 만델라를 연기하는 모건 프리먼의 진중한 걸음걸이는 그를 배우가 아닌 실제 남아공 최초의 흑인 대통령으로 느끼게 한다. 그만큼 액츄얼리티(actuality)가 읽혀지긴 하지만, 아직도 흑백 갈등이 상존하는 남아공의 현실을 너무 낭만적으로 채색했다는 작위감을 지울 수 없어 씁쓸했다.

셔터아일랜드
2010. 3. 18 개봉

 화면 속에는 이젠 꽃미남이 아니라 인생의 연륜을 걸머진 성숙된 연기자가 되고픈 레오나르도 디카프리오의 애절한 투혼이 역력하다. 보스턴 근교 셔터 아일랜드의 정신병원을 무대로 인간 죄의식의 원천과 개인과 집단의 괴리적 욕망을 스릴러 양식에 담아 전하는 〈셔터 아일랜드〉는 추리소설의 대가 데니스 르헤인의 원작소설에 크게 빚지고 있다.

자식 셋을 죽인 혐의로 수용되어 있던 여인이 실종되자 사건 수사를 위해 연방보안관 테디 다니엘스(레오나르도 디카프리오)와 척(마크 러팔로)이 셔터 아일랜드로 오면서 전개되는 영화는 실상 이 사건 자체보다, 수사과정에서 드러나는 이면의 충격적 사실과 인간의식의 존재양상에 초점이 맞춰져 있다. 이미 〈미스틱 리버〉, 〈곤 베이비 곤〉 등, 하드보일드형 추리소설을 통해 보스턴 일대를 배경으로 전후 미국사회의 우울한 뒤안길을 충격적으로 폭로해 온 데니스 르헤인은 이번에도 기대를 저버리지 않고 녹슬지 않은 스토리텔링의 내공을 과시한다. 이에 뒤질세라 마틴 스콜세지 감독은 심혈을 기울여 1950년대 미국

동부의 정신병원을 재현해 내며 원작의 플롯에 환상적 세공을 더한다. 그 결과 이 영화는 지난 2월 19일, 미국전역 약 2,991여 개 스크린에서 개봉되어 전미 박스오피스 1위를 차지했다. 2차대전 참전에서 숱한 독일군 포로를 죽여야 했고 사랑했던 아내를 자신 때문에 잃었다는 트라우마를 간직한 테디는 셔터 아일랜드에서 끊임 없이 현실과 환상의 교차적 환몽에 시달리는데 이는 이 섬에서 자행되는 비인간적 생체 실험과 연관되어 그의 실존적 자의식을 부각시키는 기제로 작용하고 있다. 따라서 1960년대 이후 폐원한 매사추세츠 주의 메드필드 주립병원을 영화적 공간으로 재생해 '그랜드호텔식 스타일'(공간적 배경이 고정된 영화방식)의 효과를 배가시킨 점은 충분히 설득력있는 시도로 보여진다. 인물의 의식 추이를 적나라하게 드러내면서 관객에게 의미있는 메시지를 전달하기 위해서는 고정된 고립공간이 제격이기 때문이다. 이와 함께 테디의 복합적 자의식과 미스테리한 분위기를 강조하기 위해 영화 전반에 지뢰처럼 가설한 안개도 충분히 인상적이다. 그러나 런닝타임 내내 공을 들인 밀실 미스테리의 결말이 지나치게 열려져 있어, 불친절한 영화의 딱지를 떼긴 힘들겠다는 생각이다.

푸른 수염

2010. 4. 1 개봉

　일찍이 프로이트는 인간은 모두 가족소설의 작가라 단언한 바 있다. 프랑스 비평가 마르트 로베르는 프로이트의 이 가족소설론을 근거로 서구 소설을 업둥이형(이상세계를 추구하는 낭만주의 스타일)과 사생아형(현실세계를 수용하고 투쟁하는 사실주의 스타일)으로 분류하면서 그 원류적 근저로 동화의 세계에 주목한 바 있다. 그러면서 그는 17세기 프랑스 작가 샤를르 페로의 〈푸른 수염;La Barbe-Bleue〉(1697)에 많은 지면을 할애해 이 잔혹동화의 '이야기로서의 매력'에 몰입하고 있다. 한 폭력적인 귀족 남자와 그의 호기심 많은 아내에 관한 스릴러 동화라 할 수 있는 〈푸른 수염〉이 섹슈얼리티와 에로티시즘의 영화를 표방해 온 프랑스의 여류 감독 카트린느 브레야에 의해 영화화되었다.

　영화는 동화 원작과의 의리(?)에 충실해 그 범주를 크게 벗어나지 않는다. 어린 자매가 영화 속 내부 이야기인 동화를 읽는다는 액자적 설정이 더해졌을 뿐이다. 중세 유럽, 권력과 부를 가진 남자, '푸른 수염'(도미니크 토마스)에게 시집온 호기심 많은, 이웃마을 처녀 마리 카트린(롤라 클래톤)의 대저택 속 모험담이 영화의 주된 플롯이다. 남편의 신신당부에도 불구하고 절대불가침 처소의 방문을 열어제끼는 어린 마리의 담력은 이 영화의 스토리를 끌고 가는 기본적 동력이다. 원작을 읽은 관객의 따분함을 상쇄시키기 위해 여류감독은 여성 특유의 섬세함으로 액자 밖 스토리텔러 자매의 묘한 경쟁심을 포개 놓는다. 관객은 액자 속 주인공 자매와 액자 밖 '동화 읽는' 자매의 심리 추이 포착을 통해 감독의 메시지를 전달받게 된다. 무시무시한 원작 이미지와 달리 푸른 수염도 퍽이나 페미니스트이다.

청순한 어린 배우와 고딕풍의 성이 화면의 언저리를 채우며 관객의 뇌리에 새로운 영상을 구축하는 동안, 감독은 남편의 비밀이 잠재된, 절대불가침 처소를 여는 열쇠가 '처녀성'을 상징함을 강변하느라 공을 들인다. 그러나 결말이 뻔한 스토리에 영화적 차별성을 주기 위한 이러한 시도가 얼마나 성공적이었는 지엔 여전한 의문이 남는다. 엔딩 크레딧이 올라가는 순간, 심드렁한 관객들의 표정에서, 아무리 아내에게 싹싹해도 '비만은 비호감'이란 깨달음만이 읽혀지는 듯했다.

블라인드 사이드

2010. 4. 15 개봉

'블라인드 사이드'는 미식축구에서 쿼터백이 보지 못하는 시야의 사각지대를 말한다. 블라인드 사이드로부터 쿼터백을 노리는 상대의 급습을 차단하기 위해 레프트 태클은 온몸을 내던져야 한다. 샌드라 블록에 올 아카데미 여우주연상을 안긴 〈블라인드 사이드〉는 인생의 사각지대를 뭉클하게 적시는 흑백 초월의 휴먼드라마이다.

결손가정 출신의 초우량 흑인 소년(몸무게 140kg) 마이클 오어(퀸튼 아론)를 가족으로 받아들여 사랑을 베풀고 마침내 미식축구 선수로 대성시키는 백인 여성 리 앤(샌드라 블록)의 '성공사례담'이자 오어의 '인생극장'이기도 한 영화는 실화에서 취재한 것이다. 엔딩 크레딧이 올려질 때, 화면에 모습을 드러내는 실존인물, NFL 볼티모어 레이븐즈의 마이클 오어에 관한 생생한 인생보고서인 것이다. 그는 고교시절 이래, 줄곧 74번의 백넘버를 달고 오펜시브 태클 포지션을 맡아 블라인드 사이드를 굳건히 지키고 있다. 그리하여 지난 시즌 NFL '올해의 오펜시브 신인선수' 2위에 랭크되는 등 미국 프로미식축구의 신데렐라 스타로 떠오르고 있다.

그러나 실화를 포장하는 스토리텔링의 가공술은 그다지 세련되어 보이지 않는다. 우선 천사표 백인 스폰서 가족(리앤과 그녀의 남편 선 투오이, 딸 콜린스, 아들 SJ)과 수줍은 흑인 입주생 사이엔 어떠한 갈등도 존재하지 않는다. 리 앤 부부는 오어의 부탁대로 선뜻 차를 사주고, 콜린스는 주변의 시선을 무시하고 학교 도서관에서 외톨이 흑인학생 오어의 옆에 당당히 앉는다. SJ는 검은 피부의 오어를 친형처럼 따르며, 오어도 단 한번의 거부감없이 이들을 가족으로 받아들이며 순종한다. 막판에 대학진학을 둘러싼 조사관의 조사과정에서 약간의 오해와 여기서 비롯된 갈등이 불거지지만 이마저도 이들의 가족적 연대감을 촉진하는 촉매제로 작용될 정도이다. 선악갈등을 통해 서사적 질서를 부여하고 흥미를 유발하는 극영화의 일반적 잣대에서 보면 심히 심심한 영화이다. 그러나 마약중독 생모를 보호하려 하고 에어백의 충격으로부터 SJ를 감싸안는 오어의 선천적 보호본능을 인생의 사각지대를 어루만지는 코스모폴리탄적 인류애로 치환하는 영화의 은유적 메시지는 충분히 인상적이다.

허트 로커
2010. 4. 22 개봉

올 아카데미 작품상에 빛나는 〈허트 로커〉가 드디어 국내에 상륙했다. 〈아바타〉의 제임스 카메룬과 팽팽한 부부전쟁(?) 끝에 승리를 거둔 캐서린 비글로우의 〈허트 로커〉는 아카데미의 그랑프리작이기도 하지만 여성감독이 연출한 새로운 스타일의 전쟁영화라는 점에서 세인의 주목을 받은 작품이다.

이라크 바그다드에서 특수임무를 수행하는 폭발물 제거반 EOD에 새 팀장, 제임스 하사(제레미 레너)가 부임한다. 그러나 무모하리만치 공격적인 제임스의 작전 수행방식은 팀원인 샌본 병장(안소니 마키)과 엘드리지 상병(브라이언 개러티)을 당혹스럽게 한다. 방호복을 입고 폭발물에 접근하면서 연막탄을 터트려 동료들의 엄호시야를 가리는가 하면, 오지랖 넓은 수색으로 엘드리지에게 총상을 입히기도 한다. 임무수행 도중 어디서 저격탄이 날아올 지도 모르고 언제 자폭 테러리스트의 급습을 받을 지도 모르는 절체절명의 상황에서도 제임스는 전쟁을 유쾌한 게임으로 받아들인다.

여성감독 특유의 감수성은 여느 전쟁영화에서처럼 현장

의 액션에 치우치지 않고 전쟁을 받아들이는 인간의 고뇌에 포커스를 맞춘다. 따라서 중동의 환상적 전투신을 기대한 관객들이라면 선하품 속에 종료시각만을 애타게 기다리게 될 수도 있다. 불볕 더위의 이라크에서 무려 55Kg의 방호복을 받쳐입고 언제 터질지 모르는 폭발물에 다가가는 병사의 공포어린 고독을 영상비주얼로 나타내기란 결코 만만한 작업이 아니다. 공포를 쫓기 위해 오히려 도발적으로 공포에 다가서는 역설적 실존의식을 카메라에 담기 위해 영화는 여러 가지 에피소드와 제임스의 이중적 심리양태를 화면에 포개 놓는다.

그러면서 안정효 원작의 방화 〈하얀 전쟁〉이 전쟁의 본질을 무소득·무의미의 하얀 색으로 채색하였듯이, 이 영화도 폭발물의 회색 화염 속에 전쟁의 불가해한 진실을 묻어두려 한다. 즉 전쟁 그 자체보다, 전쟁의 도구가 되어야 하는 인간의 내면을 들여다 보려 안간 힘을 쓰고 있다. 이 때문에 기승전결이 명확한 플롯중심 영화에서 보여지는 생동감을 기대하긴 힘들다. 폭발물에 다가가는 병사의 공포를 먼 산의 아지랑이처럼 나열하고 있을 뿐이다.

피스트 오브 러브

2010. 5. 6 개봉

〈드라이빙 미스 데이지〉의 충직한 운전기사 모건 프리먼은 어느 영화에서건 존재하는 것만으로도 큰 위안이 된다. 그가 등장하는 영화는 왠지 앙꼬가 꽉 찬 빵처럼 믿음이 간다. 〈피스트 오브 러브〉는 모건 프리먼의 이러한 전천후 신뢰도에 의탁해 우리 시대의 애증관계를 설파하고 있는 사랑학 개론이다. 사랑하는 아들을 잃고 아픈 상처를 애써 봉합해 가는 노교수 해리(모건 프리먼)가 그 주변 커플들의 에로스적 히스토리를 조감해 나가는 변사와 카운셀러 역할을 하고 있다. 따라서 영화는 퍽 수더분한 담채화 풍이다.

아내 캐서린(셀마 블레어)이 레즈비언임을 선언하며 집을 떠나자 홀로 남겨진 커피숍 주인, 브레들리(그렉 키니어)는 부동산 중개인 다이애나(라다 미첼)와 사랑에 빠진다. 그러나 다이애나는 옛 고객이었던 유부남 데이빗과 오랜 불륜의 관계에 있다. 한편 브레들리 가게의 젊은 점원 오스카와 알바생 클로에는 열렬히 사랑하지만 커플 포르노를 찍어 생활해야 할 만큼 형편이 곤궁하다. 이들 커플의 사랑 풍속도는 이들의 정신적 지주이자 이웃인 해리의 중개에 의해 방사선식으로 화면 속에 펼쳐지고 있다.

 커피숍을 경영하는 브레들리의 주변인물들과 그 공간들을 선조적으로 연결해 일상의 나락에서 진정한 사랑의 의미를 건져올리는 노장 로버트 벤튼의 직관적 연출력은 그 이름에 값하는 내공을 자랑한다. 남편의 단명을 알고도 아이를 배고 운명적 사랑을 불태우는 클로에의 순애보는 타산적이고 경박한 이 시대의 연애풍조를 통렬히 성토하는 파라독스다. 이합집산을 반복하는 브레들리 - 다이애나 - 데이빗의 삼각 애정구도는 현대인의 표피적 사랑방정식을 상징적으로 압축한 것으로 매우 시사적이다. 육체적 사랑을 갈구하는 밤의 욕망과 정신적 안식을 찾으려는 현실적 욕구 사이의 이율배반성을 담담한 시선으로 처리하며 자성적 관람을 유도하는 영화적 내러티브도 충분히 인상적이다.

 그러나 예기치 못한 어떠한 인생사의 고통도 감내해야만 사랑을 완성할 수 있다는 영화의 에필로그적 메시지는 지겨운 도덕 교과서의 한계를 벗어나지 못하고 있어 아쉬울 따름이다. 극장을 나서며 감동은 의도된 기획의 산물이 아님을 다시 한번 되새겨 보았다.

시

2010. 5. 13 개봉

칸 영화제 경쟁 부문에 진출한 이창동 감독의 야심작이
며 윤정희의 복귀작으로 화제를 모았던 영화 〈시〉에는
우리 시대의 고뇌와 진실이 절절이 배어 있다. 그러나 이
는 감히 영상으로 말하기엔 지극히 불편하고 불완전한 신
기루 같은 것이었다. 필자의 감이 적중했던지 〈시〉는 칸
영화제 각본상 수상으로 부푼 기대(?)를 접어야 했다.

〈시〉는 감독 자신의 주체적 예술혼을 영상화하는 데 주력
하는 작가주의 영화로서의 신선함과 한계를 동시에 보여주
는 문제작이었다. 어쩌면 〈시〉는 문자 아닌 영상으론 모호
하게 표출될 수밖에 없는 형이상학적 도덕 교과서의 현주
소를 적나라하게 드러낸 것에 다름 아닐지 모른다.

치매 초기 증세를 치르는 초로의 노파 미자(윤정희)에
게 닥친 일련의 정신적 공황을 통해 '시'의 미학적 본질을
탐구하고 있는 영화는 영상으로 표현하기엔 너무나 복잡
미묘한 감독의 사변적 세계를 퍼즐 조각처럼 맞춰 나간
다. 난생 처음 '시 쓰기' 강좌에서 시를 공부하게 된 미자
는 그녀의 주변에서 시의 소재로서 '아름다움'을 취재하
려 애쓴다. 그러나 통상적 '아름다움'의 카테고리에 함몰

되어 있는 미자에게 쉽사리 시가 요구하는 '아름다움'의 의미는 포착되어지지 않는다. 그 즈음 자신이 맡아 기르는 외손자 욱(이다윗)이 자살한 여중생의 성폭행범 중 일원이란 사실을 알게 되고 성폭행 관련 학부형들과 이를 수습하는 과정에서 미자는 부조리한 세상 속에 이율배반적 모습으로 다가오는 '아름다움'의 진정성에 대해 더욱 고민하게 된다. 마침내 미자는 자신이 간병하는 강노인(김희라)으로부터 자살 여학생의 합의금을 충당하고 손자를 경찰에 고발한 뒤에야 죽은 여학생의 '시적 페르소나'(persona)에 의탁한 1편의 시를 완성할 수 있게 된다. 그리고 이는 부조리하고 비윤리적인 세상에서 진정한 아름다움의 의미를 깨달은 시인이 세상에 보내는 유서이다. 일찍이 아리스토텔레스는 비극을 통해 정화(淨化)의 쾌감, 즉 '카타르시스'를 느낀다고 보았다. '시'가 토로하는 아름다움이 세속적인 미의 범주에 머무는 게 아니라 삶의 고통과 애환에 연원하고 있음을 미자가 깨닫는 순간, 비로소 그녀는 시인이 될 수 있었던 것이다. 그러나 빈 자리가 더 많은 객석은 그녀의 깨달음에 난해한 표정을 짓고 있었다.

섹스, 파티, 그리고 거짓말
2010. 6. 17 개봉

알퐁소 알바사테와 데이비드 멘케스 감독이 공동으로 연출해 2008년 스페인 박스 오피스 2위에 오른 〈섹스, 파티, 그리고 거짓말;Mentiras y gordas〉은 제목만큼이나 현란한 스페인의 청년세태를 적나라하게 대변한다. 그런 면에서 이 영화는 영상으로 포장된 문화풍속도라 할 수 있다. 2차대전 이후 세계영화계엔 기성세대의 세습문화에 반발하는 각국의 청년정서가 두드러지게 표출되기 시작한다. 영국의 '성난 젊은이들'(Angry Youngmen), 미국의 '아메리컨 뉴시네마'(American New cinema), 프랑스의 '누벨바그'(Nouvelle Vague) 등의 사조가 그것들로서, 이들 영화들엔 나름의 존재방식으로 현실의 질곡을 탈피하려는 당대 서구 청년세대의 고뇌어린 안간힘이 잘 드러나 있다.

〈섹스, 파티, 그리고 거짓말〉은 이들 영화와의 고현학적 유대 속에서 오늘날 스페인 청춘들의 정신적 현주소에 천착하고 있다. 마약을 팔아 유흥비를 마련하려는 토니(마리오 카사스)와 니코(욘 곤잘레스), 직장에서 해고 당하고 애인과도 결별하는 파즈(미리엄 지오바넬리), 클럽에서 만난 여인과의 하룻밤에 우울해 하는 레즈비언 마리나 (아나 마리아 폴보로사), 약물중독 연인과의 로맨스가 고통스러운 카롤라(아나 디 아르마스), 이들 모두는 불안한 미래에 대책 없이 허우적거리며 방황하는 스페인의 청년 페르소나(persona)들이다. 그리고 미봉책임을 뻔히 알지만 그들의 고뇌를 잠식시키기 위해 이들이 탐닉하는 것이 바로 술과 마약, 클럽, 섹스, 파티 그리고 거짓말이다.

현진건은 일찍이 그의 소설〈술 권하는 사회〉에서 술 마시는 것밖에 할 게 없는 식민지 지식인의 고뇌를 아이러니하게 형상화한 바 있는데, 섹스와 파티, 그리고 거짓말에 빠질 수밖에 없는 2000년대 스페인 청년들의 허무를 향한 변명은 영화 속에서 그다지 절실해 보이지 않는다. 현실적이고 합리적인 플롯과 건강하고 긍정적인 인간상을 대신해 영화의 전면에 내세운 산만한 줄거리 구조와 하강형 캐릭터들이 현실교정을 위한 역설적 대안으로 어느 정도 작용하고 있는 지 의문이다. 플롯을 주도하는 프로타고니스트(protagonist)가 부재한 영화를 보는 건 골게터 없는 한국축구를 응원하는 붉은 악마의 시든 함성처럼 공허하다.

맨발의 꿈
2010. 6. 24 개봉

동티모르 유소년 축구팀의 신데렐라 스토리(김신환 감독의 실화)를 다룬 〈맨발의 꿈〉에 대한 관객 반응은 예상외로 뜨거웠다. 휴일 낮 극장엔 빈 자리가 없었고 인상적 장면에선 웃음과 박수소리가 그치지 않았다. 영웅형 인물이 맨땅에 헤딩하며 고난을 헤치고 최후의 승리자가 된다는 '그렇고 그런' 전형적인 구닥다리 로망스(Romance)에 불과한 영화의 뻔한 결말에도 관객들은 마지막까지 조바심을 치는 듯하였다.

인도네시아에서 사업에 실패한 전직 축구선수 김원광(박희순)이 마지막 승부처로 택한 21세기 최초의 독립국 동티모르는 내전의 상처로 얼룩진 가난과 절망의 땅이다. 돈벌이를 위해 찾았던 이곳에서 그는 대사관 서기관 박인기(고창석)와 의기투합해 새로운 희망을 심는다. 그것은 바로 운동화 없이 맨발로 뛰는 아이들에게 축구를 통해 닫힌 세상의 벽을 허물고 새로운 세계로 나아가게 하는 것이다. 오랜 식민지 생활과 내란 탓에 몸과 마음이 각박해지고 외세에 대한 반항과 견제가 일상화된 이네들의 마음을 열어 젖히기까지 원광이 겪어야 했던 다양한 에피소드들이 영화의 주된 골격을 이룬다. 내전에서 서로의 가족을 살상했던 원수지간이라 패스도 하지 않는 유소년 선수들, 그라운드 쟁탈을 위해 돼지 1마리를 걸고 벌이는 기상천외의 축구시합, 왜소한 체구라 선수로 뛸 수 없음에도 그라운드를 기웃거리는 고아 오누이, 영양실조로 시력장애가 온 유소년 선수를 위해 한국에서 약을 공수하는 감독, 동티모르 최초의 국제경기인 히로시마 리베리노컵 축구대회를 핸드폰으로 중계하는 라디오방송 등, 영화의 씨줄과 날줄을 이루는 장면들은 하나같이 흥미진진하며 나아가 의미심장하다. 그러나 무엇보다 이 뻔하고 진부한 스토리에 힘을 실어준 건 한국어와 영어와 현지어를 뒤섞어 국적불명의 언어로 현지인과 소통하는 박희순의 포복절도(抱腹絶倒)할 애드리브 개그와 뚱하고 사무적이면서도 한 없이 인간적인 외교관을 실감나게 연출한 고창석의 명품연기임을 부인할 수 없다. "딸아이가 채근해 왔는데 퍽 감동적이네요" 수줍게 감상평을 말하는 앞자리 중년여성의 고개 위로 엔딩 크레딧이 올라가고 있다. 일본에서 맹활약 중인 홈런 타자 김태균과 동명인 영화감독의 세상을 향한 포효가 귓전을 울리고 있었다.

이끼

2010. 7. 14 개봉

　윤태호의 원작만화를 흥행 승부사 강우석 감독이 연출해 장안의 화제가 되고 있는 영화 〈이끼〉엔 인간의 원초적 속악성이 원액 페인트처럼 질퍽하게 녹아 있었다. 엔딩 크레딧이 올라가는 순간, 관객들은 163분의 런닝타임 동안, 그들의 영혼을 속절 없이 사로잡은 스크린의 마법에서 비로소 풀려난 표정이었다. 그것은 마치 몸서리치는 롤러코스터에서 막 내리면서도 다시 한 번 그 스릴을 즐기고 싶어 하는 묘한 집착(?)같기도 하였다.

　한국 최근대사 20년의 질곡을 '인간구원'이란 형이상학적 포커스에 맞춰 고전적 탐정스릴러의 양식에 담아낸 영화는 진중한 주제를 대중의 취향에 절묘히 매치시킴으로써 작품성과 흥행성에서 모두 괄목할 만한 개가를 올렸다. 마치 〈사람의 아들〉의 메시지를 〈우리들의 일그러진 영웅〉과 〈동물농장〉의 틀에 담아 합성해 낸 것이라고나 할까?

　아버지 유목형(허준호)의 죽음에 얽힌 미스터리를 풀어나가는 해국(박해일)의 앞에 마을 이장 천용덕(정재영)이 가로막고 선다. 그의 왕국은 가히 철옹성이다. 이장의 심복 덕천(유해진), 석만(김상호), 성규(김준배)를 비롯해 의문의 슈퍼집 여인 영지(유선)에 이르기까지 모두가 이장의 꼭둑각시들이다. 게다가 은행, 경찰 등 제도권 공권력을 마음대로 주무르는 이장은 마을에서 전지전능한 신과 같은 존재이다. 천용덕의 거대왕국 안에서 세 불리를 인식한 해국은 자신 때문에 좌천된 철천지 원수, 박민욱 검사(유준상)에게 도움을 청하면서까지 힘의 균형을 맞추려 애쓰는데…. 영화는 외형상, 유목형의 사망에 관련된 범죄의 스토리와 해국이 이를 파헤치는 조사의 스토리로 이원화된 탐정극의 양식을 취한다. 그러나 내면적으론 神聖性의 상징 유목형과 사악한 人間性의 상징 천용덕의 대립을 통해, 80년대 이래 고도성장의 뒤안길에서 황금만능의 비인간적 허세에 빠진 우리 사회의 부정적 자화상을 강렬한 톤으로 재생해내고 있다. 하지만 제목 '이끼'의 주제 치환적 호소력이 약하고, 탐정(박해일)과 악당(정재영)의 마지막 대결이 관객의 기대치에 못 미치도록 싱겁게 처리된 점은 이 영화의 아킬레스腱이라 할 만하다. 그것은 퍼펙트게임 달성을 눈 앞에 둔 투수가 9회말 2사후에 허용한 안타 만큼이나 뼈저리게 아쉬운 것이다.

디센트 PART2

2010. 8. 11 개봉

〈디센트 PART2〉는 한여름의 무더위를 가시게 하는 납량(納凉)용으론 그만이다. 객석 여기저기서 터져나오는 비명과 신음은 이곳이 대낮의 극장인지 월하(月下)의 공동묘지인지 구분이 안 될 정도였다. 사지(死地)의 동굴에서 혼자 살아 돌아온 여성 사라(쇼나 맥도날드)가 보안관 베인즈(가번 오헐리히)의 강압에 의해 구조팀, 보안관 여조수 라이오스(크리스튼 커밍스) 등과 함께 다시 그 속으로 '디센트'(descent;하강)했다가 인생의 '하강'을 맞이한다는 스토리는 별다른 견인력이 없다. 사지에서 탈출한 주인공이 구태여 다시 그곳으로 가서 인생을 종칠 만큼 절박한 사정이 있었던 것도 아니고, 동굴에 서식하는 식인괴물의 과학적 당위성과 정체성에 대한 그럴사한 해명도 한 줄 없는 이 영화의 개연성(plausibility)은 한 마디로 꽝이다. 그러나 전편을 보지 않은 관객이라면(그래서 스토리와 영상에 대한 예습이 없는 관객이라면), 느닷 없이 출몰하는 식인괴물의 섬뜩한 포스와 어두컴컴한 폐쇄공간에서 본능적으로 움추려드는 인간의 공포심리, 그리고 육골을 으스러뜨리고 선혈을 마구 분사시키는 엽기적 영상에 대한 모호한 기대감 등이 묘하게 뒤섞여 94분의 런닝타임을 지루하게 허비하진 않게 할 것이다. 한 마디로 이 영화는 그다지 독창성은 없으나 공포에 대한 기성목록을 총집대성해 나름대로 납량효과 창출에 성공한 벤처마킹작이라 할 만하다. 폐쇄공간 속에서 인간 심리의 추이를 추적함은 그랜드호텔 스타일의 공간고정 형식에 힘은 바 크고, 보기만 해도 가슴을 쓸어내리게 하는 식인괴물이 왠지 낯익다 했더니 〈반지의 제왕〉의 '스미골'의 형상을 변용한 것이다. 진뜩진뜩한 괴물의 분비물(괴물의 배설분변 장면은 꽤나 코믹하다.)은 〈에일리언〉을 비롯한 숱한 SF괴기물에서 익히 봐왔던 설정이고, 갑자기 괴물이 화면에 얼굴을 들이대며 관객의 담력을 테스트하는 〈13일의 금요일〉표 엔딩샷까지 영화는 총체적으로 패스티쉬(pastisch;혼성모방)한 효과를 극대화한다. 그런 중에도 전편에서 실종된 주노(나탈리 잭슨 멘도자)와 사라의 치정과 우정에 얽힌 복합적 인간관계와, 동병상련적 모성애로 규합되는 사라와 라이오스의 끈끈한 연대는 스토리의 밑밥 역할을 톡톡히 하고 있어 가상(嘉尙)하다.

기적의 오케스트라 : 엘 시스테마

2010. 8. 12 개봉

6년 전 남미 여행 때, 브라질 리오의 코파카바나 해변에서 10대 소년 예닐곱 명에게 캠코더를 강탈 당하곤 그들이 차도 속으로 사라지던 모습을 물끄러미 쳐다보던 사진작가 K의 표정을 아직껏 잊을 수 없다. 페루의 수도 리마의 시청 광장엔 소년 떼강도의 습격으로부터 관광객을 보호하기 위해 노란 자켓의 단속반원들이 장사진을 치고 있었고, 콜롬비아 보고타의 마약 골목엔 청소년 삐끼들로 붐비고 있었다. 국가의 치안행정으론 도저히 감당할 수 없는 남미의 청소년 범죄가 세계인의 화두가 된 지는 이미 오래이다.

다큐멘타리 영화 〈기적의 오케스트라 : 엘 시스테마〉는 이러한 고민을 공유하고 있는 베네주엘라의 청소년 순화 프로그램으로 대성공을 거둔 '엘 시스테마'(El systema)를 다룬 감동스토리이다. 엘 시스테마의 공식 명칭은 베네수엘라 국립 청년 및 유소년 오케스트라 시스템 육성재단으로, 1975년 창립되었다. 당시 들리는 거라곤 총소리뿐이었던 어느 허름한 차고에 전과5범 소년을 포함한 11명의 아이들이 모여 총 대신 악기를 손에 들고, 난생 처음 음악을 연주하기 시작했던 것이다. 그리고 35년 뒤, 차고에서 열렸던 음악 교실은 베네수엘라 전역의 센터로 퍼져나갔고, 11명이었던 단원 수는 100여 개 지역의 30만 명에 이르렀다. 범죄의 유혹에 시달리던 청소년에게 음악을 공급하고 이것으로 이네들의 마음을 다스려 음악 영재를 배출해내고 청소년 순화에 성공함으로써 세계적 모델 케이스가 된 '엘 시스테마'의 이야기는 그래서 어설픈 극화보다는 다큐멘타리가 제격이다. 실제 '엘 시스테마'가 배출한 천재 지휘자 구스타보 두다멜의 열정적 지휘 장면과 엘 시스테마가 자랑하는 오케스트라 시몬 볼리바르의 〈맘보〉 연주 장면을 작위적으로 연출한 극영화의 파인더로 바라봤더라면 그 감동은 훨씬 밋밋했을 것이다. 그런 의미에서 엘 시스테마의 창시자 호세 안토니오 아브레오의 진솔하지만 신념에 찬 인터뷰에 이어지는 차이코프스키의 〈로미오와 줄리엣〉도 퍽이나 감미롭고 시사적이다. 그러나 이미 안착한 엘 시스테마의 현재상에만 초점을 맞추는 바람에 고난을 거쳐 성공에 이르는 과정으로서의 긴장감은 그만큼 희석돼 있어 아쉽다. 다큐멘타리영화의 극적 몰입감을 위해선 플롯 단계의 기획이 절실함을 일깨워 준 작품이다.

김복남 살인사건의 전말

2010. 9. 2 개봉

　드디어 김복남(서영희)의 처절한 복수가 시작되었다. 낫을 쥔 그녀의 손끝이 고통스럽게 떨리는가 싶더니 시동생의 목은 이미 나무 위에 걸려 있었다. 탄력을 받은 그녀의 낫은 또 다른 피뿌림을 위해 외딴 섬의 풀밭길을 헤쳐 나가고 있다. 그때 진동으로 설정된 필자의 휴대폰이 광란의 몸부림을 쳐왔다. 그러나 선혈 낭자한 낫을 쳐든 복남의 서슬 퍼런 광기 앞에 폰을 받을 엄두가 나지 않았다. 신예 장철수 감독의 〈김복남 살인사건의 전말〉은 '잔혹 스릴러'의 실체를 고스란히 시연해 보이는 그런 영화였다.

　그러나 별 다른 개연성 없이 관객을 놀래키고 인육을 난도질하며 난데 없이 피칠갑을 해대는 '사이비 스릴러'와는 확연히 구별되는 영화이기도 했다. 그것은 영화의 제목에서도 뚜렷이 감지되는 바처럼 복남의 엽기적 행각이 충분한 설득력을 담보하고 있기 때문이다. 즉 '김복남 살인사건'이란 복남이 살해당한 사건이 아니라 복남이 살인의 주체가 되는 복수극이란 사실에 주목할 필요가 있다. 선량했던 낙도 아낙이 왜 섬뜩한 활극의 주인공이 되어야 하는지 영화의 전반부는 적나라하게 보여준다. 그것은 마치 1920년대 평양 칠성문 밖 빈민굴에서 게으르고 이기적이며 가부장적인 남편 탓에 낫을 들고 소동을 벌어야 했던 〈감자〉의 주인공 복녀의 삶을 그대로 재현하는 듯하다. 아름다운 섬 '무도'에서 남편 만종(박정학)에게 학대받고 시동생에게 강간 당하며 시고모(백수련)에게 천대받고 이웃들에게 방관 당하던 복남이 딸 연희(이지은)의 죽음 이후, 인정사정 없는 저승사자로 돌변하는 과정은 칸 영화제 관객이 박수를 치며 호응했을 만큼 카타르시스(catharsis)를 유발한다.

억눌린 여인의 비참한 삶을 상징적으로 보여주기에 절해고도(絶海孤島)의 폐쇄공간은 안성맞춤이다. 복남의 기구한 인생역정을 관찰자의 시점에서 증언해 줄, 까칠한 친구 해원(지성원)의 설정도 이 작품이 아류 공포영화가 아니라 타인에게 무관심하고 불친절한 현대인의 메마른 감성을 탓하는 경종의 메시지로 작용하는 데 한 몫한다. 아동 성폭력, 집단 따돌림, 증언 회피 등 현금의 사회적 이슈를 아우르려는 노력도 가상하지만 '맹꽁이잎'의 어설픈 알레고리 시도에서 비춰지듯 저예산으로 너무 많은 것을 보여주려 한 과욕이 안쓰럽기도 하다.

시라노 ; 연애조작단

2010. 9. 16 개봉

"믿어서 사랑하는 게 아니라, 사랑하기 때문에 믿는 거예요" 스펙은 최고이나 연애엔 꽝인 상용(최다니엘)이 희중(이민정)에게 마지막 대사를 내뱉는 순간, 로맨틱 코미디 〈시라노 ; 연애조작단〉은 진중한 교훈극으로 역류하고 있었다. 감독(김현석)의 바람처럼 〈시라노 ; 연애조작단〉엔 "사랑을 모르지만 사랑을 표현하는 일을 하는 남자"와 "사랑을 알지만 표현할 줄 모르는 남자" 그리고 "우리 지난 날의 여자친구들"의 모습이 어우러진다.

007도 울고갈 극비작전으로 연애열등생의 고민을 해결해 주는 연애조작단의 에피소드를 통해 우리 시대의 애정풍속도를 펼쳐 보이고 있는 영화는 프랑스 극작가 에드몽 로스탕의 희곡 〈시라노 드 벨쥬락〉(Cyrano de Bergerac)을 단초로 한다. 다시 말하자면 8촌 여동생 록산느를 사랑하는 시라노가 그녀에게 대시하는 직속 부하 크리스띠앙을 위해 연애편지를 대필해 주는 기막힌 곡절을 영화의 플롯에 차용함으로써 알레고리(Allegory;우화)의 효과를 극대화하는 데 성공하고 있는 것이다. 즉 의뢰인 상용의 타킷녀 희중이 실상은 조작단 대표 병훈(엄태웅)의 옛 애인으로 설정된 탓에, 병훈과 시라노는 다 같이 눈 벌겋게 뜬 채 애인과 이별의 수순을 밟아야 하기 때문이다.

군사정권 시절, 막강 정보기관의 부훈을 패러디한 "우리는 음지에서 일하고 양지를 지향 안 한다"는 포복절도(抱腹絶倒)할 조작단의 슬로우건에서 조직의 성공을 위해 자신의 사랑이 멀어져 감을 담담히 지켜봐야 하는 병훈의 역설적 비애가 느껴진다. 해체된 극단의 부활자금 마련을 위해 연극종사자들이 자신들의 장기를 살려 연애조작단을 한시적으로 운영하는 과정에서 기묘한 상황이 발생한다는 시나리오의 흡인력은 나무랄 데 없다. 거의가 젊은 커플 일색인 관객의 초반 몰입도는 기대 이상이다. 그러나 병훈과 희중의 옛 사랑의 내력을 들춰내고 희중을 향한 상용의 순애보에 사채업자의 활극이 덧칠되어지는 과정에서 재미있는 한 편의 소박한 연애희극이었던 영화는 교장 선생님 훈화 같은 고루한 철학 교과서로 돌변하고 만다. 코미디와 멜로와 정통드라마란 이질적 재료의 습합으로 "도랑치고 가재 잡으려는" 시도는 신선하나 그 도랑이 너무 뜬금 없이 깊어 가재 잡을 틈이 없다는 게 문제다.

먹고 기도하고 사랑하라

2010. 9. 30 개봉

줄리아 로버츠의 유쾌한 여정과 연애편력을 다룬 〈먹고 기도하고 사랑하라〉는 현대인의 고뇌와 불안을 여행 플랜을 통해 해소시키는 '여행치료'(Travel Therapy)의 영화 버전이다. 인생의 절정에서 갑자기 밀어닥친 생의 허무를 극복하기 위해 모든 것을 내던지고 기약 없는 여정에 나선 저널리스트 리즈(줄리아 로버츠)의 결단이 영화의 플롯을 주도한다. 그리하여 리즈는 이탈리아에서 신나게 먹고 인도에서 뜨겁게 기도하고 발리에서 자유롭게 사랑하게 된다. 영화는 제목처럼 일상을 벗어난 멋쟁이 커리어우먼의 '자아 찾기'를 로드무비의 형식에 담아냄으로써 공간이동에 따른 인정세태와 풍물적 볼거리를 화면 가득 펼치고 있다.

이태리 로마에서 이태리인의 생활지혜인 '아름다운 게으름' 속에 식도락의 멋을 통해 즐기는 삶의 여유를 체득한 리즈가 여정의 제2라운드 인도에서 받아들인 삶의 교훈은 부질 없는 욕망을 버리고 용서하는 법을 배우는 것. 텍사스 출신의 중년사내 리차드(리차드 젠킨스)가 자신의 굴곡진 가정사를 교본으로 리즈에게 자아성찰과 용서의 미덕을 전수한다. 여정의 최종라운드 발리에서 리즈는 브라질 출신의 매력적인 이혼남 펠리페(하비에르 바르뎀)와 사랑에 빠진다. 그러나 뉴욕에서의 실패(남편 스티븐과의 이혼)를 되풀이 하지 않으려는 그녀에겐 확신이 없다. 발리의 할아버지 주술사 케투가 속세의 집착에서 벗어나라는 특강(?)으로 그녀를 구원하기 전까지는 …….

리즈가 누비는 이태리와 인도와 발리의 영화 속 공간은 생의 집착을 버리고 삶의 프리즘을 광각화하는 교훈적 도구적 처소로 설정된 탓에 여행지로서의 생동감은 그만큼 희석되어 있다. 소매치기가 관광객의 지갑을 노리는 로마의 스릴과, 개와 소와 사람과 인력거가 뒤섞여 카오스를 연출하는 인도의 혼란과, 가가호호 수천의 신(神)을 모시며 유유자적(悠悠自適)하는 발리의 여유를 영화가 제대로 담아내지 못하고 있음은 적잖은 결함이다. 일상의 편협한 시공을 탈출해 이기적 집착의 굴레에서 벗어날 때 진정한 사랑과 생의 열매를 수확할 수 있다는 지극히 초딩(?)스러운 훈육성 메시지도 가소롭다. "그걸 꼭 인도,발리까지 가 봐야 아나? 두류공원 두 바퀴만 돌아도 깨달을 걸…" 볼멘 소리가 극장을 나서는 뒤통수에 꽂혀왔다.

부당거래

2010. 10. 28 개봉

류승완 감독의 한국형 누아르 〈부당거래〉는 영화관 회원카드 작성 보너스로 무료관람한 첫 영화였다. 공짜영화를 보고 극장을 나서면서 어쩔 수 없이 우리 모두는 '스폰서'(?) 시대에 살고 있다는 자괴감으로부터 자유로울 수 없었다. 〈부당거래〉는 엽기적인 연쇄 살인사건의 해결을 위해 경찰이 벌인 희대의 사기극을 핵심 플롯으로, 검찰, 경찰, 기업, 언론 등이 조폭적 먹이사슬로 연결된 우리 시대의 부끄럽고도 추악한 자화상을 적나라하게 연출해 보인다. 처음엔 재미로 보던 영화가 중반을 치닫을 수록 뜨거운 피가 끓어오름을 주체할 수 없었다. 세상살이에 무뎌진 가슴에 공분(公憤)이 일 만큼 오랜 만에 사회를 정조준한 제대로 된 고발영화였다. 따라서 이 영화는 선과 악의 갈등을 다루지 않는다. 프로타고니스(protagonist;주인공)와 안타고니스트(antagonist;적대자)의 대결로 일관하는 정통드라마와는 달리 악과 악의 대립이라는 비정형적 구도로도 관객의 조바심을 충분히 이끌어낸다.

승진을 위해 범인을 조작하는 광역수사대 강력반장 최철기(황정민), 철기의 스폰서로 범인가공에 협조하는 조폭 출신 사업가 장석구(유해진), 검찰의 권력을 사익의 도구로 철저히 활용하는 무개념 검사 주양(류승범), 주양의 스폰서로 석구에게 앗긴 신축건물 소유권을 획득하려는 부동산 업계의 거물 김 회장(조영진), 이들 네 사람의 2:2 '태그매치'(?)가 점입가경으로 접어들면서 현금 우리 사회의 온갖 곪은 상처가 양념으로 버무려진다.

미묘한 힘겨루기로 서로를   퀴는 검경의 해묵은 반목, 경찰대와 비경찰대 간의 경찰내부 갈등, 엄연한 부당거래의 현장에 동참하는 언론의 작태, '적과의 동침'을 연상시키는 경찰과 범죄집단의 유착, 경직된 검찰의 조직문화 등 풍문을 통해 들어오던 우리 사회의 총체적 치부와 부패상이 구체적으로 가시화되고 있다. 객석에선 혀를 차는 탄식과 실소가 이어졌다.

그러나 잔뜩 기대에 부푼 초야의 신부를 날밤 새우게 하고 혼자 곯아 떨어진 신랑처럼 몰입도가 현저히 떨어지는 대단원은 적이 실망스럽다. 조폭적 동지애로 뭉친 자신의 반원들에 의해 철기가 쓰러지는 결말이 충격적이기는 해도 감동적이진 않았다. 우리 모두가 발딛고 사는 부당거래 현실의 사실성(?)은 살렸으나 진실성(?)엔 이르지 못하고 있기 때문이다.

이그잼

2010. 11. 11 개봉

취업스릴러를 표방한 영국산 독립영화 〈이그잼〉이 매니아층에 조용한 파문을 일으키고 있다. 나중엔 살다 살다 별 스릴러를 다 본다며 '취업 스릴러'란 작명에 거부감을 갖던 이들이 영화 감상 후, 근자 청년실업의 사회상을 잘 반영했다며 그 시의적절한 타이밍에 감탄해 마지 않았다는 이 작품을 서울 출장길에 접할 수 있었다.

이질적 외모와 성별의 다인종 다문화 남녀 8인이 굴지의 제약회사에 입문하기 위해 80분 동안 벌이는 피말리는 두뇌게임의 현장을 생생히 포착하고 있는 영화 〈이그잼〉은 우리 시대의 가장 불평등한 화법인 '취업면접'의 자가당착적 이율배반성을 적확히 꼬집어내고 있다. 영화는 오직 최후의 1인으로 살아남아 취업의 목적을 달성하려는 응시자들의 초조한 심경을 밀실(시험장)의 단절된 긴장감에 담아 전하는 '그랜드 호텔 형식'을 취한다. 공간적 배경이 고정된 영화를 지칭하는 '그랜드 호텔 형식'은 1932년 아카데미 작품상을 수상한 그레타 가르보 주연의 영화 〈그랜드 호텔〉에서 유래된 것으로, 이 영화의 공간적 배경은 베를린 소재의 '그랜드 호텔'을 일절 벗어나지 않는다. 동일공간 속 등장인물의 심리적 추이를 효과적으로 대비할 수 있어 주로 법정심리극이나 재난극에 빈용되는 이 형식을 〈이그잼〉이 차용한 것은 상대를 딛고 차별화된 실체로 각인되려는 면접생들의 절박한 심경과 치열한 경쟁심을 가장 잘 부각시킬 수 있기 때문이다. 그리하여 영화는 백지 시험지의 선문답과도 같은 문제를 풀기 위해 8인이 펼치는 갖가지 만화경적 에피소드를 그물을 짜듯 촘촘이 그려낸다. 성별과 인종(백인,흑인,아랍계,중국계)을 초월해 처음 한 공간에서 조우한 이들이 최후의 승리자가 되기 위해 서슴지 않고 합종연횡해 가며 상대를 왕따시키고 고문까지 하는 장면은 약육강식의 동물왕국에 비견되는, 비정한 현대경쟁사회의 자화상에 다름 아니다.

그러나 뭔가 거창한 경구(警句)로 기대되던 면접 발제가 '극한상황에서 얼마나 지성적·인간적으로 행동할 수 있나?'란 지극히 상식적 수준에 머문 것은 차치하고서라도, 이렇다 할 개연성 없이 자신의 캐릭터를 돌변시키는 꼭두각시형 인물들의 작위적 설정과, 영화 화면과 어울리지 않는 어설픈 연극적 대사의 남발은 어쩔 수 없는 독립영화의 한계로 보여져 안타깝다.

더 콘서트

2010. 11. 25 개봉

바이올린을 한 번이라도 켜 본 사람은 안다. 그 고혹적인 선율이 연주자의 한 끝 오차 없이 섬세한 손떨림과 정교한 활놀림에서 비롯되어진다는 걸……. 한 순간이라도 호흡이 어긋나면 '삑사리'가 나게 되고 절정을 향해 치닫던 관객의 감동은 나락으로 떨어지고 만다.

루마니아 감독(라두 미하일레아누)이 연출한 뮤직 코미디 〈더 콘서트〉는 가슴을 후벼파는 현악기의 애잔한 파장이 어떤 것인지를 결연한 표정의 볼쇼이 오케스트라 연주영상 너머로 절절히 심어준다. 라스트 13분, 바이올린 솔리스트 안네 마리 자케(멜라니 로랑)의 현란한 손놀림에 실려 다가오는 '차이코프스키 바이올린 협주곡 D장조 op. 35'의 감동은 마치 볼쇼이 오케스트라 공연 현장에 임석한 듯한 착각을 불러 일으킨다.

그것은 러시아의 자존심이며 세계인의 음악영웅 차이코프스키의 진중한 멜로디가 영화의 스토리라인과 절묘히 매치되어 끈끈한 시너지 효과를 유발하기에 가능하다. 즉 볼쇼이 교향악단의 잘나가는 지휘자였던 주인공 안드레이(알렉세이 구스코바)가 브레즈네프 철권통치 시절 유태인단원 은닉 죄로 극장 말단청소부로 전락했다가, 우연히 접한 프랑스 초청공문을 빌미로 일생일대의 마지막 가짜 콘서트를 준비한다는 재기발랄한 이야기에 담긴 위트 넘치면서도 훈훈한 휴먼파워가 충분한 견인력을 가지기 때문이다. 그러나 분명히 뭔가 부족하다. 30년 전엔 최고였지만 뿔뿔이 흩어져 생업으로 재능을 허비하고 있는 과거의 오합지졸 단원들이 다시 모이는 과정은 "어제의 용사들이 다시 뭉쳤다"는 예비군가 마냥 녹록지 않다. 우여곡절 끝에 스폰서를 구하고 비자까지 위조해 프랑스로 떠나면서 안드레이는 차이코프스키 협주곡을 가장 잘 소화할 당대 최고의 솔리스트 안네를 섭외하지만 공연이 과거의 실패를 만회하려는 그의 개인적 집착과 욕망에서 비롯되었음을 감지한 안네는 선뜻 합류하지 않는다. 마지막 순간, 안드레이의 지휘 장면과 안네의 연주 영상이 오버랩되면서 안네 부모의 비극적 최후와 안드레이와의 인연이 밝혀지지만, 그 비밀이 차이코프스키 선율의 감동을 능가할 만큼 충격적이진 않다. 초딩(?)도 예상할 수 있는 안네 출생비화의 밋밋함과 스토리 전반의 느슨함이 문전처리 미숙한 한국축구를 연상시켜 안타까웠다.

워리어스 웨이
2010. 12. 1 개봉

동서양의 전설적 서사가 환상적으로 결합한 〈워리어스 웨이〉는 〈7인의 사무라이〉가 〈황야의 7인〉으로 둔갑하는 도정을 보여준다. 즉 일본 전국시대 전후, 도적들의 약탈로부터 농민을 보호하기 위해 그들의 용병이 된 7인의 사무라이가 남북전쟁 직후, 무법자의 횡포에 시달리는 멕시코 접경부락 주민의 보호자로 나선 7인의 총잡이로 각색되는 과정을 연상시킨다는 것이다.

강력한 신공검법(神功劍法)으로 무림을 제패한 동양의 무사 양(장동건)이지만 차마 적의 아기(아날린 러드)는 죽일 수 없다. 그는 자신을 쫓는 비밀 조직을 피해 미국 서부의 외딴 마을로 흘러 들어오게 되고 자신의 신분을 숨긴 채 말괄량이 처녀 린(케이트 보스워스)과 카우보이 출신 주정뱅이 론(제프리 러쉬)을 만나면서 일상인으로 정착한다. 그러나 어릴 적 린의 가족을 몰살시킨 악당 '대령'(대니 휴스턴)이 다시 마을을 위협해 오고 과거,무참히 당하기만 했던 마을 사람들을 지키기 위해 양은 봉인됐던 자신의 칼을 다시 꺼내 든다. 잠시 보류했던 '전사의 길'(워리어스 웨이;Warrior's Way)을 가기 위해……

우선 이 영화는 서양권에도 먹힌다는 한류스타 장동건을 내세워 동양의 무협극과 할리우드의 서부극을 접목시킨 발상이 퍽이나 가상하다. 양을 쫓는 무협조직의 박쥐표 퍼포먼스를 내세워 서부 땅에 연출한 미스터리 분위기의 총격 검술 신은 CG로 그려넣은 배경과 함께 관객의 시선을 사로잡는다. 그러나 개연성 부족하고 황당하기까지 한 스토리를 비쥬얼로만 받치기엔 한계가 있음을 보여주는 대표적 모범사례 작품이기도 하다.

　일부러 대사를 줄여 카리스마 함량을 높인 장동건의 존재감은 오리엔탈리즘의 역설적 비호를 부추기고 황량한 서부 석양의 고혹적 영상미는 앙꼬 없는 찐빵의 비애를 각인시킨다. 그러나 첫 술에 배부를 수 없는 법. '한국의 기획력과 할리우드의 기술력'이 합작한 한국 배우 주연의 블록버스터급 미국시장 진출작이란 시사적 의미를 간과할 순 없다. 단순히 전투를 치르는 전사(워리어)이기 이전에 동양적 사생관에 기초한 무사로서의 인식론적 고뇌가 좀더 깊이있게 표출되었더라면 하면 아쉬움이 남는 것은 필자만의 욕심일까?

아메리칸

2010. 12. 29 개봉

　조지 클루니의 흡인력을 다시금 되새기게 하는 영화 〈아메리칸〉에는 음지에서 일하며 양지를 지향하는, '킬러'의 자유를 향한 몸부림이 애잔하게 펼쳐진다. 영화 〈아메리칸〉은 일정 부분, 맷 데이먼이 타이틀 롤을 맡은 〈본 아이덴티티〉시리즈의 연장선에서 출발한다. 자신의 정체성을 찾으려는 비밀요원의 끝 없는 고뇌를 형상화하고 있다는 점에서 두 영화는 일맥상통한다. 그러나 박진감 넘치는 액션과 공간이동으로 현란한 볼거리를 제공하는 〈본 아이덴티티〉시리즈에 비해 이태리의 한적하고 정감어린 시골마을을 배경으로 강철사나이의 내면에 자리잡은 불안과 공포의 트라우마를 추적하는 〈아메리칸〉은 이렇다 할 활극을 보여주진 않는다는 점에서 차별화된다.

　자신이 직접 조립·제작한 무기로 암살지령을 수행하는 베테랑 요원 잭(조지 클루니)은 스웨덴에서 밀월을 즐기던 중, 기습을 받고 이태리로 도피한다. 자신을 둘러싼 불길한 기운을 생리적 육감으로 간파한 잭은 중세적 운치가 가득한 시골마을 '카스텔 델 몬트'에서 은인자중하며 살얼음판을 걷듯 세상을 관조한다. 잭의 치밀하면서도 비정한 태도에서 '믿음'의 결핍을 알아챈 마을의 사제 베네딕토 신부(파올로 보나첼리)는 사랑만이 행복의 열쇠라며 그를 압박해 오고 공허함을 달래기 위해 찾은 사창가에서 잭은 묘한 매력을 발산하는 사랑스런 창녀 클라라(이리나 비요르크룬데)를 만나게 된다. 상부의 밀령에 의해 여성 킬러 마틸다(쎄크라 로이턴)에게 주문받은 무기를 양도한 뒤, 클라라와 함께 행복한 미래를 설계하려던 잭의 장밋빛 청사진은 그를 둘러싼 위태로운 함정 속에 놓이게 된다.

자신의 안전을 위해 살해한 하룻밤 여인의 악몽에 시달리며, 자다가도 벌떡 일어나 총구를 겨누는 암살요원의 잃어버린 영혼을 연기한 조지 클루니의 비감한 눈빛이야말로 이 영화를 견인하는 최고의 감상포인트이다. 사주에 의해 누군가를 끊임 없이 죽이다 자신도 그런 처지에 놓여야 하는 킬러의 비애와 자유를 향한 갈망을 이보다 더 절실히 표현할 순 없기 때문이다. 그러나 '진중하고 기품 있으나 울림은 부족하다'는 평단의 지적처럼 내면탐구에 치중하느라 지극히 단순해진 스토리텔링은 불어버린 스파게티 맛처럼 떨떠름하다.

제3부

도가니

〈2011년〉

심장이 뛴다

2011. 1. 5 개봉

〈심장이 뛴다〉는 심장병 딸을 살리려는 중산층 엄마의 필사적 모정과 뒤늦은 회개로 어머니에 진 마음의 빚을 갚으려는 양아치 불효자식의 사모곡이 스릴러의 접점을 이루고 있다. 극단적 상황에 몰린 양측의 인물이 서로의 혈육을 인질로 대치하는 구도 속에 관객의 촉각을 곤두서게 하면서도 훈훈한 휴머니즘의 기조를 잃지 않게 한다는 게 이 영화의 미덕이다.

남편과 사별하고 외동딸 예은과 사는 강남의 영어유치원 원장 연희(김윤진)는 딸에게 이식할 심장을 수소문하던 중, 뇌사상태로 병원에 후송된 중년여성을 보게 된다. 그녀의 남편(주진모)에게 사례금을 건네고 이식동의를 얻었으나 갑자기 나타난 막가파 아들 휘도(박해일)는 지난날 자신의 불효를 떠올리며 이식수술을 가로막는다. 결국 딸을 살리기 위해 휘도의 어머니를 가로챈 연희와, 어머니를 지키기 위해 예은을 납치한 휘도의 숨가쁜 대결이 절정으로 치달으면서 이들의 담력테스트는 벼랑끝을 향하게 되는데…….

미국 안방극장을 사로잡았던 〈로스트〉의 히로인에서

〈하모니〉의 여죄수, 〈세븐데이즈〉의 변호사를 거쳐, 오로지 딸을 살리려는 무적모정의 맹렬투혼으로 돌아온 김윤진의 눈매에선 그 옛날(?) 〈쉬리〉의 여전사 포스가 느껴진다. 자신을 버리고 개가한 어머니에 대한 반항심으로 압구정 유흥가 뒤안길을 서성이며 청춘을 왜곡시키다 어머니의 비참하고 기구한 비하인드 스토리에 분기탱천하는 아들 휘도를 연기한 박해일의 미친 존재감 역시 인상적인 풀링포인트(pulling point)이다.

그러나 심장병 어린이와 뇌사 여인의 심장 이식을 소재로 관객의 심장을 한껏 뛰게 했던 영화의 결말부는 느닷없이 인도주의 신파조의 도도한 풍랑을 만나 맥없이 좌초하고 만다. 목숨을 걸고 딸을 살리기 위해 딸에게 "엄마가 무섭다"란 소리까지 들으며 가히 조폭적 광기를 발휘하던 연희와, 어머니를 오해한 패륜아의 트라우마를 씻어내고자 애인까지 동원해 희대의 유아납치극을 벌이던 휘도의 감정선은 희도어머니의 임종을 전후한 대단원에 때맞춰 극적으로 합쳐진다. 자식에 대한 사랑과 어머니에 대한 속죄란 인간적 공통분모를 가진다지만 갑자기 화해 모드로 돌아서는 결말구조는 "짜고 치는 고스톱"의 의혹을 비껴가기 힘들다.

글러브

2011. 1. 20 개봉

　강우석 감독의 뉴스타일을 읽을 수 있는 영화 〈글러브〉
는 대단히 불리한 소재를 다루고 있다. 공교롭게도 필자
가 관람한 날 저녁에 출연진(정재영, 유선, 강신일, 조진
웅, 장기범, 김혜성, 이현우)들의 무대인사가 있었다. 그
인사가 영화가 밋밋하고 재미없더라도 잘 봐(?) 달라는
애원처럼 느껴졌다. 그 불안감이 영화를 보면서 점차 현
실로 인각되어지는 순간, 스포츠실화의 영상화 작업이 얼
마나 지난한 지를 다시금 상기하게 하였다. 이미 확정되
어 상상력의 재구성 여지가 제한적인 팩트(fact)를 원천으
로 한다는 점, 바닥을 헤매던 운동선수들이 지도자와 합
심해 인간승리를 이룬다는 이젠 식상하리 만큼 뻔한 면역
성 스토리의 재판(再版)이란 점, 그러다 보니 결말이 훤히
들여다 보여 관객에게 별다른 긴장감을 주지 못한다는 점
등, 이 영화의 태생적 약점들이 마치 무거운 짐을 지고 사
막을 오르는 낙타의 멍에처럼 다가왔다.
　음주폭행으로 프로야구계의 문제아로 전락한 과거의 스
타투수 김상남(정재영)이 면죄부를 받기 위해 농아 야구
팀(충주 성심학교)의 지도자로 부임한다는 설정은 〈라디

116 우리 시대의 영화 읽기

오 스타〉의 스포츠 버전으로 봐도 무방하다. 시골(영월) 방송국의 DJ로 전락한 퇴물가수(박중훈)가 수직추락한 자신의 처지에 냉소적으로 대응하다 우여곡절 끝에 갱생하게 된다는 인생담을 '야구와 청각장애자'란 새 코드에 대입한 거나 진 배 없다. 일편단심 주인공을 감싸 안는 매니저(〈라디오스타〉의 안성기, 〈글러브〉의 조진웅)가 이들의 주변을 서성이는 점도 똑 같다. 기성집단의 눈높이와 장애자에 대한 사회적 편견을 드러내는 학부형 및 학교관계자들의 등장과 이들에 맞서 오직 장애자에 대한 희생과 사랑으로 일관하는 교감(강신일)과 음악교사(유선)의 천사표 대응구조도 지극히 도식적으로 읽힌다. 그러나 이처럼 운신의 폭이 제한된 소재 속에서도 극영화의 재미를 더하기 위해 다양한 에피소드를 덧붙이고, 이를 극대화하기 위해 배우들이 캐릭터에 열정적으로 함몰한 것은 이 영화가 갖춘 최대의 미덕이다. 덕분에 진부한 전형성에도 불구하고 가슴 뭉클한 최소한의 감동은 담보할 수 있었을 터……. 〈국가대표〉, 〈맨발의 꿈〉, 〈우리 생애 최고의 순간〉 등 동계열의 선배영화들이 이룩한 성과를 좀 더 꼼꼼히 벤처마킹해 관객의 몰입을 자연스럽게 유도했더라면 훨씬 좋았을 것이다.

걸리버 여행기
2011. 1. 27 개봉

잭 블랙이 타이틀롤을 맡은 〈걸리버 여행기〉는 가칭 3D 코미디 블록버스터이다. 그러나 2차대전 당시 도시의 한 블록을 날려버릴 정도로 가공할 위력을 가진 B29의 대형 고성능 폭탄에서 명명된 블록버스터(blockbuster)의 의미가 그 제작규모에만 국한될 지 흥행수준에까지 영향을 미칠 지는 불가해하다. 하지만 영화가 끝난 뒤 텅빈 객석을 바라보며 느낀 필자의 감으론 무척 비관적이다.

〈걸리버 여행기〉는 우리가 잘 아는 영국 작가 조너선 스위프트의 풍자소설을 현대적 시각에서 패러디하고 있다. 민생은 도외시한 채, 권력투쟁에 눈이 멀었던 18세기 영국정계(토리당과 휘그당)에 풍자의 초점을 맞췄던 원작은 이후 그 풍자의 대상이 사라지자 어린이들의 환상을 부채질하는 동화로 주로 기능해왔다. 무대를 현재의 뉴욕으로 재세팅해 신문사 우편실의 낙척(落拓)인생이 벌이는 사랑의 쟁취과정을 다루는 영화는 얼핏 그 지겨운 동화적 플롯에 마침표를 찍을 것 같은 기대를 가지게 한다. 그러나 3D의 기술지원까지 받아가며 찬란한 눈요기감을 잔뜩 진설(陳設)하고 있으나 그 단단한 동화적 껍질을 벗기엔 역부족이다. 아니 애초부터 그럴 생각이 전혀 없이 작정하고 판타지적 유희를 즐기려는 듯하다. 뉴욕 신문사에서 10년째 우편 관리만 하는 허풍쟁이 걸리버(잭 블랙)는 여행칼럼 에디터 달시(아만다 피트)를 짝사랑하지만 감히 범접하지 못하고 애만 태운다. 그러던 어느날 인터넷 기사를 표절한 여행기로 달시의 환심을 사게 되고 마침내 버뮤다 삼각지대 기획여행에 투입된다. 그러나 여행 도중, 대해일에 맞닥뜨리게 되고 결국 소인국 릴리풋으로 표류한다. 여기까지가 메인스토리(걸리버의 릴리풋 표류기)에 이르는 외화(액자)인 셈인데, 사실상 이 영화의 기발한 변별적 자질은 여기까지다. 원작에서 소인국 편만을 들어낸 내화는 전혀 색다른 감흥을 주지 못한다. 우리가 익히 아는 기성스토리를 완만하게 손질한 위에 잭 블랙 특유의 황당한 슬랩스틱(slapstick)을 가미했을 뿐이다. 아이언맨과의 결투신에서 그 가능성을 보인 것처럼 대중적 아이콘을 시대적 감성에 맞게 재배열하는 기교가 퍽이나 아쉬웠다. 걸리버란 고전을 통해 이 시대 남성 신데렐라의 수줍은 속내를 잘 포착해냈음에도 불구하고…….

조선명탐정 : 각시투구꽃의 비밀
2011. 1. 27 개봉

〈조선 명탐정 : 각시투구꽃의 비밀〉은 KAIST 교수 김탁환의 역사추리소설 〈열녀문의 비밀〉을 영화화한 것이다. 무늬는 전제왕조였지만 근대적 자본주의의 단초를 보이기 시작했던 조선조 후기의 혁신군주 정조조를 배경으로 공납 비리에 얽힌 음모를 밝히고 있는 영화는 원작자와 감독의 신세대적 감성과 재치가 보는 재미에 불을 붙이고 있다. 영화를 보는 내내, '해리포터'의 그림자가 스쳐 지나가고 고우영 '수호지'의 대사가 귓전을 울리며 '나니아 연대기'의 세팅과 이인화 '영원한 제국'의 플롯과 셜록 홈즈의 스토리가 합종 · 연횡한 듯한 착각 속에서 헤어날 수 없다. 한 편의 걸작을 낳기 위해 동서고금의 창작물을 두루 섭렵하고 시의적절하게 재배치 · 활용한 순발력이 돋보였다.

정조 17년, 의문의 연쇄 살인 사건을 추적하는 명탐정 김진(김명민)은 정체를 알 수 없는 자객으로부터 습격을 받고 눈치 빠른 개장수 서필(오달수)의 도움으로 위기를 모면한다. 서필과 함께 단 하나의 단서인 '각시투구꽃'을 찾아 적성으로 향하던 그는 그 곳에서 사건의 중심 인물 한객주(한지민)를 만나게 되고 사건을 수사하면 수사할수록 뿌리를 알 수 없는 거대한 음모의 실체와 마주하게 된다.

이처럼 내용상으론 다분히 스릴러 탐정물인 이 영화가 범인이 누구며 어떤 식으로 종결되느냐 하는 사건의 디테일한 전개과정으로 관객에게 보는 재미와 즐거움을 선사하기보다 생뚱맞게도 김진과 서필의 탐정 콤비가 펼쳐 보이는 코믹 코드로 승부를 걸어오고 있다는 점이 〈조선 명탐정 : 각시투구꽃의 비밀〉의 매력이자 주목포인트이다. 다시 말하자면 스릴러에 코미디를 접목시킨 위에 현대적 감성으로 역사극을 뒤틀어 이중의 혼종효과를 노린 셈인데 이게 젊은 관객의 기호에 크게 어필했다고 볼 수 있겠다. 탐정스릴러물이 반드시 빈 틈 없이 정연한 탐정의 준수한 추리와 범상찮은 활약에 기댄 교과서적 고형물일 필요가 없음을 실증해 보인 '발상의 전환' 모범작이라 할 만하다. 그러나 막판 지나치게 복잡하고 무거운 사건의 실체를 급반전 마무리한 영상예술로서의 스토리텔링적 한계와, 한두 번이면 봐줄만 하나 유치한 개그 대사로 일관한 김명민과 오달수의 과장된 연기는 분명히 지적되어야겠다.

사랑이 무서워

2011. 3. 10 개봉

찌질이 전문배우 임창정이 봄 스크린에 납셨다! 그러나 텅 빈 객석은 심드렁한 표정으로 그를 맞고 있었다. 이미 〈색즉시공〉, 〈위대한 유산〉, 〈1번가의 기적〉, 〈청담보살〉, 〈불량남녀〉 등의 전작들을 통해 속절 없이 망가지는 한국형 루저(loser)의 전형을 창조했던 그는 신작 로맨틱 코미디 〈사랑이 무서워〉에서도 궤도 위를 착실히 걸어가고 있었다.

동료 모델 소연(김규리)을 짝사랑하던 홈쇼핑 시식모델 상열(임창정)이 감히 넘볼 수 없는 소연과 결혼에 골인하게 된 속 깊은 사연을 메인 스토리로 하고 있는 이 영화는 로맨틱 코미디의 정석대로 '황당함'에 포인트를 맞추고 있다. 홈쇼핑 프로그램 담당 박 PD(김태훈)의 아이를 임신한 소연이 미혼모가 되지 않기 위해 사람 좋은 상열을 간택(?)하고 아무 것도 모르는 상열은 소연을 공주처럼 떠받들다 마침내 그 비밀을 알게 된다는 줄거리는 '황당' 그 자체다. 로맨틱 코미디란 게 원래 황당한 내용으로 관객의 카타르시스(Catharsis)를 도모하는 거라지만 문제는 그다지 신선하지 않다는 것이다. 20여년 전 배창호 감독의 〈우리 기쁜 젊은 날〉(안성기, 황신혜 주연)에서 선보였던 순수남과 까칠미녀의 순애보는 이제 더 이상 흥미로운 연애 블루칩이 아니다. 70년대 〈러브스토리〉(라이언 오닐, 알리 맥그로우 주연)에 열광했던 관객들이 이후 〈라스트 콘서트〉, 〈선샤인〉 등 같은 소재(역경을 극복하고 사랑을 쟁취한 커플이 불치병 여인의 죽음으로 비극을 맞는)의 영화에 식상해 갔던 것처럼……. 신분,나이,출신 등으로 인한 온갖 난관을 무릅쓰고 사랑을 이루는 순간, 관객들은 벌써부터 머리 속에서 미구에 닥칠 여주인공의 죽음의 모습을 상상할 수 있게 된 것이다.

 내용만 그런 게 아니라, 이미 유사한 전작들에서 덜 떨어진 찌질남을 연기한 임창정의 고형화된 캐릭터브랜드에도 슬슬 하품이 나오기 시작한다. 이젠 대놓고 욕쟁이 모드로 나서는 김수미의 거친 입담도, 극중 감초의 사명을 다하기 위해 안간힘을 다하는 포차주인 안석환, 상열의 친구 명부(박민환 분), 명부의 동거남(김진수 분), 소연의 친구 명숙(이아린 분) 등의 코믹 투혼도 안쓰럽기만 하다. 순수한 진정성만이 만사형통의 지름길이란 우리 시대 루저들에게 보내는 격려성 메시지가 이젠 지겹기까지 하다고 느끼는 순간, 영화가 무서워졌다.

내 이름은 칸

2011. 3. 24 개봉

　일찍이 영국 소설가 포스터(E. M. Forster)는 〈인도로 가는 길〉(A Passage to India)에서 영국인 처녀와 인도인 무슬림 의사의 동굴 속 에피소드를 통해 19세기 서구인의 인도에 대한 편견과 우월감을 적확히 묘사한 바 있다. 거장 데이비드 린에 의해 1984년에 영화화되기도 했던 이 작품에서 작가는 서양인의 시각에서 동양을 비하하는 오리엔탈리즘의 본질에 다가서며 동서양의 진정한 소통을 미래사회의 화두로 제시한다.

　카란 조하르 감독의 인도 영화 〈내 이름은 칸〉은 포스터의 이러한 바람을 9. 11테러 이후의 미국사회를 배경으로 이미 우리에게 낯익은 영화적 관습으로 표출하려 한다. '인도판 포레스트 검프'로 불릴 만큼 영화는 자폐증 주인공의 입신과정을 세밀히 추적해 가고 있다. 그러나 포레스트 검프가 제 나라, 제 땅, 제 인종 속에서 거둔 성취를 영화의 주인공 칸은 공간적 인종적 종교적 고난 속에 이룩해 나간다. 무슬림 출신의 재미 인도인 칸(사룩 칸)이 싱글맘 만디라(카졸)와의 결혼으로 얻은 의붓아들 샘의 죽음에서 초래된 고통과 갈등을 진정어린 집념으로 해소시킨다는 〈내 이름은 칸〉의 줄거리는 어찌 보면 현대판 남성 신데렐라의 영웅담 정도로 비춰질 수 있다. 일개 동양계 정신 장애자가 지극히 개인적 소망으로 세계를 호령하는 미국 대통령을 만나게 된다는 설정 자체가 지나치게 작위적이라는 것이다. 관객의 기대치에 부합해 해피엔딩으로 나아가기 위한 인도적(印度的) 술수에 불과하다는 폄훼론이 솔깃할 정도로 칸의 고난의 여정은 밑그림이 뻔히 보인다.

그러나 인도인이 미국을 배경으로 미국에서 촬영한 이 인도 영화는 적어도 9. 11 테러 이후 이슬람세계에 관한 일부 미국인의 굴절되고 편향된 시각을 교정·복원하는 데 훌륭한 교범이 될 듯하다. 그것은 동양의 특정국민들을 그 종교적 인종적 정체성으로 단일화해서 도매금으로 예단하는 서양인들의 단순무식(?)한 분별력에 좋은 반성자료로 작용할 수 있기 때문이다. 전체적 플롯이 다소 도식적이긴 하나 미국사회에 자리잡은 동양계 이민의 내부적 갈등과 대외적 고민을 9. 11이란 거대 화두를 통해 감상적으로 풀어나가려는 감독의 소박한 시도는 간간이 고개를 끄덕이는 객석의 반응으로 보아, 영 실패한 것 같아 보이진 않았다.

라스트 나잇
2011. 4. 7 개봉

초보 감독 마시 태지딘이 연출한 〈라스트 나잇〉은 초보 부부를 대상으로 한 애정 콘트롤 교본이다. 하지만 초보 관객이 보기엔 다소 맥빠지고 지루한 내용일 수도 있는 이 영화는 콕 집어 이렇다 할 갈등이 있는 건 아니지만 옷 깃만 스쳐도 남의 배우자에 야릇한 시선을 보내게 되는 우리네 부부들의 일탈충동심리에 대한 진단보고서이기도 하다.

어느날 뉴욕 상류층의 커플 조안나(키라 나이틀리)와 마이클(샘 워딩턴)은 우연히 한 파티에 들르게 된다. 거기서 조안나는 마이클이 동료인 로라(에바 멘데스)와 무척 가까운 사이임을 알고 질투를 느끼고 다음날, 두 사람이 함께 출장 가는 것을 알고 불안해 한다. 하지만 조안나도 파리에서 출장 온 옛사랑 알렉스(기욤 카네)를 우연히 만나 마음이 흔들린다. 그리곤 저녁 약속까지 잡고 옛 얘기를 나누며 오랜만에 사랑의 기분에 젖는다. 한편, 마이클은 낯선 출장지에서 로라의 유혹 앞에 혼란스럽다. 이처럼 영화는 결혼 3년차 뉴요커 부부의 하룻밤 동안의 잿빛 애정기상도를 드라마틱하게 그린다.

인간에게 에로스적 사랑은 과연 무엇이며 사람마다 어떻게 다르게 다가올까? 그리고 기혼남녀에겐 어떤 색깔과 떨림으로 전해져 올까? 낯선 출장지에서 로라의 유혹에 흔들리는 마이클과 잊고 지냈던 옛 사랑의 설렘과 알렉스의 구애에 혼돈스러운 조안나를 통해 〈라스트 나잇〉은 배우자 없는 은밀한 하룻밤의 심연을 깊고 그윽하게 파헤치고 있다. 법적으로 보호되고 도덕적으로 준수되어야 하는 정조 관념과 육체적 욕정과 본능적 이끌림에 의해 제어키 어려운 일탈욕구 사이의 갈림길에서 이들 네 남녀가 겪게 되는 '요상한 흔들림'은 오늘을 사는 현대인들의 불가항력적 파라노이아(paranoia ; 편집증적 망상)에 다름 아니다.

지극히 전형적인 멜로드라마의 양식을 빌려 불륜의 유혹에 노출된 커플의 심사를 다루는 영화는 뻔할 것 같으면서도 예상외의 결말을 도출해 관객들을 실망(?)시킨다. 혼외 상대에게 끝없이 이끌리면서도 끝내 탐색에 그치고 마는 '은밀한 긴장감'에의 도정이 스크린 속에서나마 '멋진 일탈'을 꿈꾸는 이들을 좌절시킨 탓일까? 화끈하게 일을 저지르지도 않고 뜸만 들이는 인물들에게 '어둠의 특권의식'에 물든 관객의 눈총이 쏟아지는 듯하였다.

세상에서 가장 아름다운 이별

2011. 4. 20 개봉

1996년 TV단막극으로 공전의 히트를 했던 〈세상에서 가장 아름다운 이별〉이 '익스트림 가족고통 멜로드라마'의 꼬리표를 그대로 달고 스크린을 찾아 왔다. 가족을 위해 자신을 소진시킨 여인과 그 가족의 이별방식을 중후한 연기력(나문희, 주현)으로 펼쳐보였던 TV극은 이 땅에서 주부로 살아가야 하는 중장년 여성의 고전적 비애를 처절히 각인시키며 시청자들의 눈물샘을 자극했었다. 15년 뒤 영화화된 동명의 작품은 제목 뿐아니라 내용과 주제도 대동소이하다. 가족을 위해 헌신하던 한 집안의 야전사령관 인희(배종옥)의 갑작스러운 암 선고에 삶의 운행일지를 재편해야 하는 가족들의 황당한 심사가 주조를 이룬다. 화면 가득히 흩날리는 야생화를 압인해 생활장식(카드, 엽서 찻잔)으로 활용하는 오프닝 크레디트의 장면은 한 집안의 구심점으로서 인희의 상징적 위상을 요연히 압축해 주고 있다. 자세히 살펴야만 그 은은한 아름다움을 느낄 수 있는 야생화는 세상 어느 꽃보다 강렬한 완상의 즐거움을 선사하고, 끝내 자신의 몸을 짓이겨 최후를 장식한다는 점에서 며느리, 아내, 어머니의 다중적 삶을 인고해

온 여자의 일생과 그대로 맞닿아 있기 때문이다.

치매 걸린 시어머니(김지영), 늘 피곤을 달고 사는 퇴물의사 남편(김갑수), 유부남과 열애 중인 딸(박하선), 여자친구가 전부인 철부지 삼수생 아들(류덕환), 하나 뿐인 누나의 등골을 빼먹는 도박쟁이 친정동생 근식(유준상)과 올케(서영희), 인희를 둘러싸고 있는 난공불락의 아성은 그녀의 굴레인 동시에 살아가야 할 이유다. 인희의 시한부 삶이 알려진 후, 그녀의 존재이유였던 가족들이 인희와 작별해가는 과정은 결코 야단스럽진 않지만 충분히 곡진한 쓰라림을 관객의 뇌리에 심어준다. 개복한 아내의 배를 그대로 덮고 나와 수술실 밖에서 통곡하는 남편, 유부남 애인의 옷장에서 아내의 남편사랑을 확인하며 엄마를 떠올리는 딸, 며느리의 말을 기억하고 무심코 혀를 깨무는 치매 시어머니, 이들의 세상 속 전송을 받는 히로인 배종옥은 필자보다 몇 년이나 아래다. 그러나 TV극 〈왕룽일가〉(89년)의 풋풋한 막내딸에서 〈내 남자의 여자〉(07년)의 농염한 여인을 거쳐, 이제 인생을 마무리하는 성숙한 여인상으로 거듭난 그녀의 연기를 보면서 아직 89년에 머물러 있는 나 자신이 초라해졌다.

체포왕
2011. 5. 4 개봉

"아 저거 우리편이네요" 범인을 쫓던 서대문서 강력팀장 정의찬(이선균)이 협공에 나선 마포서 순찰차를 반기자 고참 조형사가 한 마디한다. "우리편은 무슨? 순 날강도들예요" 임찬익 감독의 데뷔작 〈체포왕〉은 범죄자가 적이 아니라 경찰끼리 적이 되어야 하는 오늘날 한국경찰의 자화상을 풍자적으로 그려내고 있다. 실적경쟁의 늪에 빠져 진정한 민생치안은 도외시한 채 비열한 눈동자를 굴려대는 민중의 지팡이들을 화면에서 만날 수 있다.

'신촌'과 '홍대'란 서울 최대의 유흥단지를 관할하는 서대문서와 마포서는 사사건건 비교당하는 탓에 밥그릇싸움이 치열하다. 순경 출신의 능구렁이 마포서 팀장 '황재성'(박중훈)과 엘리트 경찰대 출신의 신참 서대문서 팀장 '정의찬'(이선균)은 경무관 승진에 목을 매단 그네들의 서장 나리를 대신해 체포왕 타이틀을 두고 일생일대의 결전(성폭행범 '마포 발발이' 검거)에 돌입한다. 그러나 이는 상관들의 대리전이기에 앞서, 결혼을 앞두고 전세금 3,000만 원을 대치할 포상금이 필요한 의찬과 짧은 가방끈으론 불확실하기만 한 승진의 기회를 보장받으려는 재성의 집착이 부른 피할 수 없는 한판 대결이다. 따라서 범인이 잡힌다고 끝나는 게 아니라 반드시 '우리'손에 잡혀야 한다. 그런 만큼 코미디물답지 않게 진정성(?)이 돋보이는 아현동 주택가 추격신은 오월동주(吳越同舟)의 절박함이 그대로 묻어난다. 〈본 얼티메이텀〉의 모로코 탕헤르 추격신을 벤치마킹했다는 이 장면은 주택가 구조물 사이에 갇혀 낑낑대는 이선균의 굴욕신과 더불어 이 영화의 가장 인상적인 미장센으로 다가온다.

 2주 시한의 합동수사본부가 해체되고 각각 일선으로 좌천된 두 팀장이 순수한 의협심으로 의기투합해 발발이를 추적하는 과정에서부터 영화는 버디무비(buddy movie)의 전형성을 획득한다. 이질적 캐릭터의 두 인물이 화합하며 콤비가 되어가는 경로를 제대로 보여주기 때문이다. 물론 갑자기 휴머니즘의 화신이 된 재성이 성폭력 피해소녀에게 온정을 쏟는 모습이 뜬금 없기는 하다. 그래도 묻지도 따지지도 말자. 이만한 풍자오락영화도 흔하던가! 복화술의 달인(?)이라는 이선균의 연기변신도 놀랍다. 다만, 알고 보니 프랑스의 〈마이 뉴 파트너〉를 표절했대서 우리를 좌절케 했던 〈투캅스〉처럼 이번에야 별 일 없겠지? 굳게 믿는다.

마이 원 앤 온리

2011. 5. 19 개봉

〈할리우드 엔딩〉의 주연 조지 해밀턴의 실화를 바탕으로 한 〈마이 원 앤 온리〉는 3색의 칠면조 같은 영화다. 공간이동의 구조에서 살피면 로드무비(Road-movie)요, 극중 어머니(르네 젤위거)의 입장에 초점을 맞추면 로맨틱 코미디요, 아들 조지(로건 레먼)의 시각에서 보면 성장소설(Initiation Story)의 냄새가 짙기 때문이다.

재즈밴드 리더 아버지(케빈 베이컨)의 바람기에 질린 어머니가 씨 다른 두 아들을 데리고 가출해 미국대륙을 동서횡단(뉴욕 - 보스턴 - 피츠버그 - 센트루이스 - 로스앤젤레스)하는 구혼모험담이 주조를 이루는 영화의 줄거리는 아메리칸 드림을 좇던 당대 미국인의 일상사와 교묘히 맞닿아 있다. 사상 초유의 경제 대공황기였던 1930년대 이래 50년대에 이르기까지 불안정한 가계로 심리적 공황을 면치 못했던 서민들은 언젠가 잡힐 듯한 상류계층의 신기루 같은 환상에 목을 매달고 있었다. 당시의 극장가엔 바닥을 헤매던 주인공이 우여곡절 끝에 상류계층에 진입하는 권선징악의 해피엔딩 입신담이 대세를 이루고 있었고 관객 대부분은 상류계층과 무관한 일용직 근로자였다.

백만장자 새 신랑을 만나 아이들을 윤택하게 키울 새 가정을 꾸리고자 오매불망 혼인시장에 승부를 건 조지의 엄마나, 미래의 할리우드 스타를 꿈꾸며 오직 공연 무대에 집착하는 조지의 형 베커(트로이 개리티) 등은 모두 그 시대 미국인의 고형화된 초상이다. 조지가 피츠버그의 옆집 소녀와 같이 간 자동차극장에서 상영되는 영화도, 소녀의 지적처럼 관객들 자신도 언젠가는 저렇게 될 거란 헛된 기대에 젖게 하는 입신멜로물이다.

그러나 언젠가 터질 한 방을 꿈꾸며 피곤한 여정을 이어가던 이들의 순례는 현실적으론 실패한 것처럼 보인다. 엄마는 끝내 짝을 구하지 못하고, 베커는 카메라 울렁증으로 배우의 꿈을 접어야 하며, 마지막 방패막이었던 아빠는 심장마비로 숨진다. 하지만 동서횡단의 대장정은 이들에게 가족의 의미를 새롭게 각인시킨다. 아빠의 히트곡 명이자 영화제목 'my one & only'가 시사하는 바처럼 가족이야말로 오직 하나 뿐인 우리들의 마지막 보루이자 진정한 안식처란 사실을……. 잔잔한 재미와 훈훈한 메시지를 함께 주는 영화였다.

굿바이 보이

2011. 6. 2 개봉

노홍진 감독의 데뷔작 〈굿바이 보이〉는 80년대 후반에 시점을 고정시킨 10대 청소년의 성장보고서이다. 〈아홉살 인생〉이 60년대의 인정풍속 속에 초등학생의 동심세태에 초점을 맞췄다면 〈효자동 이발사〉는 60~70년대 우리 사회의 어두운 질곡을 이발사로 상징되는 무력한 서민의 눈높이에서 조명했는데, 이제 〈굿바이 보이〉가 가세함으로써 비로소 한국영화의 대중사회사적 계보가 완성되는 셈이다.

술주정뱅이에 만년백수 아버지(안내상)와 가출이 전공인 어머니(김소희), 그리고 무개념 여고생 누나(류현경)와 더불어 기상천외의 가족을 이루고 있는 88년 겨울의 중학생 진우(연준석)가 영화의 주인공이다. 그런 만큼 영화는 시대극의 형식을 빌어 소년의 성장을 추적하는 '이니시에이션 스토리'(Initiation story;성년식 소설)의 형식을 취한다.

영화 주인공 진우와 같은 시기에 유소년기를 보낸 감독의 자전적 체험에 살을 보탠 스토리는 우리 시대의 암울했던 기억을 아련하게 떠올리게 한다. 결코 즐겁고 기쁘고 행복했던 시절은 아니지만, 왠지 가슴 뜨거웠던 그때로 가고픈 향수를 일깨운다. 군부독재를 종식시키려는 민주화시위의 함성 속에 아스라이 스러져 갔던 그 때 그 시절의 그리운 얼굴들이 마치 숨바꼭질하듯 화면 속에서 느린 손짓을 계속하고 있다. 정치적 격동기만큼이나 치열한 사춘기를 보낸 진우의 뜨겁고도 담담한 가족사가 사회적 풍자의 그릇 속에 오롯이 잘 담겨져 있다. 제목 '굿바이 보이'(소년이여 안녕)가 가리키듯, 80년대의 어두운 정치적 상황을 안팎으로 겪으며 어른으로 성장한 주인공의 반어적이고 절제된 나레이션은 '그 시대의 종식'과 함께 '소년시대의 꿈'이 사라졌음을 역설적으로 드러내 주고 있다.

격동의 시절을 보낸 탓에 세상 사는 지혜(?)를 일찍 터득해야 했던 그 시대의 소년 진우가 부정했던 무능한 아버지는 정통성은 없으면서 국민 위에 군림하려 했던 당대 정권의 허상에 다름 아니다. 그러나 아무리 '골때리는' 아버지라도 가족의 좌표 속에 분명히 위치해야 함을 영화는 힘겹게 역설한다. 엔딩 크레딧이 올라가는 순간, 부스스 일어서는 또래 관객들을 보면서 과연 나는 어떤 아버지일까 곰곰이 되씹어 보았다.

링컨차를 타는 변호사

2011. 6. 16 개봉

마이클 코넬리의 원작을 대중적 기호에 맞게 각색한 〈링컨차를 타는 변호사〉는 사법정의와 변호사의 영업이익 사이의 간극을 범죄스릴러 양식에 담아 전하는 수작 오락영화다. 그런 만큼 영화는 자본주의 천국 미국의 추한 실체를 속물변호사의 마지막 양심으로 포장하려 한다. 별다른 액션과 박진감 넘치는 장면 설정 없이도 120분의 런닝타임을 몰입하게 하는 범상치 않은 견인력은 이 영화의 훌륭한 미덕이다.

LA 뒷골목 범죄자들을 변호하는 변호사 미키 할러(매튜 맥커너히)는 재력 좋은 의뢰인을 만나려 운전기사가 딸린 링컨 차를 타는 속물이다. 하지만, 그는 한편으론 항상 무고한 의뢰인을 전과자로 만들진 않을까 전전긍긍하는 양심가이기도 하다. 미국 자본주의의 속물성과 이기성을 상징하는 형사소송 전문 변호사 미키의 이러한 이중적 심성은 이 영화를 성립시키는 최고의 캐릭터적 매력이다. 프로타고니스타(protagonist; 선한 주인공)와 안타고니스트(antagonist; 악랄한 적대자)의 어느 한 축에 기울어 서사의 균형감을 잃지 않게 함으로써 끝까지 관객을 긴장 속에 몰아넣는 변수로 작용하기 때문이다.

어느 날, 할리우드의 거대 부동산 재벌 루이스 룰레(라이언 필립)가 강간미수 폭행사건으로 찾아오는데, 결백의 냄새를 짙게 풍기는 이 돈 많은 의뢰인이 자신이 유죄로 단정해 평생 감옥에서 썩게 한 예전 의뢰인 관련사건의 진범임을 알게 된 미키는 고민에 빠진다. 결국 미키는 그의 영업권을 수호하는 범위 안에서 형사정의를 실현시키기 위해 치밀하게 속이고 영리하게 반격하는 절체절명의 전략을 구사하게 된다.

돈은 밝히면서도 양심은 지키려는 미키의 캐릭터는 현대 자본주의의 이율배반성을 가감없이 보여주는 생리적 기제로, '개 같이 벌어 정승처럼 쓰라'는 한국적 경제윤리와도 상통한다. 정의가 이기고 실천된다는 뻔한 주제지향적 스토리로 빠지지 않도록 영화가 빼든 카드는 변호사의 '비밀유지특권'(변호사가 의뢰인과 나눈 정보는 공개되지 않고 비밀로 해야 하며 이는 증거로도 채택될 수 없음)이다. 이것에 묶여 미키는 쉽게 갈 길을 애둘러 가야 하는 고행을 치른다. 덕분에 관객은 흥미진진한 법정 두뇌게임을 감상할 수 있어 좋다.

인 어 베러 월드

2011. 6. 23 개봉

이십년 전, 덴마크를 여행할 적에 지인의 권유로 코펜하겐의 명소 티볼리파크에 들른 적이 있다. 그러나 안델센의 동화적 낭만이 숨쉬던 그곳은 추운 북국 겨울의 을씨년스러움만을 각인시킬 뿐, 내 눈엔 차라리 우방랜드가 더 나아 보였다. 오후 4시에 이미 완전한 일몰이 이뤄진 코펜하겐 시가엔 무뚝뚝한 표정으로 제 갈 길을 재촉하는 행인들의 황망한 걸음걸이만이 허허로웠다.

덴마크의 봉준호, 수잔 비에르 감독이 연출한 〈인 어 베러 월드〉는 잊었던 북국의 음습한 기운을 떠올리게 한다. 그러나 그 음습함은 짜증나고 진저리처지는 불안과 공포만을 잉태하는 게 아니라, 건강한 진정성을 얻기 위한 전 단계적 고민으로서의 긴장감을 동반한다. 문명사회 덴마크와 야만사회 아프리카를 이원적 공간으로, 복수와 용서에 관한 인류애적 성찰을 다루고 있는 〈인 어 베러 월드〉는 영화의 스토리텔링 속에 흠뻑 빠지게 하면서도 메시지의 견인력은 결코 가볍지 않다. 그만큼 잘 만든 수작이다.

아내 마리안느와 별거 중인 의사 안톤(미카엘 페르스브란트)은 덴마크와 아프리카를 오가며 의료봉사를 하는 중이다. 10살 난 그의 아들 엘리아스(마쿠스 리가르드)는 학교에서 상습적인 따돌림과 폭력을 당하고 있는데, 어느 날 전학 온 크리스티안(윌리엄 요크 닐센)의 도움으로 위험에서 벗어나면서 둘은 급속히 친해지게 된다. 암으로 죽어가던 엄마의 마지막 모습을 가슴에 묻은 크리스티안은 자신만의 분노 해결법(폭력은 폭력으로 다스려야 한다는)으로 세상과 맞선다. 그리하여 자동차정비공에게 폭력을 당한 안톤의 대리복수를 위해 모종의 계획을 짜게 된다.

 난민을 무자비하게 학살하는 반군지도자의 심각한 부상을 치료하면서 의사로서의 도덕적 책무와 양심 사이에서 심각한 딜레마에 빠지는 안톤을 연기한 미카엘 페르스브란트의 고뇌에 찬 표정은 소년의 복수혼을 천연덕스레 연기한 윌리엄 요크 닐센의 섬뜩한 눈빛과 더불어 영화의 백미다. 평온하고 아름다운 풍광의 이면에 감춰진 충격적 현실을 통해 진정한 휴머니즘을 말하려는 영화는 끊임 없이 안톤의 고민을 관객에게 떠넘기고 있었다.

해리포터와 죽음의 성물2
2011. 7. 13 개봉

　전세계 소년소녀에게 꿈과 희망을 심어주고 어른들에겐 잊혀진 동심의 낭만을 되찾게 해준 〈해리포터〉 시리즈의 영화 완결편이 이 땅에 상륙했다. 영국의 한 평범한 이혼녀(조앤 캐슬린 롤링;Joanne Kathleen Rowling)를 억만장자로 만든 이 희대의 환타지물은 시리즈물의 도식적 한계 속에서도 상상을 초월하는 다양한 설정과 박진감 넘치는 갈등구도 재현으로 꾸준히 독자와 관객들에게 어필해 왔다. 마법학교 호그와트를 배경으로 프로타고니스트(protagonist) 해리포터 측과 안타고니스트(antagonist) 볼트모트 측의 선명한 대결구도 속에 초능력의 마법고수들이 갖가지 환상적 그래픽에 힘입어 재기발랄하게 등장하는 영화는 가히 문자 이미지로 내현되어 있던 소설의 추상성을 영상의 구체적 이미지로 적절히 변환시킨 대표적 성공사례에 해당한다.

　시리즈 완결편으로 세계적 관심을 두루 받은 〈해리포터와 죽음의 성물2〉는 볼드모트의 영혼이 담긴 다섯 번째 '호크룩스'를 찾기 위해 마법학교 호그와트로 돌아온 해리와 친구들(불사조 기사단)이 보안마법에 걸려 위기를 맞지만 에버포스(덤블도어의 동생)의 도움으로 벗어난 후, 볼드모트 및 그를 추종하는 마법생물(죽음을 먹는자, 거대거미 아크로맨투라, 거인족 등)들과 최후의 일전을 벌이는 내용으로 짜여져 있다.

 이 과정에서 덤블도어를 살해한 악한 스네이프의 진정한 속내 및 해리포토 엄마와 연관된 굴곡진 인생사가 밝혀지는데 이는 해리포터 전편을 통틀어 가장 극적인 반전에 속한다. 스네이프의 눈물을 통한 환몽에 의해 마지막 호크룩스(볼드모트의 영혼이 쪼개 나눠진 분체)가 바로 해리포트임이 밝혀지는 순간, 극장 안은 일순 조용한 술렁임에 휩싸였다. 그간 달아나는 작가의 상상력을 끝 없이 좇아가던 관객의 조바심이 비로소 하나가 되는 순간이었다. 19년 후, 성인이 된 해리 포터(다니엘 크래브랜드), 해르미온느(엠마왓슨), 론 위즐리(루퍼트 그린트)가 그네들의 2세를 호그와트행 열차에 태우는 대단원을 접하는 관객의 표정엔 이제 이들과 이별한다는 아쉬움이 잔뜩 묻어나고 있었다. 너무 급박하게 몰아치던 초반에 비해 질질 끄는 후반이 다소 지루했던 이 시대 최고 환타지는 그렇게 우리 곁을 떠나갔다.

블라인드
2011. 8. 10 개봉

새로운 차원의 스릴러 추적극을 표방한 신예 안상훈 감독의 〈블라인드〉는 제목 그대로 맹인의 신체적 핸디캡을 영화의 본질적 모티프로 활용해 서스펜스의 질감을 고조시키고 있다. 여성납치 강력사건의 목격자가 맹인으로 설정된 점에 더하여 이와 상반된 진술을 펼치는 제2의 목격자(정상인)를 설정함으로써 장르영화로서의 긴장감과 몰입도를 강화하는 데 성공하고 있다. 시력이 봉쇄된 인물이 강력사건의 목격자로 등장한다는 전대미문의 설정은 스토리텔링의 견인력을 높이는 덴 적격이나, 논리적 공감과 리얼리티의 밀도를 높이기엔 그만큼 한계를 가지기 마련이다. 이러한 문제를 해결하기 위해 감독은 완벽한 추리적 구도(시각장애인 목격자와 정상인 목격자의 엇갈린 진술에 따른 호기심 유발)를 생성시킨다.

경찰대 출신의 시각장애인 수아(김하늘)는 어느날 택시로 귀가 도중, 교통사고의 현장에 놓이게 된다. 운전기사가 뺑소니친 상황에서 유일한 사건 목격자가 되어버린 그녀는 자신의 오감에 의존해 성실하고 세밀히 당시의 정황을 설명하지만, 시각장애인의 목격담은 수사의 단서로 채택되지 않는다. 그러나 수아의 논리적이고 전문성있는 증언에 점차 마음이 가기 시작한 조형사(조희봉)가 그녀의 추리에 동참하는 순간, 영화는 마치 버디무비(buddy movie)의 전형성을 획득하는 듯하다. 이질적 성향의 두 짝궁(버디)이 목표(범인 검거)를 위해 하나가 되어 가기 때문이다. '시작이 반'인데 이쯤 되면 일사천리로 일이 풀릴 법하다. 그러나 영화는 새로운 팬 서비스를 시도한다. 치킨집 알바생 기섭(유승호)의 등장이 그것. "택시 아니었어요. 당신은 보지도 못했잖아요. 난 두 눈으로 똑똑히 봤다니까!" 기섭의 단호한 눈매는 다 풀린 실타래의 마지막 가닥을 다시 꼬이게 한다.

근자 일군의 한국영화는 잔혹한 비주얼을 통해 '재미는 반드시 공포와 충격의 강도에 비례한다'고 강변해 왔다. 야수적 본능으로 인체를 난도질해대는 '푸줏간 드라마'에 질린 관객들에게 〈블라인드〉는 새로운 지평을 제시한다. 충격적 비주얼을 탄력있는 신소재로 대체한 영화의 흥행 여부는 아직 불투명하다. 그러나 계속 울리는 진동 폰도 무시하고 뚫어질 듯 화면을 응시하는 옆자리 여대생의 몰입된 눈동자가 영화의 희망적 전도를 예고하고 있었다.

혹성탈출 : 진화의 시작

2011. 8. 17 개봉

루퍼트 와이어트 감독의 〈혹성탈출:진화의 시작〉은 플롯을 거꾸로 거슬러 올라가는 프리퀄(prequel;전편의 시간적 선행편) 형식으로 관객의 호기심과 대결한다. 플랭클린 샤프너 감독, 찰톤 헤스톤 주연의 1968년작 〈혹성탈출〉의 향수에서 헤어나지 못하는 올드팬에게 비로소 기승전결의 실마리를 제공하면서 스토리의 퍼즐을 완성시켜 나가고 있다.

인간이 침팬지의 지배를 받는다는 전도된 설정으로, 당시 세계적 반향을 일으켰던 이 충격적 SF물은 그간 여러 편의 속편이 뒤를 이었지만 1968년작의 철학적 깊이와 스토리의 견인력을 넘어서진 못했었다. 치매 치료제의 테스트 과정에서 실험 재료로 사용된 원숭이의 지능이 상상을 초월한 수준으로 높아진다는 설정은 〈혹성탈출〉 전편의 논리적 밑밥(?)으로 나무랄 데 없다. 실험 도중 죽은 어미를 대신해 어린 침팬지 시저(앤디 서키스)를 키우는 제약회사 책임자 윌 로드만(제임스 프랭코)과 치매에 걸린 그의 아버지(존 리스고) 사이의 육친의 정을 시저를 매개로 상징화하고 있음도 무척 시사적이다.

자신을 인간과 똑 같은 가족 속 일원으로 생각했으나 결국 그들과는 태생부터 다른 타종임을 깨달은 시저가 인간에게 사육당하고 실험 재료로 이용되는 동족을 위해 분연히 궐기하는 장면은 영화의 클라이막스이자 주제로서의 방점을 찍는 중요포인트이다. 보호소를 탈출한 유인원 집단, 시저 일행이 금문교 위에서 경찰과 치르는 한 바탕 대접전은 이 영화의 유일한 스펙타클한 볼거리로, 이미 유인원의 지능이 인간을 능가하고 있음을 요연히 압축해 주고 있다. 〈혹성탈출〉 전편의 상황(인간이 원숭이의 지배를 받는)이 어떻게 비롯되었는 지의 단초는 여기서 제시되어진다. 이와 함께 영화는 외계에 발사된 우주선의 조종사가 우주미아가 되었다는 신문기사를 통해 또 다른 단서를 만든다.

　〈혹성탈출〉 전편의 주인공(찰톤 헤스톤)이 유인원의 혹성에 불시착한 우주인이었고 그 혹성이 바로 다름아닌 지구였다는 충격적 반전을 설명할 수 있는 영리한 답안이 이미 준비된 셈이다. CG처리와 모션캡쳐 덕에 유인원의 생김새도 한결 현실감을 더한다. 뭣보다 영화의 스토리텔링이 역행적 시간구조 속에서 훨씬 빛날 수 있음을 발견한 것은 크나큰 수확이다.

퍼블릭 에너미 넘버원

2011. 8. 25 개봉

장 프랑소와 리세 감독의 〈퍼블릭 에너미 넘버원〉은 독특한 방식의 누아르 전기물이다. 암흑가 범죄자의 스토리를 칙칙한 분위기에서 묘사하는 누아르 영화의 본질을 껴안고 있으면서도 그 전개방식은 사뭇 색다르기 때문이다. 알제리 전쟁의 살인병기였다 전역후, 희대의 갱스터로 전 프랑스를 공포의 도가니로 몰아 넣었던 실존인물 '자크 메스린'의 인생역정을 영상화한 2부작 영화의 첫 필름에 해당하는 〈퍼블릭 에너미 넘버원〉은 주인공의 죽음을 암시하는 장면을 모두(冒頭)에 배치해 눈길을 끈다.

영화는 섹시함과 재치, 의리까지 갖춘 마초 갱, 자크 메스린의 종횡무진한 활약(조직 내 암투, 은행강도, 교도소 탈옥 및 습격, 백만장자 납치, 언론 플레이 등)과 더 이상 달콤할 수 없는 연애사를 꼼꼼이 화면 위에 재생시킨다. 가히 한 범죄자의 칠면조처럼 다양한 인생스펙트럼을 역사교과서 속의 지문처럼 사실적이면서도 흥미진진하게 재현한다. 여기엔 타이틀 롤을 맡은 뱅상 카셀의 매혹적 연기가 크게 한 몫하고 있다. 자신의 적들(동료갱이든, 경찰이든, 범죄의 대상이든)에게는 지극히 잔인했고 여인을 대할 때는 꿀처럼 감미로웠으며 기자를 다룰 때는 더 없이 영악했던, 천의 얼굴을 가졌던 자크의 심연 깊숙한 곳을 가감 없이 스캔(scan)해낸 뱅상의 눈망울은 천만불 짜리다.

그러나 모두에 제시된 대단원(자크의 죽음)으로 환원하지 않고 자크의 범죄행각이 절정에 이른 시점에 끝맺음으로써 2편 〈퍼블릭 에너미 넘버투〉의 철저한 예고편 구실에 머물고 있다는 점이 무척 아쉽다. TV시리즈물과 달리, 단발성 유통에 기대는 영화의 흥행구조를 고려할 때, 이러한 스토리 전개방식은 관객들을 당혹스럽게 한다. 분명히 한 편의 완결된 영화를 보긴 했는데 아직 끝나진 않았다는 잔변감(殘便感)은 단순한 아쉬움 이상의 찝찝함을 동반한다. 물론 통상적 기승전결식 서사구조에 대한 실험적 시도란 점에선 색다른 의미를 부여할 수도 있겠지만 '2편의 연속흥행을 노린 꼼수'란 비판에서 자유스러울 수 없다. 그리고 또 하나, 자식에 대해 헌신적인 부모가 있는 따뜻한 가정을 버리고 왜 자크가 갱이 되어야 했는지, 그에 대한 생태적 관찰은 있어도 심층적 해부가 없다는 점이 심히 안타깝다.

도가니

2011. 9. 22 개봉

휴일 저녁 극장은 초만원이다. 그러나 영화 〈도가니〉를 바라보는 관객의 시선은 온통 침묵과 분노의 도가니다. 2000년부터 5년간 광주의 어느 청각장애인 학교에서 벌어진 아동성폭행 사건을 다루는 영화는 공지영의 원작소설에 기대고 있다. 실제의 사건을 추상적 이미지로 소설화한 것을 다시 구체적 이미지의 영화로 재구성한 것이다. 그런 만큼 영화는 이 기막힌 사건의 현장성을 절묘히 스크린에 담아 공분(公憤)을 일으키게 한다.

지도교수의 추천으로 강인호(공유)가 미술교사로 부임하는 청각장애인학교의 소재지는 자욱한 안개의 도시, 무진이다. 무진! 이미 어디선가 본 듯한 지명이다. 그렇다! 60년대 김승옥의 베스트셀러 〈무진기행〉에서 도시인의 탈일상의 공간으로 제시되었던 가상의 포구, 바로 그 무진이다. 그러나 〈도가니〉의 무진은 엄청나게 가슴 아픈 진실이 도시의 안개 속에 감춰진 무척 불편한 공간이다. 영화는 이 불편한 공간에서 신임교사 인호가 우연히 알게 된 지역의 인권단체 간사 유진(정유미)과 함께 인면수심(人面獸心)의 자애학교 관계자들을 응징하려는 고군분투

(孤軍奮鬪)에 초점을 맞추고 있다.

장애아를 성폭행하고 구타하는 교장 형제와 변태교사, 피해학생을 세탁기에 돌리는 기숙사 생활지도교사(교장의 내연녀), 교장의 악행을 은폐하는 경비원 등, 자애학교는 총체적 부패와 부도덕의 모든 조건을 완벽히 구비하고 있다. 이런 학교에 5,000만원의 발전기금까지 헌납하고 교사가 된 인호의 자괴감과 분노는 극에 달하고, 온갖 회유를 뿌리치고 법정에서 진실을 밝히려 애쓴다. 그러나 사별한 아내가 남긴 천식질환의 딸마저 노모에게 맡기고 나선 법정에서의 진실게임은 만만치 않다. 주의 뜻과는 달리 피고만 편애하는 삐뚤어진 기독교 교단, 전관예우의 늪에 빠져 진실을 거래하는 법원과 검찰, 막강한 영향력으로 지역사회를 요리하는 철면피 교장 형제, 이들의 혈맹적 공조 앞에 성폭행장면이 촬영된 비디오 테이프마저 무용지물이 된다. 영화는 아직도 진행형인 이 사건의 추악한 진실을 말하기 위해 적절한 포즈를 취한다. 소리 지르지 않으면서도 충분히 관객을 분노하게 한다. 집행유예로 풀려난 그들이 아직도 교단에 몸담고 있는 이 땅에 같이 발딛고 있는 현실에 절망하게 한다.

의뢰인

2011. 9. 29 개봉

한국영화론 드물게 정통 법정스릴러를 표방한 〈의뢰인〉이 관객의 심판을 받기 위해 재판정 아닌 극장에 남섰다. 사체가 없어진 살인사건의 피의자로 체포된 피고이자 피해자의 남편 한철민(장혁)과 그의 변호를 맡은 변호사 강성희(하정우), 그를 기소한 검사 안민호(박희순)의 삼각축 추리구도로 진행되는 영화는 시종 손에 땀을 쥐게 한다. 팝콘을 입에 넣곤 숨죽이며 씹는 관객들의 표정이 가히 지뢰 밟은 초병의 우거지상을 방불케 한다.

〈의뢰인〉은 살인사건을 소재로 한 법정스릴러다 보니 탐정추리극과 법정극의 양식을 혼용하고 있다. 벌어진 사건(결과)을 먼저 제시하고 범인이 누구며 왜 그랬느냐를 밝히는 수사과정(원인)이 뒤따르는 탐정추리극의 양식은 관객의 조바심을 재촉하기 마련이다. 그런가 하면, 원고와 피고, 검사와 변호인의 법리적 충돌을 비롯한 재판과정에서의 논리게임이 압권인 법정극의 양식은 예기치 않은 돌발변수에 종종 넋을 잃게 한다. 영화는 이 두 양식을 절묘히 아울러 서스펜스와 스릴의 경계를 넘나들며 관객의 혼을 조롱한다.

그러나 관객의 주의를 돌리기 위해 쓸데 없는 밑그림을 너무 많이 그린 탓에 살짝 짜증이 나기도 한다. 검찰 수뇌부가 조직적으로 개입하는 듯한 뉘앙스를 풍긴 초동 수사 과정, 뭔가 복선을 기대하게 하는 안민호 검사 부자(안 검사의 아버지는 명망있는 법대교수이다.)간의 불편한 관계, CCTV 자료를 둘러싼 검경과 강성희 변호사 측의 치고 빠지는 신경전 등, 연기만 잔뜩 피우고 결국 아무 일도 아닌 설정들이 관객을 허탈하게 한다.

이 약간의 흠결을 상쇄시켜 주는 건 뭐니뭐니 해도 충무로를 대표하는 연기파 세 남우 하정우, 장혁, 박희순의 열연이다. 정말 자기를 믿냐며 변호인을 현혹하는 사이코패스 살인범을 연기한 장혁, 〈추격자〉와 〈황해〉의 강렬한 카리스마를 법정으로 옮겨와 베테랑 변호사로 변신한 하정우, 자존심과 책임감 강한 수사검사의 전형을 연기한 박희순 등은 어느 누구랄 것도 없이 시나리오가 원하는 완벽한 합궁을 일궈낸다. 여기에 브로커, 사무장, 부장검사로 이들을 받쳐준 성동일, 김성령, 정원중의 엄호도 깔끔하기 이를 데 없다. 양질의 시나리오와 숙성된 연기자가 합치면 어떤 일이 벌어지는 지를 보여준 영화였다.

투혼

2011. 10. 6 개봉

어렵게 찾은 상영관은 썰렁하기 짝이 없다. 일찍이 〈신라의 달밤〉, 〈주유소 습격사건〉, 〈광복절 특사〉 등 큼지막한 장타를 날렸던 강타자 김상진 감독의 첫 가족영화라는데 왜 이리 장사가 안 되나? 그동안 '소동극 코미디'란 구질에만 단련돼 갑자기 투구패턴을 바꾼 후유증을 겪는 탓일까? 그러나 대중예술인 영화는 관객의 선택이 모든 것을 말해줄 뿐이니 안타깝기 그지없다. '공부 못하는 자식 한 없이 예뻐하듯' 일편단심 롯데를 응원하는 부산 야구팬 같은 영화팬은 이 세상에 없다. 이유 없이 무조건 영화관에 관객을 끌어들여야만 한다. 작품성은 괜찮은데 관객이 무식해서라고 아무리 외쳐봐야 소용없다. 관객의 눈높이 취향과 소통하지 못하고 '대중의 지엄한 심판'에 내몰린 작품은 자기검증이 필요하다.

영화는 일단 줄거리부터가 너무 상투적인 흠결을 안고 출발한다. 왕년의 명투수가 퇴물이 되어 방황하다가 천사표 아내의 득병 이후 인간개조로 나아간다는 개과천선형 스토리는 이제 초등학생도 읊조릴 수 있는 컨텐츠 설계의 기본형이다. 여기에 당연히 옵션으로 따라붙기 마련인 가족간의 애증에 얽힌 갈등과 해소방식, 각고의 처절한 개인사에 비례해 상승하는 운동선수의 정신력과 성적, 적당히 밑밥 구실을 하는 구단 동료들과의 인간관계 등 모든 것이 별로 궁금할 것도, 신기할 것도 없는 신파 방정식의 교범에 다름 아니다. 사인이 들켜버린 야구시합처럼 속내가 훤히 내비치는 스토리로는 관객의 관심을 끌기 어렵다.

 통산 149승, 최고 구속 161km, 3년 연속 MVP라는 경이적인 기록의 소유자로 롯데 자이언츠의 간판 투수였던 윤도훈이 이 뻔한 스토리의 중심에 위치한다. 이제는 거의 '개털'이 된 도훈을 개조해야 하는 아내 오유란이 그의 측면에서 행위의 구심점을 제공한다. 어색한 부산 사투리가 꺼림칙하긴 해도 남녀 주인공 김주혁(윤도훈 역)과 김선아(오유란 역)의 연기는 영화 속에 제대로 녹아들어 있고, 신파조 멜로 드라마의 도식성을 의식해서인지 결말에 이르는 호흡 조절에도 꽤 신경을 쓰고 있다. 문제는 뻔한 이야기를 관객의 구미에 맞게 풀어나가는 스토리텔링의 비법이다. 신파와 멜로라서 무조건 싫다는 게 아니라, 이를 어떻게 효과적으로 적용시키느냐의 문제다. 쉽고도 어려운 고민 속에서 〈투혼〉이 허우적대고 있다.

헬프

2011. 11. 3 개봉

이번 서울시장 보선에서 야권 후보에게 전달된 안철수 교수의 응원편지엔 '로자 파크스'란 낯선 이름이 화제가 됐었다. 로자 파크스는 1955년 앨라배마주 몽고메리에서 버스에 서 있는 백인에게 자리를 양보 않아 체포된 백화점 여점원으로, 이를 계기로 미국 남부전역에 흑인의 버스승차거부 운동을 촉발시킨 장본인이다. 그녀의 용기있는 행동은 마틴 루터 킹 목사와 같은 젊은 흑인인권운동가를 배출하는 직접적 동인으로 작용하였고, 마침내 오늘날 흑인대통령을 탄생시킨 밑거름이 되었다.

미국 박스오피스 3주연속 1위를 차지한 〈헬프〉는 바로 '로자 파크스'시대의 딥사우스(Deep South;흑백차별이 극심한 미국의 남부오지)를 배경으로, 인종차별과 이를 풀어나가는 소통과 연대의 과정에 대해 지그시 말하고 있는 영화다. 그래서 영화의 구체적 배경은 미시시피주의 작은 타운, 잭슨으로 설정되어 있다. '미시시피' 혹은 '앨라배마'가 제목이나 배경으로 등장하는 영화(〈앨라배마에서 생긴 일〉, 〈미시시피 버닝〉, 〈밤의 열기 속에서〉 등)는 거의가 흑백차별을 다룬다고 보면 된다. 이들이 딥사우스의 가장 대표적인 인종차별 지역이기 때문이다. 버스에 흑백 분리좌석이 법제화되어 있고, 흑인이란 이유로 KKK단의 테러에 시달려야 하며, 대부분의 흑인여성이 백인가정의 가정부로 부당한 차별에 시달리던 1960년대 잭슨의 풍경 속에서 당대 인간의 본질적 모습들을 수더분하면서도 진정성있게 담아내고 있음이 이 영화의 미덕이다. 당대 남부 백인여성의 허영과 달리 자신만의 꿈을 가진 신출내기 칼럼니스트 스키터(엠마 스톤)가 베테랑 흑인가정부 에이블린(바이올라 데이비스) 및 그녀의 동료, 미니(옥타비아 스펜서)의 도움을 받아 '흑인 가정부의 애환'을 그린 책, 〈더 헬프〉를 간행해내기까지의 에피소드를 다루고 있다.

주인집 화장실을 썼다는 황당한 이유로 쫓겨나고, 아들의 등록금 마련을 위해 우연히 주운 반지를 전당포에 맡겼다 절도로 체포되며, 백인상류층의 점잖은 만찬자리에 불쑥 찾아온 딸 때문에 평생을 바친 가정에서 해고 당해야 하는 이들 '헬프'(흑인가정부를 이르는 속어)의 삶을 통해 약자에 대한 배려와 강자에 대한 용기, 진정한 사랑의 의미를 일깨워준다.

머니볼
2011. 11. 17 개봉

샌프란시스코에서 바트(BART;도시급행철도)를 타고 베이브리지 아래 바다를 건너 서쪽으로 좌회전하면 서부 최고의 학원도시 버클리, 반대편으로 우회전하면 샌프란시스코만 동안의 미항 오클랜드(Oakland)다. 1970년대 (1972~4) 월드시리즈를 3연패한 메이저리그의 작은 거인 '오클랜드 어슬렉티스'의 야구장(어슬렉티스 콜리시움)은 바트(BART) 역사에서 구름다리로 연결되어 있었다. 폐장 시각에 다다른 탓에 석양이 지는 콜리시움을 배경으로 황급히 기념사진을 찍고 발길을 돌릴 수밖에 없었던 2002년의 그날을 필자는 아직도 잊을 수 없다. 브래드 피트가 주연하고 제작까지 참여한 영화 〈머니볼〉은 메이저리그 사상 초유의 20연승 가도를 달렸던 바로 그 2002년 시즌, 오클랜드 어슬렉티스의 신화를 다루고 있다.

빈약한 예산으로 고군분투했지만 2001년 시즌, 아메리칸 리그 챔피언십 시리즈 진출이 아쉽게 무산된 어슬렉티스의 단장 빌리 빈(브래드 피트)은 한정된 예산 내에서 승률을 극대화하기 위해 '머니볼' 이론을 구단경영에 도입한다. '머니볼' 이론이란 최소의 투자로 최대의 효과를 내는 경영원리를 야구에 접목한 것으로, 선수의 상품성을 철저히 데이터 분석자료에 의해 재단한다. 따라서 기록상 출루율이 좋은 선수 중심으로 저가실속형의 포진을 취하게 되는데, 이는 부자구단 '뉴욕 양키즈'처럼 스타 선수에 고액 배팅을 할 수 없는 극빈구단의 고육지책에서 초래된 것이었다. 그리하여 빌리는 예일대 경제학과 출신의 피터 브랜드(조나 힐)를 선봉에 내세우고 무자비한 선수 사냥에 나선다. 인간이 하는 스포츠로서의 불가사의성(不可思議性)을 주장하며 빌리의 황당한 개혁에 반발하는 스카우터들 및 감독과의 갈등은 촉망받는 야구선수였다 조기은퇴의 실패자로 급전직하(急轉直下)한 빌리의 자의식 속에서 첨예하게 현현된다.

결국 빌리의 개혁적 분투는 20연승에서 그치고, 2002년 시즌 역시, 디비전 시리즈에서 분루를 삼키고 말지만, 그의 '머니볼' 경영은 최고명문구단 보스턴 레드삭스의 단장영입 제의를 받을 만큼 센세이션을 일으킨다. 승부의 결과를 허구화할 수 없어 뒷심이 떨어질 수밖에 없는 스포츠실화의 한계를 프로야구판의 인간적 생리와 엮어 풀어간 것은 쌈박한 발상이다.

특수본
2011. 11. 24 개봉

"세상 사는 덴 분명한 이유가 필요치 않아, 범죄자를 잡기보단 다스려 가며 같이 사는 거야" 마침내 본색을 드러낸 괴수는 의미심장한 변명을 내뱉으며 최후를 재촉한다.

다혈질 강력계 형사, 성범(엄태웅)과 FBI 출신의 냉철한 범죄분석관, 호룡(주원)을 내세워 버디무비(buddy movie; 이질적 성향의 두 인물이 파트너를 이뤄 점차 동화되어가는 과정을 다룬 영화) 스타일을 취하고 있는 영화 〈특수본〉은 경찰 내부의 구조적 비리를 다룬다. 단순 비리와 달리 구조적 비리는 부분에서 시작해 전체를 관통하는 유기적 비리를 뜻한다. 언뜻 보기엔 조직구성원 개인의 도덕성과 생리에 국한된 듯 비춰지지만 양파 속 껍질을 까보니 복마전처럼 모두가 줄줄이 얽혀 있더라는 게 바로 구조적 비리다.

범죄조직에 피살된 경관의 살해사건 수사를 위해 구성된 특별수사본부(특수본)는 용의자로 현직 경관 박경식(김정태)을 지목하고 추적한다. 그러나 수사망이 좁혀질수록 언제나 한발 앞서 현장에서 빠져 나가는 용의자, 그리고 용의자 발견 즉시 사살하라는 경찰 수뇌부의 일방적

지시까지, 사건을 파헤칠수록 내부에 뭔가 이상한 기운이 감지된다. 그러나 '깃털' 박경식 뒤에 숨은 '몸통'을 찾기 위한 성범과 호룡의 필사적 추적은 오리무중, 답보 상태를 벗어나지 못한다. 특수본에 인간적 훈기를 불어넣는 팀장 박인무(성동일)로 추정되던 몸통의 그림자는 박경식과 박인무가 무참히 살해된 뒤, 또 다른 대상으로 옮아간다. 결국 영화는 경찰과 범죄집단의 대립을 다루는 여느 수사물과 달리, 경찰 내부의 선악 대결을 그림에 따라 또 다른 태깔의 긴장감을 조성하는 데 성공하고 있다.

 이 와중에 아버지가 비리경찰로 몰려 순직한 호룡의 아픈 과거, 재래시장의 상인을 사채의 늪에 빠뜨리는 검은 손, 그리고 이와 유착된 상납의 고리 등 복잡한 실타래처럼 얽혀 있던 플롯들이 밀물처럼 관객의 뇌리에 밀려든다. 그러나 거기까지다. 초반 구속은 좋으나 종속이 떨어져 타순이 한 바퀴 돌면 난타 당하는 투수처럼, 영화의 대미는 어설프기 짝이 없다. 숱한 복선 속에 숨가쁘게 혹사한 인물들을 정말 허무하게 정리해 버린다. 비리의 원인을 박봉과 격무에 시달리는 경찰의 고통에서 찾아내는 급마무리 단순해법이 안타깝기 그지없다.

미션 임파서블 : 고스트 프로토콜
2011. 12. 15 개봉

　60년대 흑백 TV 속에 울려퍼지던 장쾌한 시그널 뮤직이 이젠 컬러로 변한 화면을 들쑤시는가 싶더니, 무소불위(無所不爲)의 특급 전사(戰士) 톰크루즈가 828m 높이의 초고층 '부르즈 칼리파' 위를 쏜살처럼 내달린다. 첩보스릴러의 결정판 〈미션 임파서블 : 고스트 프로토콜〉은 부다페스트에서 시작해 모스크바와 두바이를 거쳐 뭄바이에서 일단락된 뒤, 시애틀에서 총정리의 수순을 밟는다. 이처럼 유라시아 대륙을 종횡무진 누비다 미국에서 종례(?)를 갖게 되는 건 이 영화가 '메이드 인 유에스에이'(made in USA)의 할리우드 제품임을 확인하는 통과제의(通過祭儀)에 다름 아니다.

　전통적으로 할리우드 영화는 미국지상주의의 국수적 성향과 대중의 취향에 영합하는 통속적 정서가 강한 법인데 이 영화도 그 전범을 벗어나지 않고 있다. 세계평화와 인류공생을 위해 뭉친 4인의 미국 기관원이 온갖 난관을 극복하고 초인적 미션을 수행한다는 메인 플롯 위에 미국인의 휴머니즘과 의리, 완벽한 작전수행능력 및 매카니즘의 조화 등 아메리카식 양념을 잔뜩 뿌려놓고 있다. 러시아와 미국을 이간질해 핵전쟁을 일으키려는 스웨덴 출신의 광신적 과학자(코드명 코발트)를 막기 위해 모스크바 감옥을 탈출한 IMF(Impossible Mission Force)의 베테랑 요원, 이단 헌트(톰 크루즈)의 숨가쁜 여정은 문자 그대로 인간으로선 감내하기 힘든 '불가능한 작전'의 테두리 안에 갇혀 있다. 그러나 그의 주변에 모여든 컴퓨터 전문가 벤지 던(사이먼 페그), 절대강권의 여성파워를 자랑하는 민완요원 제인 카터(폴라 패튼), 인간적 고뇌를 안은 전력분석관 브랜트(제레미 레너) 등 조력자들은 헌트의 지휘 아래 '임파서블한 미션'을 가능토록 변모시켜 나간다.

구소련의 상징, 크렘린이 폭파되는 CG씬은 미국 관객의 국가적 자긍심이야 한껏 제고시켰겠지만, 영화의 존재이유 미션의 근본적 출발점인 '코발트'의 도발원인을 밝히는 덴 무력하기 짝이 없다. 할리우드식 오락영화의 바운더리에 충실함으로써 흥행에 주력하겠다는 깊은(?) 속내를 모르는 바 아니나, 이제 IMF가 '국제통화기금'이 아니라 미국에 실재하는, CIA를 능가하는 신종첩보기관이라 인식하는 초중학생이 늘어날까 적이 염려스럽다.

히어 앤 데어

2011. 12. 15 개봉

올 여름 찾았던 베오그라드의 거리엔 야릇한 희열과 낭만의 기운이 흐르고 있었다. 나토군의 공습에 뼈대만 앙상히 남은 국방부 청사와 남루한 행색의 시민들이 이방인을 흘낏거리던 재래시장은 잿빛 안개 속에 빛나는 백조의 성을 연상케 했다. 필자는 유고 내전의 후유증을 현재진행형으로 겪고 있는 발칸반도의 이 도시에서 느껴지는 기묘한 광채를 도저히 이해할 수 없었다. 그러나 그 실마리는 세르비아 출신의 다르코 룬그로프 감독이 연출한 영화 〈히어 앤 데어〉를 접하는 순간 비로소 풀려졌다.

〈히어 앤 데어〉는 문자 그대로 '여기와 저기', 즉 뉴욕과 베오그라드를 오가는 중년의 애정풍속도를 그리고 있다. 그러나 영화의 무게 중심은 뉴욕보다는 바로 베오그라드에 놓여져 있다. 한때 촉망 받던 뉴욕의 섹소폰 연주자였으나 지금은 월세 아파트에서조차 쫓겨난 실업자 로버트 (데이비드 손튼)는 우연히 알게 된 세르비아 청년 브랑코 (브라니슬라브 트리푸노비치)의 제안으로 위장결혼을 위해 베오그라드로 가게 된다. 낯선 도시의 묘한 리듬에 당혹과 흥미의 양가적 감정을 헤매던 로버트는 그를 따뜻하게 대해 주는 브랑코의 엄마, 올가(미르야나 카라노비치)에게 점차 빠져든다. 브랑코의 애인과 위장결혼해 미국으로 데려다 주는 대가(5천 달러)와 예기치 않게 찾아 온 가슴 설렌 늦사랑 사이의 고뇌를 통해 로버트는 데어(there;거기)로 느껴졌던 베오그라드가 히어(here;여기)로 다가옴을 깨닫는다.

아름다운 중년 로맨스를 완성시키는 베오그라드의 숨은 매력을 화면 속에서 찾아가는 과정은 '숨은 그림 찾기'처럼 흥미진진하고 가슴 설렌다. 가랑비가 흩날리는 '물음표 카페'에서 세르비아 정교회 사브리나 사원을 올려다 보며 따근한 카푸치노를 마시면서도 끝내 불가사의했던 이 도시의 오묘한 온기가 로버트와 올가의 사랑의 궤적 위에서 그대로 피어 오르고 있었다. 전쟁통에 거리는 피폐하고 민생은 피곤하다지만, 외세에 끊임없이 저항하며 자신들만의 품위와 자존심을 고수하고 아름다운 저변을 가꿔온 세르비아인의 뚝심과 향기가 화면 속에 절절히 녹아 있다. 황량한 아파트촌에 울려 퍼지는 로버트의 섹소폰 소리는 가슴 떨리는 사랑을 잊고 지내던 이 시대 중년들에게 늦기 전에 베오그라드로 오라고 손짓한다.

제4부

남영동 1985

〈2012년〉

밀레니엄 제1부 : 여자를 증오한 남자들

2012. 1. 5 개봉

스웨덴 국민의 1/3이 읽었다는 스티그 라르손의 추리 소설을 영화화한 〈밀레니엄 제1부 : 여자를 증오한 남자들〉(Millennium - the film part1- man som hatar kvinnor)은 북구의 음산한 분위기에 스릴러적 흥분을 더해 모처럼 보는 재미를 배가시킨다. 우리에겐 낯선 스웨덴의 거장 닐스 아르덴 오플레브는 방대한 시리즈의 원작을 3부작으로 쪼개 제작했는데, 이번에 그 제1부(2009년 제작)가 국내 개봉관에 걸렸다.

소송에 시달리던 〈밀레니엄〉의 기자 미카엘 블롬크비스트(미카엘 뉘크비스트)에게 스웨덴의 대재벌 헨리크(스벤-버틸 타웁)가 변호사를 통해 만남을 청한다. 무려 40년 전 사라진 조카 '하리에트'의 사건을 조사해달라는 것. 남겨진 몇장의 사진을 단서 삼아 조사에 착수한 그는 우연히 용 문신을 한 범상치 않은 외모의 천재 해커 리스베트(누미 라파스)를 만나 팀을 이루게 된다. 정체불명의 방해공작에 시달리면서도 두 사람은 서서히 가문의 어두운 진실과 잔혹한 악의 실체를 밝혀내기 시작한다. 이 영화는 자극적이고 충격적인 스토리텔링이 우선 눈길을 사로 잡는다. 성경 구절을 묵시적으로 메타포(metaphor;은유)해 살인의 퍼포먼스로 삼는 엽기적 살인범의 정체에 소름끼치도록 전율이 돋는다. 유대계 여성들만을 노리는 그들이 종교와는 무관한, 오로지 강간의 희열을 위해 살인을 저지른 광신적 나치주의자 부자(父子)라는 사실이 밝혀진 뒤에야, 하리에트의 실종에 관한 진실은 '근친상간의 깊은 굴곡' 속에 갇혀 있음이 드러난다. 세계적인 모범복지국가요 노벨상의 인도주의적 온정이 깃든 스웨덴 내부에 드리운 불편한 상처를 적나라하게 보여주고 있는 것이다.

이와 함께, 우연찮게 사건을 해결하는 혼성버디(buddy:짝꿍) 탐정이 되어버린 미카엘과 리스베트 콤비의 미스터리한 퍼스낼리티에도 관객의 시선이 집중된다. 감옥에 가야 하는 스타언론인과 용문신에 피어싱을 한 불량소녀 스타일 천재해커의 조합은 기묘한 조바심을 불러 일으키기에 딱이다. 실체적 진실에 관련된 '사건의 도정'과 탐정이 이를 파헤치는 '조사의 과정'을 잘 버무린 이 스웨덴판 영화가 데이빗 핀처의 할리우드 리메이크작과 벌이는 실시간 흥행대결도 자못 흥미롭다.

댄싱 퀸
2012. 1. 18 개봉

이색적 소재로 눈길을 사로잡고 있는 방화 〈댄싱 퀸〉은 생활에 찌들어 그네들의 소중한 꿈을 잃고 살아가는 우리 시대의 모든 '마돈나'에게 보내는 마법의 보물섬지도이다.

왕년의 신촌 마돈나 정화(엄정화) 앞에 댄스 가수가 될 일생 일대의 기회가 찾아온다. 그러나 오랜 꿈을 향한 도전의 설렘도 잠시, 서울 시장 후보로 출마하게 되었다는 남편 정민(황정민)의 폭탄 선언에 그녀의 삶은 절체절명의 이중생활(서울 시장 후보의 부인과 화려한 댄싱퀸즈의 리더)로 내몰리게 된다. 초등 동창이었다 대학시위 현장에서 우연히 맞물려 결혼까지 하게 된 두 사람의 궁상스런 삶은 하루하루가 무미건조한 우리 이웃의 그것과 별반 다르지 않다. 그러나 거기에 그친다면 영화가 아니다. 이런 그럴듯한 사실성에 아직 우리가 이루지 못했지만 언젠가 반드시 이루고 싶은 환타지가 곁들여 있기에 화면에서 눈을 뗄 수 없게 한다. 명문법대를 나와 힘겹게 고시에 패스했건만 대학시절의 민주열사 딱지 탓에 인권변호사의 팍팍한 수입에 시달리는 정민이나,

처갓집 신세나 지는 그런 남편 때문에 20여평 전셋집을 전전하며 에어로빅 강사로 나서야 하는 정화는 일상에 치여 내가 누구며 왜 여기에 있는 지 생각조차 할 겨를이 없는 현대인의 초상이다.

 그랬던 그들에게 일상탈출의 대전기가 급습한다. 왕년의 끼를 주체 못해 〈슈퍼스타 K〉에 나갔던 정화는 과거 자신에게 명함을 건넸던 대박기획 실장 한위(이한위)를 만나 아이돌 그룹 '댄싱퀸' 데뷔 제안을 받는다. 공교롭게도 바로 그 시기에, 누구에겐가 떠밀려 지하철에 떨어진 시민을 구한 의로운 변호사(?) 정민은 서울시장 후보 제의를 받는다. 두 사람을 향한 예기치 않은 프로포즈는 꿈을 접고 한 가정의 착실한 부속품으로 살아가야 하는 우리 모두의 가슴을 설레게 한다. 허황되고 비현실적인 줄 알면서도 그럴 수록 더 사태의 추이에 촉각을 곤두서게 하는 게 환타지의 묘한 매력이다. 갑자기 변한 남편의 위상 탓에 자신의 오랜 꿈과 숨바꼭질 게임을 해야 하는 정화의 딜레마도 관객을 긴장시키면서도 즐겁게 하는 플롯포인트다. 캐릭터의 작중이름(appellation)을 배우의 실명과 포갠 것도 싱크로율 제고 측면에서 효과적이고, 우리의 꿈도 언젠가 실현되리라는 기대를 심어줘 고무적(?)이다.

원 포 더 머니

2012. 2. 16 개봉

화제의 메디컬 미드 〈그레이 아나토미〉의 여류감독 줄리 앤 로빈슨이 연출한 〈원 포 더 머니〉(One for the Money)는 추리수사물을 여성적 감성으로 변용시켰을 때의 부작용을 적나라하게 학습시켜 주는 영화다.

남편과 이혼하고 실직까지 한 미모의 돌싱 스테파니 플럼(캐서린 헤이글)은 고향의 범죄사무실에 겨우 취업해 인생을 한 방에 바꿀 5만 달러라는 엄청난 인센티브와 위험수당이 걸린 남자를 찾는 일을 맡게 된다. 그녀가 쫓는 살해 용의자는 전직 경찰관 조 모렐리(제이슨 오마라)로 스테파니의 첫 사랑이기도 하다. 조에 대한 애증과 범죄사무실의 직무 사이에서 갈등을 겪으면서도 여탐정의 뇌쇄적 매력을 마음껏 발산하며 추리수사물의 끈을 놓치지 않으려 몸부림치는 영화의 언밸런스한 아슬아슬함이 묘한 매력(?)으로 다가온다.

스테파니 플럼 주변의 목숨을 위협하는 연쇄적 사건들이 쉴 새 없이 이어지고 누명을 쓴 조 모렐리의 긴박한 상황도 좀처럼 해소되지 않지만 도무지 관객의 마음을 사로잡는 '그럴 듯함'(plausibility)은 느껴지지 않는다. 영화가 상영되는 내내, 우리가 영화를 보고 있을 뿐이란 사실이 확실히 상기될 만큼 극중 현실의 몰입도는 밋밋하다. 이처럼 추리극으로서의 긴장감이 떨어지게 된 것은 추리소설인 원작(에바노비치의 〈스테파니 플럼〉 시리즈)에 여성 감독 특유의 멜로적 물타기가 과도하게 행해졌기 때문이다.

추리극과 멜로물의 특장이 상승적 화학작용을 일으키지 못하고 오히려 양 장르의 변별성이 플롯의 지리멸렬한 방황 속에 소진되게 함으로써 짧은 런닝타임 만큼이나 엷은 존재감을 드러내고 있는 것이다. 그럼에도 불구하고 〈그레이 아나토미〉의 히로인, 캐서린 헤이글의 고혹적인 몸매와 미드 〈테라노바〉의 히로, 제이슨 오마라의 투박한 남성미는 화면을 응시하게 하는 마지막 단서로 충분하다. 아가사 크리스티 류의 아기자기한 탐정추리적 흡인력을 보강해 관객의 상상력과 경쟁하거나, 혹은 로맨틱 코미디의 잔재미를 보다 깊숙이 이식해 관객의 가슴을 어루만져주지 못할 바엔 차라리 한 우물을 팠어야 했다.

소품의 겸손함과 졸작의 치졸함은 분명히 다른 차원의 문제인 것이다.

철의 여인

2012. 2. 23 개봉

53년 만의 동장군에 시달리는 올 겨울, 빠리 콩코드 광장 대로 위를 대처로 분(扮)한 메릴 스트립의 얼굴을 매단 시내버스가 질주하고 있었다. 도버해협을 마주한 이웃이지만 백년 전쟁의 앙숙이기도 한 영국 여수상의 전기영화를 프랑스에서 이토록 널리 홍보하는 게 의아했다. 귀국 즉시 한국의 극장에서 접한 〈철의 여인〉(Iron Lady)은 왜 이 영화가 유럽에서 그토록 화제가 되었는지 깨닫게 하기에 충분했다.

할리우드를 대표하는 연기파 배우 메릴 스트립에게 올 아카데미 여우주연상을 안긴 〈철의 여인〉은 20세기말 신자유주의의 아성을 굳게 지킨 여성 아이콘 마가렛 대처에 관한 실화를 다루고 있다. '리얼리티'(reality;그럴듯한 감동)보다 '액츄얼리티'(actuality; 사실성)에 더 신경써야 하는 실존인물을 다루는 방식에서 이 영화는 보다 독특한 포즈를 취한다.

영화의 첫 장면은 작은 식료품점의 한 귀퉁이에 서서 건장한 청년에게 줄까지 밀려가며 우유 한 팩을 산 뒤 엉거주춤 돌아가는 초라한 한 노파를 따라가는 데서 시작한다. 그녀의 외출이 경찰, 집사 등 주변 사람을 발칵 뒤집은 일대사건임을 알지 못 한 채 대처는 남편 데니스(짐 브로드벤트)와 정겹게 아침 식사를 하고 있다. 그러나 다음 순간, 정담을 나누던 남편은 벽 너머로 증발하고 식탁엔 '골골 할머니'가 된 대처만이 혼자 남아 있다. 관객은 비로소 그녀가 치매를 앓고 있음을 어렴풋이 알아차리게 된다.

영화는 치명적 경제위기를 정면으로 돌파하려 공기업 민영화를 추진하는가 하면 알젠틴의 도발에 맞서 포클랜드 전쟁을 강행해 러시아로부터 '철의 여인' 칭호를 받은 여장부 대처의 인생 역정을 고독한 노년을 보내는 현재의 회고적 시선과 대비해 반추하고 있다. 그리하여 연거푸 3선(1979~1990)에 성공하며 남성 정치가들도 해내지 못했던 대위업을 달성한 강력한 카리스마의 그녀의 내면을 마치 내시경으로 들여다 보듯 촘촘이 해부해 보인다. 식료품집 딸의 서글픈 왕따에서 잉태된 젊은 날의 야망, 청년실업가와의 결혼과 쌍둥이의 출산, 마침내 이뤄낸 정계진출과 험난한 정치역정 등, 대처의 굴곡진 인생사를 현재와 과거를 오가며 치매노인의 프리즘으로 투사해 인상적이긴 하지만 그만큼 혼란스럽기도 하다.

거장 마틴 스콜세지의 3D 역작 〈휴고〉는 금년 84회 아카데미상 11개 부문에 노미네이터돼 촬영, 미술, 음악편집, 음악효과, 시각효과 등 기술영역 5개 부문을 석권했다. 영화의 힘이 스토리텔링에 있다는 시각에서 보면, 〈휴고〉의 이번 수상 결과는 〈아티스트〉에 비해 초라해 보일 수도 있다. 그러나 활동사진 수준이었던 초기 무성영화에 극적 구성의 방식을 도입한 극영화의 선구자 '조르쥬 멜리아스'의 존재를 디지털시대의 관객에게 3D적 체험으로 깨우쳐주고 있다는 사실은 퍽이나 시사적이다.

1931년 프랑스 파리의 기차역, 역사 내 커다란 시계탑을 혼자 관리하며 숨어 살고 있는 열두 살 소년 휴고(아사 버터필드)에겐 아버지(주드 로)와의 추억이 담긴 고장 난 로봇 인형만이 가진 전부다. 아버지의 숨겨진 메시지가 있을 거라 믿으며 망가진 로봇 인형을 고치려는 것을 포기하지 않는 휴고는 어느 날 인형 부품을 훔쳤다는 이유로 장난감 가게 주인 조르주(벤 킹슬리)에게 아버지의 수첩을 뺏기고 만다. 조르주 할아버지의 손녀딸 이자벨(클로이 모레츠)의 도움으로 로봇 인형의 설계도가 담긴 아버지의 수첩을 되찾으려는 휴고는 떠돌이 아이들을 강제로 고아원에 보내는 악명 높은 역무원(사챠 바론 코헨)의 눈에 띄게 되고, 애타게 찾던 로봇 인형의 마지막 열쇠를 가지고 있던 건 다름 아닌 이자벨이라는 것을 알게 되는데 …….

브라이언 셀즈닉의 그림책 〈위고 카브레의 발명품〉을 원작으로 하고 있는 영화는 언뜻 기구한 운명의 소년 휴고에 초점이 맞춰진 듯하지만 실상은 조르쥬 할아버지, 즉 조르쥬 멜리아스에 보내는 영화사적 천착에 다름 아니다. 영화 속 장면을 통해 3D의 감각적 영상으로 재현된 바처럼, 최초의 영화 뤼미에르 형제의 〈기차의 도착〉(1895)은 당대 관객에게 이루 말할 수 없는 충격이었다. 자신을 향해 돌진하는 기차를 피하려 괴성을 지르던 이 순진한 관객들에게 스토리텔링과 기술적 측면에서 더욱 진일보한 볼거리를 선사한 멜리아스의 집념의 무게를 〈휴고〉는 고스란히 우리에게 전해준다. 엉덩이가 가벼운 신세대관객에겐 지루한 '영화사 교과서 읽기'일 수도 있겠지만 그런 의미에서 더욱 외면할 수 없는 영화이다.

시체가 돌아왔다

2012. 3. 29 개봉

듬성듬성 비어있는 객석은 어딘가 이음새가 부족한 플롯 구조를 대변하는 듯하였다. 신예 우선호 감독의 코믹 스릴러 〈시체가 돌아왔다〉는 '해프닝의 증폭효과'를 최대화한 재기 넘치는 작품이다. 시체를 매개체로 굴비처럼 얽혀진 다양한 막장 인생의 인과관계를 처연하면서도 유머스럽게 다룬 영화는 대중 눈높이의 페이소스 미학을 제대로 방출하고 있다.

그러나 뭔가 부족한 듯 싶은 떨떠름함을 지울 수 없다. 기발하지만 산만하고, 지나치게 전형화된 인물은 억지 슬랩스틱(slapstick;과잉된 동작의 몸짓)의 안쓰러움 속에 방향감각을 상실한 소모품으로 전락하고 있다. 우리 사회에 산재한 부조리와 모순의 그늘을 보물 찾기 하듯 스펙트럼화(化)해 나열한 메시지도 '뒤죽박죽 황당 스토리'에 묻혀 관객들의 시야에 얼마 만큼 포착되었는지 의심스럽다.

연구원들이 피땀 흘려 이룬 첨단연구성과를 해외에 빼돌리려다 살해된 악덕 경영인, 김택수의 시체를 둘러싸고 전개되는 영화의 전체적 얼개는 꽤 흥미롭다. 시체를 훔쳐 자신들의 정당한 몫을 보상받으려는 현철(이범수)과 옥화(김옥빈) 일행, 사채업자의 빚을 갚고 보험금을 타내기 위해 영안실 근무자 친구의 도움으로 시체가 되었다 엉뚱하게도 탈취대상이 되는 진오(류승범), 채무자 진오의 눈알을 파내 채무수칙을 완수하려 그를 추적하는 사채업자 성구(고창석), 김택수 몸에 숨겨진 칩을 찾아 그의 시체를 쫓을 수밖에 없는 산업스파이 스티브 정(정만식) 일당, 그리고 이런 스티브 정을 추적하는 국정원 요원들, '오월동주(吳越同舟)의 동반자'가 된 이들이 똑 같은 경로에서 부딪치는 포복절도(抱腹絶倒)할 해프닝은 기묘하고 서글프다. 그래서 예사롭잖은 웃음을 선사한다.

　영화는 마돈나의 전 남편, 가이 리치의 데뷔작 〈Rock, Stock & 2 Smoking Barrels〉를 연상시킨다. 이는 도박판의 빚을 갚기 위해 대마초를 강탈한 일당을 다시 덮쳤다 이들과 연관된 5 패거리 범죄집단과 엮이게 되는 4인방 건달의 기막힌 이야기다. 끝없이 껍질을 벗는 러시아 목각인형처럼 연속된 반전이 마지막까지 손에 땀을 쥐게 하던 이 영화에 비해 〈시체가 돌아왔다〉는 시체와 작위적으로 연관된 인물들의 마무리 플롯이 너무 빈약해 싱겁다.

이민자
2012. 4. 12 개봉

〈뉴문〉, 〈황금나침반〉, 〈어바웃 어 보이〉의 크리스 웨이츠 감독이 아카데미 남우주연상에 노미네이트된 멕시코 배우 데미안 비쉬어를 얼굴마담으로 내세운 〈이민자〉(원제;A Better Life)는 히스패닉의 이주보고서이자 부자상열지사(父子相悅之詞)다. 아메리칸드림의 족쇄에 걸려 정원사의 고단한 삶을 살아가는 멕시코 불법 이민의 어느 날을 그린 영화는 빅토리오 데시카 감독의 걸작 〈자전거 도둑〉(1948)을 연상시킨다. 자전거를 도둑맞은 영화포스터 일꾼 안토니오(람베르토 마지오라니 분)가 아들 브루노(엔조 스타이오라 분)와 함께 로마 시내를 헤매는 배회의 흔적이 이 영화에서 그대로 묻어나기 때문이다.

멕시코계 불법이민 카를로스(데미안 비쉬어)는 아내가 떠난 후, 15살이 되도록 아들을 홀로 키운다. 그러나 아들 루이스(호세 줄리안)의 주변에는 갱들이 맴돌고 미래는 불투명하다. 그러던 어느 날, 가진 돈을 긁어 모아 트럭을 산 카를로스는 비로소 아메리칸드림의 단초가 이뤄졌음에 부푼 가슴을 억누를 수 없다. 그러나 주말에는 일을 하지 않고 아들과 놀러다니며 인간다운 삶의 모습을 사춘기

반항아 아들에게 온전히 심어주려던 그의 꿈은 트럭을 도둑맞으면서 산산조각나고 만다. 결국 이들 부자는 잃어버린 트럭을 찾아 LA 시내를 같이 주유(周遊)하게 되고 그 과정에서 부자간의 진정한 소통을 이뤄나간다.

2차대전 후의 이태리에서 현재의 미국 서부로 공간적 배경만 바뀌었을 뿐, 영화의 기본적 얼개는 대동소이하다. 단지 패전국가 민중의 피폐한 삶을 비전문배우(주연 람베르토는 철공소 직공)를 통해 사실적으로 재현했던 〈자전거 도둑〉과 달리 이 작품엔 현대 미국의 아킬레스건이라 할 수 있는 '불법이민자의 현실적 수용과 그들의 삶의 질'에 대한 고민이 배어져 있다. 특히 이 영화는 표면구조와 이면구조의 중첩화를 통해 메시지를 전하고 있음에 주목할 필요가 있다. 즉 카를로스 부자가 거리를 헤매는 외형상의 표면구조를 통해 보여주려는 감독의 진정한 의도는 트럭을 찾느냐의 여부에 놓여 있지 않다는 것이다. 이들 부자가 거치는 트럭 찾기의 도정(道程)을 통해 미국사회의 그늘 속에 잡초처럼 피어 있는 이민사회의 현주소에 초점을 맞추고 있는 것이다. 트럭 찾기의 명분을 빌린 이민자의 영상편지이다.

아르마딜로
2012. 4. 26 개봉

아르마딜로는 겁이 많은 빈치목(貧齒目) 동물이다. 위협받았을 때는 굴 속으로 숨고, 개활지에서 잡히면 팔다리를 끌어당겨서 갑옷이 땅에 착 달라붙게 해 자신을 보호한다. 때로는 도망가거나 재빨리 굴을 파기도 하지만, 최후의 순간엔 발톱으로 공격자를 할퀴기도 한다. 야누스 메츠 페데르센 감독의 다큐멘터리 영화 〈아르마딜로〉는 소름끼치는 전장의 공포에 내몰린 덴마크 청년들의 내면을 실시간으로 중계하는 전쟁관찰 보고서이다. 적의 전방위적 촉수를 피부로 느끼는 이들의 겁에 질린 모습은 갑옷 속에 잔뜩 웅크려 자신을 보호하려는 아르미달로를 연상시킨다.

아프가니스탄 최전선 아르마딜로 캠프에 파병된 덴마크 청년들은 설렘과 두려움으로 6개월간의 복무를 시작한다. 이러한 덴마크 병사들을 위협하는 건 눈에 보이는 탈레반 게릴라들이 아닌 매일같이 반복되는 정찰과 훈련 속에 일상화 되어버린 무료한 현실이다. 그러던 어느 날, 대원들에게 전쟁의 총성이 들려오기 시작한다. 적이 설치한 IED폭발로 인한 동료들의 부상과 죽음을 지켜보며 대원들은 점점 흥분하기 시작하고 어디서 날라올지 모르는 총탄에 대응사격 하면서 적에 대한 복수심과 분노는 고조되기 시작한다.

병사들의 철모에 장착된 카메라로 훑어내는 실전(實戰)의 긴장감은 더 할 수 없는 전율이 되어 객석을 파고든다. 죽고 죽어가는 전쟁의 리얼리티를 다큐멘타리 영상보다 더 사실적으로 재현할 수 없음을 이 영화는 여실히 보여주고 있다. 가족들과 눈물어린 이별을 하고 아프가니스탄에 파병된 매드 미니와 다니엘 웰비는 일상을 살아가는 우리의 분신이다. 그런 젊은이들이 갑자기 폭탄이 터지고 전우가 쓰러지는 전쟁의 실시간 현장에서 살기 위해 적을 죽여야 하는 현실을 일상으로 받아들이는 과정은 섬칫할 만큼 설득력이 있다.

〈하얀 전쟁〉에서 한기주는 그가 살해한 베트콩의 훼손된 시신을 보고 구토를 하며 공황상태에 빠진다. 그 시신이 푸줏간에 걸린 소고기처럼 자연스러운 일상의 부분이 되는덴 얼마간의 시간이 필요할 뿐이다. 〈아르마딜로〉는 이같은 인간의 폭력성이 일상에 잠재된 공포와 그 반작용의 결과물임을 각인시킨다. 그리하여 우리의 수치스러운 방어본능을 일깨운다.

코리아
2012. 5. 3 개봉

극장을 들어서는 발걸음이 유난히 무겁다. 까다로운 숙제 검사를 도맡은 때문이리라. 영화 〈코리아〉는 스포츠 실화의 한계를 어떻게 극복했을까? 왠지 모를 설렘과 불안이 엄습한다. 혹시나 했더니 역시나라고나 할까? 실화의 사실성이 봉쇄한 뻔한 줄거리의 밋밋함을 상쇄시키려다 제대로 덫에 걸려버린 격이다. 결론이 정해진 논문을 기술하는 덴 독특한 방법론이 요구된다. 1991년 남북 탁구 단일팀의 세계제패 쾌거를 다루는 영화는 이러한 과제를 해결하기 위해 (관객이 이미 알고 있는 결과에 이르는 과정을 흥미롭게 채색하기 위해) 나름대로 갖은 양념을 버무리며 스토리텔링의 조탁에 힘쓴 듯하다.

선수들도 모르는 사이, 남북당국의 정치적 의도로 급조된 단일팀이 초반의 불협화음을 해소하고 혼연일체가 되어 목적을 달성하기까지의 도정은 그대로 한 편의 드라마다. 그러나 전형화된 인물을 앞세워 신파적 사건으로 도배한 영화의 플롯은 유치한 동화를 방불케 한다. 현정화(하지원)와 리분희(배두나)의 과도한 자존심 대결은 차치하고서라도 남한 선수 최연정(최윤영)과 북한 선수 최경

섭(이종석)의 줄다리기 연애, 북한 감독 조남풍(김응수)과 남한 이코치(박철민)의 작위적 관계 설정, 갈등을 조성하다 적당한 때 물러서는 보위부 책임자의 일관성 없는 행태 등 전체적 얼개는 엉성한 궁합이 돋보인다.

사실성(Actuality)의 틀 안에서 재미와 감동을 주기 위해선 그럴듯한 개연성(Plausibility)을 창출할 수 있는 허구적 밑밥이 필요한 법인데 〈코리아〉는 이를 너무 의식해 오히려 부작용을 낳은 셈이다. 매사에 '바른 생활 언니'를 자처하며 당당함을 잃지 않는 현정화의 판에 박힌 정형성은 극영화의 리얼리티를 훼손하고 있고, 첫 국제대회 출전에 자신감을 잃고 전전긍긍하는 유순복(한예리)의 클로즈업된 눈매는 한쪽 방향으로만 걷는 꼭둑각시 인형을 연상시킨다. 그러나 신파의 최절정을 이룬 버스 앞 남북 선수단 이별 장면은 의외로 가슴을 뭉클하게 하고, 중국 선수의 마지막 스매싱이 네트 앞에서 가라앉는 정적 속의 슬로우 샷은 아직도 안광(眼眶)에 고스란히 남아 있다. 워낙 기억에 생생한 실화를 다룬다는 소재상의 제약이 초래한 태생적 한계일 뿐, 영화 자체가 낙제점은 아니란 얘기다.

내 아내의 모든 것

2012. 5. 17 개봉

남편을 두고 홀로 여행을 떠난 여인은 냉장고에 '까불지 마라'고 써붙여 놓았었다. 1주일 후 돌아온 그녀는 그 밑에 붙여져 있는 '웃기지 마라'란 남편의 회신을 읽어야 했다. 아내의 '까불지 마라'는 '까스 조심, 불 조심, 지퍼 조심해라. 마누라는 돌아온다. 라면 끓여먹고 기다려라. '란 의미였다. 이에 대한 남편의 '웃기지 마라'는 '웃음이 절로 난다. 기뻐 죽겠다. 지퍼는 내 마음이다. 마누라야 오든 말든, 라면이야 먹든 말든'였단다.

민규동 감독의 로맨틱 코미디 〈내 아내의 모든 것〉에는 까불지 말라고 윽박지르는 아내에 웃기지 말라고 항전하는 이 세상 모든 남편의 일그러진 자화상이 담겨져 있다. 뛰어난 요리 실력, 완벽한 외모, 똑 부러지는 성격의 정인(임수정)과 결혼한 7년차 남편 두현(이선균)은 아내의 불평과 독설에 숨이 막힐 지경이다. 연애 시절의 다소곳함은 어디다 저당잡혔는지 그녀의 모든 관심과 에너지는 오로지 '남편 들볶기'에 집중되어 있다. 급기야 강원도로 도피 발령을 받아 아내의 지긋지긋한 잔소리 환영(幻影)으로부터 탈출을 시도하지만 깜짝선물을 자처하며 그곳까지 따라온 그녀에게 망연자실(茫然自失)할 뿐이다. 이때 두현의 눈에 띈 초강력 대안이 있었으니, 바로 이웃에 사는 전설의 카사노바 성기(류승룡)다. 두현으로부터 아내를 꼬셔(?) 달라는 청부유혹을 받는 성기(이름부터가 심상찮다.)의 등장은 이 영화의 희극적 자양분이 어디서 방출되는 지를 극명히 드러내는 시발점이다.

완벽한 결별을 위한 유혹 프로젝트의 한 가운데에 선 카사노바, 성기의 언밸런스한 캐릭터는 진지와 코믹을 오가며 특유의 매력을 발산한다. 사랑스러운 매력을 한껏 발산하다 한 순간에 돌변하는 입체적 캐릭터 정인의 돌끼(?)에 놀라고, 헤어지고 싶지만 내색 한 번 못하고 행여 아내의 심기를 건드릴까 노심초사하는 소심남 두현의 속앓이에 안타까워 하다가도,

야성미에 포개진 섬세함으로 다가오는 성기의 능청스러움과 맞딱뜨리면 뒤집어지지 않을 수 없다. 얼핏 말도 안되는 억지 설정이라며 영화와 하나 되기를 거부하던 관객들이 스르르 정신줄을 놓게 되는 시점도 이들 세 캐릭터의 화학적 용해가 빚어내는 유쾌한 마취에 젖어들면서부터이다. 진부한 결말이 아쉽지만 인간관계의 상대성과 소중함을 곱씹어 보게 한다.

블루 발렌타인

2012. 5. 31 개봉

'희미한 옛사랑의 그림자'를 들춰냈던 방화 〈건축학개론〉의 허전한 뒷자리에 '우울한 지금 사랑의 현주소'를 노래한 외화 〈블루 발렌타인〉의 여운이 자리잡는다. 데릭 시엔프랜스 감독이 연출하고 미셸 윌리엄스와 라이언 고슬링이 주연한 〈블루 발렌타인〉은 결혼제도와 부부관계의 시말(始末)에 관한 심층보고서다.

영원한 사랑을 꿈꾸는 의대생 신디(미셸 윌리엄스)와 운명적 사랑을 믿는 이삿짐센터 직원 딘(라이언 고슬링)은 병원에서 우연히 만난 후 결혼에 골인한다. 딴 남자의 아이를 혼전임신한 신디의 상처까지 고이 감싸는 딘의 모습은 '백마를 탄 멋진 왕자'는 아닐지언정 '조랑말을 탄 의리의 훈남'으로 우리에게 다가온다. 그러나 고교도 졸업하지 못하고 안정된 직장도 없이 세월의 무게 속에 침잠해버리는 딘의 모습에서 신디는 점차 견딜 수 없는 절망감을 느끼게 된다. 아내의 심상찮은 조짐을 간파한 딘은 마지막 수단으로 국면전환용 나들이를 계획하고 신디를 교외 모텔로 데려간다.

그러나 1970년대 텔레비전용 SF시리즈의 싸구려 세트처럼 생긴 모텔 방에서 안간힘을 써가며 식어버린 사랑의 장례의식을 치르던 이들 부부는 출구 없이 꼬인 관계의 단절만을 확인할 뿐이다. 영화는 이들의 빛바랜 사랑과 빛나던 정염을 대비적 영상 속에 관객들의 뇌리에 심어주기 위해 현재와 과거를 오가며 플래쉬백(flash back)의 요술을 부려댄다. 시간의 재구조화를 통해 사랑의 굴곡을 시각적으로 풀어내려는 이 같은 시도는 퍽 주목할 만한 플롯 구성방식이다. 하지만 전체적으로 스토리 전개가 평범하고 안이해 지속적인 긴장감을 조성하지 못한 탓에 사랑의 뒤안길에서 고통받는 젊은 연인의 애달픈 모습이 안타깝기는 해도 그다지 설득력 있게 가슴을 파고들진 않는다.

　사랑 뒤에 찾아오는 운명적 고통을 헌신적인 남녀 배우들의 육감적 열연을 통해 펼쳐 보이는 〈블루 발렌타인〉은 문자 그대로 '우울한 사랑의 만화경(萬華鏡)'에 다름 아니다. 결혼은 한 순간의 격정으로 성립될 순 있어도 진정어린 자기관리 없이 유지될 순 없단 평범한 진리를 깨우쳐 주고 있기 때문이다. 잡은 고기도 밥을 줘야 한다는 사실을 명심하게 한다.

더 스토닝
2012. 6. 14 개봉

수년 전, 인도의 어느 시골마을에 들렀을 때 어린 과부의 '사티'(죽은 남편을 따라 아내가 불길에 뛰어드는 힌두교의 순장 관습)를 구경하려는 인산인해의 행렬과 마주친 적이 있다. 오랜 시간을 그곳에 머물 수 없어 실제로 그날 사티가 행해졌는지는 알 수 없지만, 아직도 그와 같은 반인륜적이고 전근대적인 행위가 이뤄진다는 사실에 충격을 금할 수 없었다.

이란계 프랑스 저널리스트 사헤브잠의 베스트셀러 〈돌팔매질당한 여인〉을 영화화한 사이러스 노라스테 감독의 〈더 스토닝〉(The Stoning of Soraya M.)은 그날의 충격을 되새기게 하는 작품이다. 더구나 영화가 1986년 사헤브잠이 취재차 방문한 이란의 시골, 쿠파이예 마을에서 직접 체험한 실화를 바탕으로 하고 있다는 점에서 가슴 한 켠을 저미게 한다. 자동차 고장으로 국경마을에서 발이 묶인 사헤브잠 기자(짐 카비첼)가 억울하게 투석형을 당한 소라야(모잔 마르노)의 이모 자흐라(쇼레 아그다쉬루)에게서 듣는 기막힌 마녀사냥담이 영화의 주된 줄거리다.

14세의 어린 아내를 새로 들이며 조강지처를 위자료 없이 내쫓기 위해 아내 소라야의 불륜을 조작하는 철면피 남편 알리(네이비드 네가반)는 이슬람 사회의 왜곡된 가부장적 권위를 대변하는 인물이다. 교도소 관리인 알리에게 약점이 잡힌 전과자 출신인 마을의 종교지도자 물라(알리 포타시)와 남성 편향적 이슬람문화에 별 생각 없이 부화뇌동하는 시장 에브라힘(데이비드 디안)의 모습에선 알리와 공모해 무고한 여인의 명줄을 끊는 저승사자의 실루엣이 겹쳐보인다. 협박에 의해서라지만 아내 사후, 자신의 집안일을 도와준 고마운 이웃 소라야의 간통혐의를 위증하는 마을의 정비공 하삼에게선 아무 생각 없이 돌을 던져 연못 속의 개구리를 죽게 하는 무지한 민중의 전형을 읽을 수 있다. 뿐만이 아니다. 아버지의 부추김에 고무돼 어머니를 막 대하다 마침내 자신을 낳아준 여인에게 돌을 던져대는 소라야의 아들과 이슬람율법이란 미명 아래 간통여인에게 투석형을 선고하는 마을 종교재판을 이의없이 받아들이며 자신의 딸을 부정하는 소라야의 아버지는 혈연마저 무너뜨리는 집단최면의 공포와 허무를 느끼게 한다. 왜곡된 군중심리와 그릇된 일체감은 살인의 더 없는 미끼이다.

페이스 블라인드

2012. 6. 21 개봉

　미스터리 스릴러의 새로운 차원을 보여주는 외화 〈페이스 블라인드〉는 안면인식장애(Prosopagnosia)란 독특한 소재를 차용하고 있다. 안면인식장애란 사람의 얼굴을 인식하지 못하는 감각의 이상 장애나 증상을 의미하는데, 현재로선 치료가 불가능한 것으로 알려져 있다. 따라서 살인사건 현장을 목격해 사건의 결정적인 단서를 제공할 수 있는 유일한 목격자가 충격으로 인해 사람들의 얼굴을 인식하지 못하는 장애, 즉 '안면인식장애'를 앓게 되면서 벌어지는 사건을 다룬 이 영화는 스릴러의 전형성을 제대로 갖추고 있는 셈이다.

　친구들과의 파티를 마치고 귀가하던 초등학교 교사 '애나'(밀라 요보비치)가 우연히 살인사건 현장을 목격하면서 촉발되는 영화의 플롯은 일상의 범죄에 전방위로 노출될 수밖에 없는 현대인의 불가피하고 불안한 인정세태(人情世態)를 극명히 대변한다. 살인범을 피해 도망가다 다리 밑으로 추락해 그 충격으로 '애나'가 안면인식장애를 앓게 되고, 이후 살인범의 존재적 외연에 시달려야 하는 그녀의 뇌리는 온통 공포로 뒤덮여 있다.

우리에게 생소한 정신적 외상을 스릴러의 소재로 활용해 '인간 내면의 고립'이란 실존적 문제를 다루는 영화는 '애나'와 함께 그녀의 기억을 복원하려 애쓰는 형사 케레스트(줄리언 맥마혼)의 추적이 덧붙여지면서 더욱 관객을 안타깝게 한다.

일찍이 마빈 르로이 감독의 〈마음의 행로〉(Random Harvest,1942)는 부분 기억 상실(Shell Shock)을 소재로, 옛 아내를 눈 앞에 두고도 기억하지 못하는 남편의 애절한 사연을 목가적 흑백 영상에 담아 여성팬의 심금을 울린 바 있다. 가히 〈마음의 행로〉는 멜로에 정신의학적 외피를 입힌 최초의 영화인 셈인데, 이후 기억상실로 인해 두 아내 사이에서 고민하고 방황하는 남편을 우리는 종종 영화와 TV드라마에서 접하게 된다.

그러나 〈페이스 블라인드〉는 이런 사례를 사려깊게 벤치마킹하진 않은 듯하다. 안면인식장애가 유발한 '애나'의 사회적 불구에 연민의 시선을 부어 넣을 때, 영화는 드라마와 스릴러 사이에서 방향감각을 상실한 절름발이의 모습을 보여주고 있기 때문이다. 〈레지던트 이블〉의 여전사에서 보호하고픈 여성으로 변신한 밀라 요보비치의 배역이 생뚱맞아서인가 보다.

화이트 밀크

2012. 7. 11 개봉

디토 몬테일 감독의 〈화이트 밀크〉(원제; son of no one)는 숨겨진 과거로 고통받는 경찰을 밑밥으로 스릴러 효과를 극대화하려 한다. 하지만 알 파치노와 쥴리엣 비노쉬를 2선 출연시킬 정도의 막강 캐스팅에도 불구하고, 끝까지 좇아간 스토리는 지리멸렬(支離滅裂), 그 자체다. 화장을 잔뜩한 미모의 쇼걸에 낚여 식당에 들었지만, 냄새만 맡다 나온 꼴이다. 스토리가 받쳐주지 않는 반짝캐스팅은 공허한 메아리에 불과함을 다시 한번 깨우쳐 준다.

영화는 어린 시절 우발적 살인을 저지른 뉴욕 경찰, 화이트(채닝 테이텀)에게 "나는 그때 네가 한 일을 알고 있다"란 의문의 편지가 날아들며 시작된다. 문제는 이 편지가 당사자 화이트뿐 아니라, 지역 신문사와 경찰 당국에도 어김 없이 배달되어 사랑스런 아내와 딸의 가장인 화이트를 패닉상태로 몰아넣는다는 데 있다. 형사 아버지의 사고사 후, 할머니와 뉴욕 빈민가에서 어렵게 살던 어린 밀크(화이트의 아명)는 자신들을 괴롭히던 마약사범과 이웃건달을 실수로 죽이지만, 아버지의 동료였던 스탠포드(알 파치노) 형사는 이를 미제사건으로 처리한다. 덕택에 과거의 악몽을 잊고 성인이 된 화이트는 꿈에 그리던 경찰이 될 수 있었던 것. 화이트에게 배달된 편지의 작성자가 누구인가에 초점이 맞춰지면서 영화는 스릴러의 정석을 제대로 밟아가는 듯하다. 이 사건의 전말을 캐던 집념의 여기자 로렌 브릿지스(쥴리엣 비노쉬)가 살해되고 어린 시절의 현장에 같이 있었던 동네 죽마고우 비니(트레이시 모건)가 용의선상에 오르며 영화는 긴박감을 더한다. 여기에 아역(제이크 체리, 브라이언 길버트)이 연기한 과거와 현재의 시점을 적절히 버무리며 선조적 시간 구성을 과감히 탈피하는 기법에 힘입어 뭔가 대박이 터질 듯한 기대감을 조성한다. 그러나 여기까지다.

초반에 잠시 선보였다 막판에 다시 등장한 스탠포드와 그의 심복 메리언 경감(레이 리오타), 화이트, 비니 등이 한 자리에 모이는 마무리장면에서 극적인 대반전을 기다리던 관객들은 놀랍잖은 음모 몇 마디를 듣는 것으로 카타르시스의 꿈을 접어야 한다. 투서의 주인공과 그 의도가 막판에 급히 밝혀지지만 개연성이 부족해 뜬금 없다. 아무래도 스릴러 영화, 이렇게 만들지 말라는 실패사례로 꼽힐 것 같은 작품이다.

나는 왕이로소이다

2012. 8. 8 개봉

뻔한 줄거리임에도 휴일 낮 극장 안은 만원이다. 마지막 한 좌석 남은 제일 앞자리에 앉으면서 '그래도 뭔가 기발한 구석이 있구나'고 기대해 본다. 그러나 시간이 흐를수록 긴장 대신 하품이 나고 〈개그콘서트〉 냄새가 나는 대사엔 웃어야 할지 울어야 할지 갈피를 찾기 힘들다. 엔딩 크레딧이 올라갈 때쯤 기발하다기보다 억지스러운 팩션 코믹사극 한 편을 본 소감을 정리할 수 있었다. 나는 '허탈한' 왕이었다고…….

'세종의 가출'이란 역사적 모자이크를 시도한 장규성 감독의 〈나는 왕이로소이다〉는 제목에서부터 퇴폐적 낭만주의 미학의 정수를 보여준 홍사용의 시 '나는 왕이로소이다'의 도착적 페이소스를 연상시킨다. 그러나 '눈물의 왕'을 염원했던 시에서의 서정적 회구와는 달리 영화는 풍자의 구심점을 잃은 광대놀이에 그치고 있다.

양녕대군(백도빈)의 탈선으로 세자가 된 충녕(주지훈)은 제왕의 중압감을 이기지 못해 월담을 하게 된다. 그런데 공교롭게도 주인 아씨(이하늬)를 구하려 궁궐을 엿보던 노비 덕칠과 출입의 타이밍이 맞아 떨어짐으로써 둘은 서로의 신분이 맞바뀌게 된다. 영화는 얼굴이 유사한 두 사람이 극과 극으로 뒤바뀐 인생역할 속에서 각성하는 과정을 통해 민초와 소통하는 바람직한 통치자상을 희극적으로 구현한다.

그러나 가볍지 않은 메시지를 너무 경박하게 다루려다 장르 불명의 학예회 소품이 되고 말았다. 일찌감치 국왕의 카리스마를 포기하고 격투기선수를 자처한 태종(박영규), 코믹사극의 인증을 확실히 받으려 온몸으로 오버하는 세자빈(이미도), 엄숙 코믹의 캐릭터로 희화화된 황희(백윤식), 역사의 실종공간 속에서 급히 건져올린 호위무사 해구(임원희)와 황구(김수로) 등 주변인물들은 배당받은 골계적 전형성에 갇혀 있어 안타깝다.

이들 대부분이 기왕의 전작들을 통해 유사한 희극적 캐릭터가 이미 강하게 인각된 탓에 신선한 풍자효과를 기대하기 어렵고, 단순한 플롯에 비해 지나치게 긴 런닝타임은 몰입을 방해한다. 팩션사극을 진지하지 않게 다뤄 관객과 소통하려는 감독의 의도는 아류 작품의 범람으로 인한 기시감(旣視感) 탓에 웬만해선 관객의 감정선을 뚫기 힘들다.

이웃 사람

2012. 8. 23 개봉

〈이웃 사람〉은 불특정 대상을 향한 '묻지마' 강력범죄가 화두가 되고 있는 요즈음 우리네 일상과 맞물려 그 소재부터가 흥미롭다. 어느 서민 아파트 단지(강산 맨션)를 배경으로 여중생 살인사건에 관련한 주민들의 심리적 파편을 스릴러 기법으로 담아내는 영화는 만화가 강풀의 동명 웹툰을 원작으로 한다. 원작의 빼어난 플롯 효과에 힘입어 객석에 감도는 팽팽한 긴장감은 영화의 흥행 전도를 어렴풋이 시사하는 듯하다.

우선 이 영화는 범인이 누구냐에 초점을 맞추는 '수사반장' 스타일의 추리극 패턴을 버리고, 일찌감치 범인을 공개하되 범인과 그를 둘러싼 집단의 두뇌게임을 통해 긴장감을 조성하는 '형사 콜롬보' 스타일의 서스펜스 드라마를 지향한다. 그 과정에 아파트촌 이웃 사람의 다양하고 극적인 캐릭터가 작품 속에 스스럼 없이 용해되어 몰입을 견인한다.

죽은 딸 여선(김새론)에 대한 계모로서의 자책에 젖어 있는 주부 경희(김윤진), 살인사건의 공소시효와 소시민의 의협심 사이에서 갈등하는 야간경비원 종록(천호진), 불

행한 가정사로 삐뚤어진 악질 사채업자 현모(마동석), 도
시 중산층 여성의 전형을 보여주는 아파트 부녀회장 태선
(장영남), 범인에게 사체운반용 가방을 팔았다 사건에 휘
말리는 가방가게 주인 상영(임하룡), 범인의 아파트에 피
자를 배달하다 사건과 엮이는 피자집 배달원 상윤(도지
한), 순진무구한 여중생의 이미지를 가감없이 보여주는
수연(김새론) 등 아파트단지의 구성원들은 하나같이 우
리 주위에서 흔히 볼 수 있는 일상성을 견지한다. 개별적
으론 생생히 살아 있는 도시인의 변별적 전형성을 간직하
면서도 한 마디로 아울러 '적당한 무관심'이란 집단적 정
체성을 구현함으로써 영화의 리얼리티를 한껏 제고시키
고 있다.

그러나 이들 중, 관객을 시종 불안과 증오의 나락에 떨
어뜨리며 긴장의 헤게머니를 행사하는 이는 단연 범인
류승혁(김성균)이다. 험상궂은 외모와 잔인한 성품, 그
리고 외항선을 탄다는 설정을 제외하면 다른 주변인물
에 비해 그 프로필이 너무 소략해 범행의 당위성을 설명
할 만한 심리적 기저가 충분히 제시되지 못한 점이 아쉽
지만 '악의 축'으로서의 포스만큼은 타의 추종을 불허한
다. 악역이 욕을 먹어야 성공한다는 스릴러물의 주인공
으로 딱이다.

링컨 : 뱀파이어 헌터

2012. 8. 30 개봉

세종이 가출하고 고관댁 서자가 얼음털이에 나서며 광해가 대역을 썼다는 황당무계 스토리가 바다 건너 할리우드까지 전염시켰나 보다! 급기야 링컨마저 흡혈귀 사냥꾼이 되어 우리 앞에 나타났다. 카자흐스탄 출신의 할리우드 감독 티무르 베크맘베토프가 연출한 〈링컨 : 뱀파이어 헌터〉는 어린 시절 뱀파이어에게 어머니를 잃은 역사상의 인물 에이브러햄 링컨(미국 16대 대통령)을 소재로 한 변종전기물이다.

청년이 된 링컨(벤자민 워커)은 헨리(도미닉 쿠퍼)를 통해 이 세상에 뱀파이어 무리가 암약하고 있다는 사실을 알게 된 후, 그의 도움으로 뱀파이어 헌터로 키워진다. 가게 점원과 법학도의 길을 가며 비밀리에 뱀파이어 퇴치 임무를 수행하던 링컨은 마침내 메리(메리 엘리자베스 윈스티드)와 결혼해 가정도 꾸리고, 정치인으로서의 경력도 쌓아간다. 남북 갈등이 첨예화된 그 즈음, 위장 뱀파이어인 남부 대지주들이 노예를 자신들의 식량으로 조달하기 위해 노예제도의 존립을 외친다는 소식은 정치인 링컨을 들끓게 한다.

역사적 실사에 판타지 덧칠을 한 이 작품에서 논리성과 사실성을 따진다는 건, 드라마에서 악역 맡은 배우에게 돌팔매질하는 거나 진배 없다. 가당찮은 설정이지만 픽션(fiction) 그 자체로 받아들이기로 하자. 노예해방을 한 휴머니티의 산 증인, 링컨이 피 칠갑을 하며 흡혈귀와 싸우는 괴력의 전사가 된다는 생뚱맞은 스토리는 실상 작가 세스 그레이엄 스미스의 원작소설을 토대로 한 것이다. 우리가 기억하는 링컨의 가장 큰 치적은 물론 노예 해방이다. 그러나 또 다른 시각에서 보면 이는 노동자 기근에 시달리던 북부 공장지대에 남부의 노예인력을 재배치하려는 경제전쟁의 부산물이란 분석도 있다. 링컨이 흑인을 사랑해서 노예제를 폐지했다기보다 북부백인의 경제논리를 정치적으로 잘 활용했다는 말이다. 여기에 한 술 더 떠 스미스는 불우한 링컨의 유년시절을 스토리텔링의 지렛대로 활용한다. 이에 힘입어 구현된 말떼 추격전 및 기차 액션의 3D 영상은 박진감은 넘치나 감동적이진 않다. 어차피 거짓말이라 작정하고 보는 체념적 방관의 한계일 것이다. 우선 보기엔 야단스럽지 않더라도 진정성 묻어나는 이야기에 더 귀가 솔깃해 지는 건 동서고금의 진리인가 보다.

간첩

2012. 9. 20 개봉

신예 우민호 감독이 연출한 〈간첩〉은 소위 생활형 간첩들의 좌충우돌 임무수행기(任務遂行記)다. 끈 떨어진 남파간첩들의 적지 적응상을 코미디의 소재로 활용한 그 기발한 발상에 우선 박수를 보내고 싶다. 간첩이라면 자다가도 화들짝 놀랄 안보관으로 무장한 쉰 세대(?)들로선 격세지감(隔世之感)이 느껴질 스토리텔링이다. "대중들에게 두려운 존재로만 인식되고 있는 간첩(間諜)들이 남북 관계가 원만해진 지금 어떻게 살고 있을까"라는 의문에서 출발했다는 영화의 제작의도는 충분히 기습적이고 그런 만큼 공감이 인다.

전세금 인상에 시달리는 22년차 남파 간첩 김과장(김명민), 동네 부동산 아줌마로 정착한 로케이션 전문 여간첩 강대리(염정아), 탑골공원 활동무대의 신분세탁 전문 간첩 윤고문(변희봉), 귀농 청년으로 위장한 해킹 전문 간첩 우대리(정겨운), 이들은 자신도 모르는 사이 남한사회의 생활인으로 퇴락한 망각의 존재다. 그런 이들에게 인정사정 없는 북한 최고의 암살전문가 최부장(유해진)이 나타나 지령을 하달한다. 얼마 전 귀순한 북한 정권의 실세,

리용성을 제거하라는 것!

그러나 이미 자본주의의 늪에서 허우적거리며 '나이롱 공작원'이 되어버린 이들이 본업(?)으로 복귀하기엔 '단절된 세월'의 무게가 녹록지 않다. 저마다의 각박한 사정에도 불구하고 이들을 다시 한 팀으로 뭉치게 한 동기는 리용성에게 주어질 100억의 보상금이다. 이데올로기에 목숨을 거는 전사형 간첩이 아니라, 남한 사회의 생활인으로 전락한 그들로선 당연한 선택이다. 하지만 작전과 실행은 항상 차이가 나는 법! 뭔가 대박의 조짐마저 보이던 코믹 발상이 후반부 암살 작전을 둘러싼 액션 활극으로 뉴턴하면서 영화는 지지부진한 공전(空轉)의 터널에 갇혀 버린다. 코미디에 포인트를 두고 액션으로 적절히 갈무리해 상승효과를 도모할 수 있었을 텐데, 후반부 주객이 전도된 배합으로 장르 불명의 부조화를 초래하고 만 셈이다. 발상의 전환을 시나리오와 카메라웍이 끝까지 책임지지 못한 이 영화에서 고군분투하는 인물은 '천의 얼굴을 연기하는 영원한 광대', 김명민이다. 서울과 평양말을 오가며 능청스런 생활인과 특공무술의 공작원을 오버랩시키는 모습이 가상하기 그지 없다.

로우리스 : 나쁜 영웅들

2012. 10. 18 개봉

존 힐코트 감독의 〈로우리스 : 나쁜 영웅들〉은 미국 현대사의 어두운 그림자를 독특하게 풀어헤치고 있다. 문자 그대로 무법(로우리스 ; Lawless)과 부조리가 판치는 30년대 경제공황기 미국의 시골(버지니아주 프랭클린 카운티)을 무대로, 무법자 3형제와 악랄한 수사관의 맞대결을 그리고 있는 영화는 캐릭터 설정부터가 이채롭다.

비슷한 시대, 유사한 소재를 다루는 고전 〈언터처블;untouchable〉이 철저히 정의와 불의의 선악 대결(마피아 두목 알카포네와 FBI 수사관 엘리엇 네스)에 초점을 맞추는 것과 달리, 〈로우리스: 나쁜 영웅들〉은 악과 악의 대립을 다루고 있기 때문이다. 즉 이 영화의 전반적 플롯은 프랭클린 카운티의 전설로 불리는 본두란가 삼형제와 이곳에 새로 부임한 사디스트 특별 수사관 찰리 레이크스(가이 피어스)의 진흙탕 신경전으로 이뤄져 있는데, 이게 '나쁜 놈'과 '나쁜 놈'의 대결구도를 형성하고 있다는 말이다. 말하자면 밀주를 제조하는 '나쁜 놈' 3형제와 이들의 약점을 쥐고 상납을 요구하는 '더 나쁜 놈' 수사관이 벌이는 '놈,놈,놈,놈'의 엇갈린 행보가 이 영화의 전부를 지탱

하는 스토리텔링으로서의 미덕인 셈이다.

 1차대전의 전쟁터에서 홀로 갱생한 불사신 하워드(제이
슨 클락), 스페인 독감도 물리친 범접할 수 없는 카리스마
의 포레스트(톰 하디), 전설의 갱스터 플로이드 배너(게
리 올드만)와 손잡고 형들의 그늘을 벗어나려는 막내 잭
(샤이아 라보프), 이들 3형제는 금주법 시대를 살아간 전
형적 무법자(범죄자)다. 그런데 이 범죄자를 단죄해야 할
정의의 수사관(찰리)이 더 없이 더럽고 역겨운 악한으로
설정되는 바람에 영화는 묘한 감정의 이반을 유도한다.

 따라서 악한(안타고니스트;antagonist)으로부터 협박받
는 이들 무법자 3형제가 자연스럽게 관객의 가슴을 파고
드는 '우리편' 주인공(프로타고니스트;protagonist)으로
둔갑해버린다. 미국 통속극의 전형을 보여주는 서부극
(western opera)에서부터 암흑가의 생리를 리얼하게 파
헤치는 필름 누아르(film noir)에 이르기까지 '악의 축'이
뿜어대는 독기는 영웅의 권위를 포장하는데 적절히 활용
되어 왔다. 그리하여 시골 범죄자 3형제가 '나쁜 영웅'으
로 승천한다. '똥싼 놈' 옆에 있으면 '오줌 싼' 놈은 덜 부
끄럽다고 영화는 말하고 있다.

용의자 X

2012. 10. 18 개봉

배우 출신 여류감독 방은진의 〈용의자 X〉는 추리물의 외피를 입은 기형적 순애보다. 이 영화의 원작은 이미 〈백야행〉으로 국내 스크린을 노크했던 일본 작가 히가시노 게이고의 〈용의자 X의 헌신〉이다. 원작이 천재 수학자와 물리학자 사이의 두뇌싸움에 초점을 맞춘 본격 추리물이라면 물리학자를 결락시키고 한 남자(수학자)의 지고지순한 사랑에 초점을 맞춘 영화는 방은진표 로망스에 가깝다고나 할까?

일찍이 일본 추리소설의 이론적 기초를 닦은 에도가와 란보(江戶川亂步)는 추리소설을 "주로 범죄에 관한 난해한 비밀이 논리적으로 서서히 풀려나가는 경로의 흥미를 주안으로 삼는 소설"로 정의한 바 있다. 그러면서 그는 범인과 탐정의 수수께끼 게임에 주력하는 본격 추리소설보다, 범죄의 뒤안길에 놓인 당사자들의 연애감정을 흥미진진하게 덧붙이는 변격 추리소설에 집요한 관심을 보였었다. 살인사건이란 대명제를 내세워 추리소설의 얼개를 갖추면서도 여성감독 특유의 섬세함으로 굴절된 사랑의 마력을 형상화하고 있다는 점에서 〈용의자 X〉는 다분히 변격 추리소설형의 양태를 지향한다고 볼 수 있다.

한때 수학천재였으나 현재는 인기없는 수학교사인 석고(류승범)는 짝사랑하던 옆집 주부 화선(이요원)이 전남편을 살해한 것을 알고 난 뒤, 그녀를 위한 완전범죄 프로젝트에 뛰어든다. 시신이 발견되자마자 화선을 용의자로 지목한 형사 민범(조진웅)은 그녀를 감시하는 과정에서 고등학교 동창인 석고와 재회하게 된다. 석고와 화선 사이에 놓인 기묘한 감정의 조류 속에서 동물적 감각으로 사건의 구상도를 재구하는 민범은 형사로서의 사명감과 동창으로서의 우정 사이에서 고뇌한다. 그러는 사이, 화선은 석고의 프로젝트에 따라 완벽하게 용의선상에서 벗어나게 된다.

히가시노 게이고 특유의 미스터리한 수수께끼 풀이(서스펜스)에 가슴 떨리는 로맨스가 더해진 결과에 대한 감식(?)은 국과수의 몫이 아니라 순전히 관객이 감당해야 할 것이다. 석고의 불가해한 미친 사랑이 '내 안의 사랑과 아픔과 이해'로 넘어오는 데 걸리는 시간이 얼마나 유장(悠長)한 지에 따라 영화에 대한 호불호(好不好)가 극명해지리라 본다.

007 스카이폴

2012. 10. 26 개봉

　스파이 영화의 고전 '007'이 23번째 포장지에 싸여 이 가을, 우리 곁에 배달돼 왔다. 시리즈 출범 50주년을 기념해 샘 멘더스 감독이 작심하고 연출한 〈007 스카이폴〉은 그간 불문에 붙여졌던 007 제임스 본드의 가정사적 이력과 MI6 수장 M의 과거를 다룬다는 점에서 그 어느 편보다 드라마적 요소가 강하다. 그래서 '007영화를 이렇게 만들 수도 있구나'며 고개를 끄떡이게 한다.

　숀 코네리에서 죠지 레젠비, 로저 무어, 티모시 달턴, 피어스 브로스넌을 거쳐 다니엘 크레이그에 이르기까지 끊임 없이 주적개념을 바꿔가며 시대 환경에 걸맞는 캐릭터를 창출해 온 007은 그간 스토리텔링의 공간적 외연을 확장하기 위해 세계적 명소들을 두루 섭렵해 왔다. 그러나 이번 〈007 스카이폴〉편에선, 인간 007의 내면을 파고 들기 위해 본드의 고향을 찾아가는 관계로, 부득불 대부분의 공간이 영국내로 한정되어 있다. MI6의 런던 본부가 스크린에 공개되고 테러리스트의 공격으로 아수라장이 되는 웨스트민스터 지하철역이 등장하는가 하면, M을 피신시키기 위해 찾아간 스코틀랜드의 절경 그렌코가 특히 눈길을 끈다.

물론 초반부에 잠깐씩 등장하는 이스탄불, 상하이, 마카오의 처소적 매력도 간과할 순 없다 전세계 관광객이 쇼핑하기 바쁜 그랜드 바자르의 지붕 위로 오토바이가 날아다니고 야경이 고혹적인 동방명주 타워의 엘리베이터 아래에서 숨막히는 육박전이 펼쳐지며 폴투칼풍의 유서 깊은 폐허에서 여인의 목숨을 담보로 아찔한 담력시합을 벌이기도 한다.

이 모든 사단은 조직을 위해 냉정할 수밖에 없었던 M(주디 덴치)에게 보복하려는 MI6 전요원 실바(하비에르 바르뎀)의 광기어린 오욕에서 비롯된 것이다. 〈노인을 위한 나라는 없다〉에서 섬뜩한 킬러의 페르소나(persona)를 유감없이 시연했던 하비에르 바르뎀은 이번에도 오로지 복수에 집착해 정신줄을 놓아버리는 냉혈한으로 착실(?)하게 변신한다. 컴퓨터로 제어되는 디지털 논리의 전반부와 아날로그적 무기가 망라되는 후반부가 절묘히 배합된 점이 이 영화의 미덕이라면 작위적이라 다소 거슬리는 부분도 있다. 실바에 맞서 고향저택 스카이폴을 요새화하는 장면은 선악의 상봉을 규격화하는 서부극이나 무협지를 연상시킨다.

남영동 1985

2012. 11. 22 개봉

우리 시대의 저격수, 정지영 감독의 〈남영동 1985〉엔 눈을 뗄 수 없는 아픈 진실이 처절히 묻어나고 있었다. 그 아픔은 부지불식간에 서글픈 공감이 되어 팝콘을 씹고 있는 관객의 폐부를 짓눌러 왔다.

고 김근태 의원의 수기 〈남영동〉을 영화화한 이 작품은 1985년 9월의 어느 날, 남영동 치안본부 대공분실 515호에 끌려와 인간백정들의 희생양이 되어야 했던 한 인간의 생체적 생존실험기이자 우리 현대사의 부끄러운 자화상이다. 영화는 가족과 목욕을 다녀오던 길에 연행돼 남영동에 끌려온 주인공 김종태(박원상)와 그를 고문하는 가해자들 사이의 거친 호흡에 시종일관 카메라의 정수리를 들이대고 있다. 그리하여 우리가 추상적으로 생각해 왔던 '한국판 마루타'의 인간도륙 현장을 섬뜩하게 재현해낸다. 원시적 구타를 곁들여 물고문에서 고춧가루고문을 거쳐 전기고문에 이르는 그야말로 풀코스의 현란한 고문기법이 적나라하게 연출된다는 점에서 다큐멘터리 '그것이 알고 싶다'를 연상시킨다. 관객에게 차려진 고문의 뷔페 상차림이 풍성하면 할수록 인간으로서의 모든 것을 내려

놓고 동물적 처신을 강요받아야 하는 김종태의 굴욕과 좌절이 깊어진다는 사실이 가슴을 저미게 한다.

그런데 이 지점이 바로 이 영화의 성과이자 한계다. 악랄한 고문을 견디지 못하고 배변과 함께 무너지는 김종태의 자의식, '장의사'로 불리는 고문기술자 이두한(이경영)의 실감나는 비인간적 고문행태, '장의사'와 묘한 경쟁의식에 사로잡힌 '박전무'(명계남)의 허세, 연애와 진급 등 일상의 관심사에 매달리며 때로는 온정의 눈길을 보내다가도 악마로 돌변하는 말단근무자들의 자기비하 등, 인간상실의 공간을 적나라하게 극화함으로써 그 때 그 순간 김종태의 공포와 모멸감을 공유하게 한다는 점에서 영화는 충분히 의기롭고 훌륭하다.

그러나 거기까지다. 장관 김종태가 교도소에서 자신 앞에 무릎 꿇은 이두한을 바라보는 눈동자를 클로즈업한 라스트컷은 여러 가지로 애매하고 아쉽다. 국가권력 횡포의 단죄가 불완전함에 대한 메타포(은유)인지 혹은 분명한 처방을 유보할 수밖에 없는 감독의 자신감 결여인지, 유력한 대선주자를 닮은 중간관리자 '강과장'의 표정만큼이나 모호하기 이를 데 없다.

원데이

2012. 12. 13 개봉

스코틀랜드 여행에 나섰던 올 초, 아내의 손을 잡고 오른 칼튼 힐에서 내려다본 에딘버러의 밤 풍경은 너무도 고혹적이었다. 에딘버러성에서 홀리루드궁을 가로지르는 로열마일엔 천년고도의 기품이 넘쳐흘렀고 웨이블리역과 발모아호텔을 마주한 스코트 모뉴먼트의 위엄은 이 도시 속에 잠들고 싶은 야릇한 전율을 불러 일으켰다.

한 남자를 향한 순정녀의 애닲은 미소가 가슴을 뭉클하게 하는 〈원데이〉는 에딘버러에서 시작되었다 에딘버러에서 완성되는 러브스토리다. 1988년 7월 15일, 대학 졸업식에서 처음 인사를 나누게 된 후, 둘도 없는 친구가 된 엠마(앤 하서웨이)와 덱스터(짐 스터커스)가 우정과 사랑 앞에서 엇갈리며 반복되는 스무 번의 특별한 하루를 보여주는 이 영화는 독특한 양식을 선보인다. 1988년부터 2011년까지의 스무 해 동안 '성 스위틴 데이'(그 날 비가 내리면 40일 내내 비가 내리고, 반대로 맑다면 40일 동안 아름다운 날씨가 이어진다는 영국의 전설 속 '원 데이')에 해당하는 7월 15일 만을 보여주며 세월의 타임머신을 돌려대는 영화는 지루한 일상의 순환 구조에 갇혀 있다.

소설가를 꿈꾸며 성실한 삶을 살아가는 진지한 숙녀 엠마와 부잣집에서 태어나 자유분방한 생을 영위하는 탕아형의 덱스터가 서로를 받아들이기 위해 거쳐갔던 20년에이르는 궤적을 잔잔하게 추적하고 있는 영화엔 그래서 이렇다 할 서사적 스토리가 없다. 단지 즉흥적으로 연애하고 제 멋대로 결혼했다 홧김에 이혼해 딸 하나를 둔 남자와 이 남자에 대한 순정을 가슴에 간직하며 솔로로 살아온 여자가 있을 뿐이다. 대학을 갓 졸업한 풋내기 사회인에서 각각 교사, 작가, TV진행자, 노처녀, 이혼남에 이르는 인생의 터널을 지나, 마침내 부부로 맺어지기까지의영상 연대기를 연출하는 영화는 유통기한 없는 사랑의 불가해성을 애절하게 제시하고 있다. 졸업식 다음날, 엠마와 덱스터는 우리 부부가 올랐던 칼튼 힐의 맞은 편 홀리루드 파크에 올라 에딘버러의 사위를 조망한다. 그곳에서바라보는 에딘버러는 또 어떤 빛깔이었을까? 뿌연 안개에 둘러싸인 이 도시의 진중함은 '사랑'이란 이름으로 이세상에 존재하는 모든 것은 가슴 시리도록 아름다울 뿐이라고 말하고 있었다.

제5부

월터의 상상은 현실이 된다

〈2013년〉

라이프 오브 파이

2013. 1. 1 개봉

체조, 다이빙, 피겨스케이팅에서의 순위는 예술적 점수와 기술적 점수를 합산 평균해 매겨진다. 이들 종목은 단순히 선수의 육체적 기량만이 아니라 예술적 성취도까지를 아울러 따져야 하는 멀티 뷰 (multi-view) 스포츠로서의 특성을 가진 때문이다.

대만 출신의 리안 감독이 인도 소년 주인공의 영국 소설을 할리우드의 기술로 영화화한 〈라이프 오브 파이〉(Life of Pi)는 화려한 영상미와 명료한 주제의식을 모두 갖춘 멀티 뷰 영화다. 무려 227일간의 인도 소년 해상표류기인 얀 마텔의 원작소설 〈파이 이야기〉는 세계 40여 개국에서 출간되어 커다란 인기를 모았고 700만 부 이상이 팔리는 경이로운 기록을 세웠다. 그러나 2002년 영국 최고 권위의 부커상을 받음으로써 작품성까지 입증된 이 소설은 숱한 이들의 욕심에도 불구하고, 작품이 담고 있는 의미와 놀라운 상상력을 비주얼로 표현해낼 기술력의 한계로 인해 선뜻 영화화의 수순을 밟을 수 없었다.

화물선이 침몰하면서 호랑이와 구명보트에 동승하게 된 인도소년 '파이'의 인호동주(人虎同舟) 스토리는 모티프 자체의 뛰어난 흡인력에도 불구하고 과연 이를 어떻게 시각화하느냐 하는 지난한 과제를 간직하고 있었다. 그러나 거장 리안은 끝이 보이지 않는 태평양과 낡은 구조선, 고작 열여섯살에 고아가 된 인도 소년 파이(수라즈 샤르마), 동물원에서 나온 벵골 호랑이 한 마리가 전부인 제작의 단서를 뛰어난 직관과 남다른 기획력으로 조합해 126분의 러닝타임을 일사불란하게 매조지고 있다.

우선 영화는 절체절명의 순간에 처한 16세 소년의 고투를 캐나다에 정착한 성인 '파이'(이르판 칸)의 회고적 담론을 통해 전달함으로써 유신론적 신뢰와 냉철한 이성으로 위기를 극복한 인간의 인내를 철학적 사색의 장으로 이끌어내는 데 성공하고 있다. 허나 무엇보다도 눈길을 끄는 건 역시 3D 비주얼로 이뤄진 바다의 황홀경이다. 날치떼의 비상과 해파리떼의 푸른 군무와 미어캣 무리의 포효로 대변되는 이 장엄한 볼거리는 주제의 깊이를 기술적으로 심화시키는 종착역이다. 내레이션의 마지막 반전이 이 화려한 비주얼을 무색케 하긴 하지만, 극장을 나서며 반납하는 입체안경 속엔 영화 속 바다의 잔영이 아직 꿈틀대고 있다.

나의 가족, 나의 도시
2013. 1. 12 개봉

몇 년 전, 독일의 프랑크푸르트에서 시내버스를 이용한 적이 있었다. 뒷 좌석에서 대낮부터 술에 절어 고성으로 수다를 떨어대는 터키인 두어명 탓에 대부분의 승객들은 자리가 있어도 앉지 않고 서서 가고 있었다. 1차 세계대전의 동맹국으로 시작된 독일과 터키의 끈끈한 유대는 오늘날까지 이어져 아직도 터키인들은 독일을 영원한 멘토의 나라로 여긴다. 이를 방증하듯 현재 독일엔 150만 이상의 터키 출신 이주민이 살고 있다. 그러나 겉으론 히틀러의 업보를 속죄하기 위해 세상에서 가장 관대한 이민정책을 펴는 독일당국이지만, 독일거리에 넘쳐나는 터키이민을 바라보는 독일인들의 속내는 그다지 곱지 않다.

터키 출신의 독일 3세대 이민 감독 야스민 삼데렐리가 연출한 〈나의 가족, 나의 도시〉(Almanya: Willkommen in Deutschland)는 터키이민에 대한 독일사회의 이처럼 곱지 않은 편견을 여성 특유의 세밀함으로 솎아낸 자전적 가족 로드무비다.

터키에서 독일로 건너온 후세인(베다트 에린킨)은 백만 첫 번째 독일 이주 노동자이다. 이주 45년 만에 시민권을 얼은 후세인은 손자, 손녀들이 모인 가족식사 자리에서 모든 가족이 휴가 때 터키로 여행을 가자고 제안한다. 마침내 터키로 향하는 차 안에서 심심해 하던 후세인의 막내 손자 첸크(라파엘 코우스리스)에게 사촌누나 캐넌(아일린 테첼)은 파란만장 가족의 옛날 이야기 보따리를 하나, 둘 꺼내 놓는다. 이는 과거와 현재를 오가며 터키 1세대이민의 애환을 가감 없이 드러내는 황금빛 회고담으로 변주되어 관객의 오감을 자극한다.

  할아버지, 할머니가 삼촌과 고모를 데리고 독일로 이주했던 정황을 설명하는 틈새로 할아버지, 할머니의 처녀, 총각 시절 에피소드가 스크린에 펼쳐지고, 지금은 늙어버린 고모와 삼촌들이 모두 아역으로 등장하면서 영화는 가슴 뭉클한 잃어버린 시절에 대한 세월 리포트로 바뀐다. 그러면서 터키인의 시각에서 통찰한 독일사회의 이해 못할 정신적 편린을 유쾌하면서도 기묘하게 집어낸다. 그리고 바로 이 지점에 독일·터키 양국민의 정신적 현주소와 이에 따른 인식의 차이를 위치시킨다. 독일인의 깔끔한 공중의식이 도저히 넘어설 수 없는 어수선하지만 정감 넘치는 터키인의 가족주의를 대별시킨다.

7번방의 선물
2013. 1. 23 개봉

뉴욕의 크리스마스를 배경으로 사랑과 믿음의 메시지를 전하는 외화 〈34번가의 기적〉이 한국의 감방으로 변용되어 짠한 감동을 주는 코미디로 재탄생했다. 이환경 감독의 〈7번방의 선물〉은 '교도소 감방으로의 유아 밀반입'이란 황당한 모티프를 튼실한 연기자들의 감칠맛 나는 내공으로 짜깁기해 진정한 드라마의 모범을 보여주는 작품이다.

최악의 흉악범이 수감된 교도소 7번방에 덜 떨어진 딸바보 이용구(류승룡)가 전입하며 전개되는 영화의 스토리는 고정된 공간에서 인간군상의 심리적 추이를 탐색해 나가는 그랜드 호텔 형식의 전형을 좇아간다. 조폭 출신의 방장 소양호(오달수), 해박한 법지식의 사기전과범 최춘호(박원상), 능글스런 꽃미모 간통범 강만범(김정태), 소매치기 출신의 다혈질 모범수 신봉식(정만식), 감방 최고령의 자해공갈범 서노인(김기천) 등의 수감죄수에다 이들을 관리감독하는 냉혈한 보안과장 장민환(정진영)과 교도소의 아기천사 예승(갈소원)이 가세해 반죽해내는 다양한 캐릭터의 입체적 파열음은 우리 삶의 진솔한 자화상에 다름 아니다.

"1961년 1월 18일 태어났어요. 제왕절개. 엄마 아팠어요. 내 머리 커서. 허~엉"으로 자기소개를 해대는 정신지체자가 아동유괴, 강간, 살인의 누명을 쓰고 입감되고 그를 위해 7번방 수감자들이 공모해 딸 예승을 데려온다는 설정은 드라마의 기본요건인 리얼리티로 봐선 '꽝'이다. 그러나 이 영화는 아무리 말이 되지 않더라도 관객에 어필할 수 있는 유효 최루가스가 적시에 작동할 수 있으면 얼마든지 해볼만하다며 뻔뻔하게 외치고 있다.

다시 말하자면, 드라마에서 현실논리 못지 않게 중요한 것이 스토리텔링의 정서적 교감인데 이는 이성적 인식과는 분리된 관객의 시류적 기호와 연관된 것이다. 영화의 흥행도 결국은 이와 불가분의 관계를 맺고 있다는 점에 주목할 필요가 있다. 가려운 곳 긁어주고 아픈 데 어루만져 주며 울고 싶을 때 같이 울어줄 수 있는 감성의 코드를 교도소 감방에서 피어나는 인정의 변주로 갈무리하는 덴 명품 조연들의 농익은 연기가 큰 몫을 했다. 그러나 이에 못잖게 서민경제의 고단함을 동화적 소재의 풍자적 응용을 통해 풀어내려한 기발한 제작의도도 간과할 수 없다. 을씨년한 감방에도 '가족적 사랑'의 묘약만 한 게 없다.

베를린

2013. 1. 29 개봉

　호쾌한 액션으로 영피플을 사로잡아 온 류승완 감독이 멜로 물타기를 했대서 화제가 된 〈베를린〉이 절찬 상영 중이다. 입소문을 확인하려는 듯 평일 낮 극장을 찾은 관객의 눈매는 생사 기로에 놓인 주인공들의 그것만큼이나 결연하다.

　북한의 영웅적 첩보원 표종성(하정우)과 그의 아내이자 베를린 주재 북한 대사관 통역관 련정희(전지현)가 음모의 덫에서 헤어나려 몸부림치는 절체절명의 순간들을 동서 이데올로기 분단의 상징, 베를린을 배경으로 박진감있게 펼쳐 보이는 게 영화의 전반적 플롯이다. 베를린의 국제적 처소성에 걸맞게 남한 국정원 요원 정진수(한석규)는 물론, 미국 CIA 요원 마틴(존 키오), 이스라엘 모샤드 요원 다간, 아랍 무기 거래상 압둘(누만 아카르) 등 다양한 세력을 중첩시키고 여기에다 베를린의 기성조직을 접수하려는 냉혹한 킬러 동명수(류승범)까지 끼워넣어 보는 재미를 더하게 한다.

　국가와 이데올로기에 대한 사명감을 떠나 생존을 위해 동물적 몸부림을 쳐대야 하는 경계인들의 슬픈 실루엣을 처연하면서도 스펙타클하게 다루고 있다는 점에서 영화는 충분히 의기롭고 흥미롭다. 공전의 스릴을 맛보게 하는 유리돔 추락신이나 멀어져 가는 아내를 바라보는 표종성의 절망스러운 눈동자가 인상적이었던 자동차 체이싱 신은 한국 액션영화의 새로운 지평을 열어젖힌 것으로 평가된다. 그러나 정권 계승(김정일-김정은) 과도기, 북한 권력층 내부의 있음직한 알력과 음모를 동구의 공관을 배경으로 긴장감 넘치게 짜맞추는 과정은 그리 녹록치 않다. 숨막히게 펼쳐지는 액션을 따라가다 보면 도대체 이들이 왜 이렇게 얽혀 있는지 혼란스럽고 선명치 못한 대사는 몰입을 방해한다.

  게르만족의 자존심을 대변하는 베를린의 명소들(베를린 타워, 베를린돔, 오펜바움 다리, 브란덴부르크 광장) 사이로 떠밀리듯 헤집고 나온 화려한 볼거리는 잔뜩 멋을 부리다 스스로 망가진 스토리텔링의 부산물이다. 국제 첩보전의 구색을 맞추려 지나치게 작위적으로 복합도색한 시나리오의 어색함이 꼬인 실타래를 힘겹게 떠받치고 있다. 게다가 표종성이 블라디보스톡행 티켓을 끊는 라스트신에선 본시리즈의 데쟈뷰(기시감)까지 느껴져 참담하다.

분노의 윤리학

2013. 2. 21 개봉

 일찍이 일본의 세계적 거장 구로자와 아끼라는 〈라쇼
몽〉(羅生門;1950)에서, 숲 속에서 발생한 의문의 살인
사건을 소재로 인간존재의 심연을 적나라하게 파헤친
바 있다. 살인사건의 현장에 있었던 3인의 당사자(산적,
사무라이의 처, 사무라이의 혼령)는 각기 자신이 살인자
임은 부정하진 않지만, 그럴만한 이유가 있었다며 살인
의 정당성 즉, 자기합리화에 열을 올린다.

 신예 박명랑 감독의 〈분노의 윤리학〉은 〈라쇼몽〉에서
제기된 인간의 이기적 이중성에 관한 질문을 새로운 빛깔
로 길어 올린 문제작이다. 미모의 여대생이 자신의 집에
서 교살된 후, 용의선상에 오른 네 남자의 마음 속 밑바닥
의 비루(鄙陋)함과 이들 중 한 남자의 곁을 지켰던 어떤
여자의 가증(可憎)스러움을 영상 내시경으로 훑어내고
있다는 점에서 이 영화는 가히 영화치료적 텍스트로도 손
색이 없을 듯하다. 어쩌다 보니 도청은 했지만 남에겐 피
해를 안 준다고 우기는 나쁜 놈, 정훈(이제훈), 분노야 말
로 존재의 이유라고 말하는 잔인한 놈, 명록(조진웅), 그
녀와의 이별을 받아들이지 못하고 스토킹하는 찌질한 놈,

현수(김태훈), 불륜을 저지르고 살인혐의를 뒤집어 썼지만 아내만은 모르게 하고 싶은 비겁한 놈, 수택(곽도원), 그리고 이 모든 과정을 지켜보며 죽은 사람이나 죽어갈 사람보다는 자신의 자존심이 더 중요한 나쁜 여자, 선화(문소리), 이들 모두는 더러운 자기 내면을 우아하게 포장하고픈 우리 시대 인간의 초상들이다. 겉으로 봐선 숫기 없고 귀여우며 부드러워 한 없이 선량한 이들이 실상 젊은 여인을 몰래 훔쳐보고 협박하며 스토킹하고 간음한 작자들이란 표리부동한 인간방정식은 보기엔 불편하지만 수긍할 수밖에 없는 절체절명의 실체적 진실이다.

 여느 영화와 달리 살인사건이란 쇼킹한 소재를 추리수사물의 밑밥으로 활용한다기보다 인간의 추악한 내면을 들춰내는 지렛대로 쓰고 있다는 점에서 발상의 신선함이 가슴에 와 닿는다. 그러나 영화의 메시지가 지극히 교조적이고 철학적이어서 루즈(loose)해지는 감이 있는데다 캐릭터의 날선 충돌을 여유있게 완충시켜줄 스토리텔링적 기교가 부족해 보는 재미를 반감시키고 있어 살짝 아쉽다. 구종이 단조로워 끝판에 난타당하는 투수를 보는 듯하다.

플라이트

2013. 2. 28 개봉

평일 극장 안은 한산하다. 영화 제목 '플라이트'(Flight)가 무색하도록 관객의 비약적 관심은 받고 있지 못하나 보다. 잘못된 선택의 허무함을 객석의 여유로움으로 보상받으려 선하품을 하고 비스듬히 앉았다. 그러나 〈플라이트〉는 그런 대접을 받을 영화가 결코 아니었다.

중중 알콜중독의 파일럿, 윕 휘티커(덴젤 워싱턴)는 어느 화창한 가을날의 비행에서 기체 결함으로 난기류에 휩싸인 여객기(올랜도-애틀란타 행 사우스젯 227 항공기)를 기적적으로 불시착시켜 영웅이 된다. 엔진마저 고장난 상황에서 기체를 뒤집고 활공해 절체절명의 위기 속에서도 95% 승객의 목숨을 구한 것. 102명의 승객과 4명의 승무원 중 사망자는 승무원 2명을 포함한 8명뿐이다. 추락하는 순간까지 조종간을 놓지 않고 완벽하게 항공기의 비상 사태를 제어하는 위기대처능력 만점의 기장, 알콜중독 기장이 불안하긴 하지만 비행실력 하나는 믿을 수밖에 없어 전전긍긍하는 부기장, 안전벨트가 풀린 소년을 구하러 몸을 던지는 스튜어디스, 기장의 지시로 얼떨결에 조종석에 앉아 제동장치를 조작하는 캐빈 매니저, 360도 회전하며 요동치는 항공기에 몸을 맡긴 채 비명을 질러대는 승객들, 영화는 온전히 스펙타클한 재난영화의 공간을 연출하고 있다.

그러나 초반의 이러한 술렁거림이 지난 후, 안면을 바꾼 영화는 드라마의 간판을 들이댄다. 음주조종의 치부를 감추고 비양심적 영웅으로 살아갈 것인지, 양심적 죄수로 인간 리모델링을 할 것인지 고민하는 휘티커의 고뇌어린 표정이 화면을 압도한다. 그리고 이 틈새를 파고드는 숱한 조연진의 탄탄한 연기가 눈길을 사로잡는다. 병원에서 우연히 마주쳐 휘티커과 엮이게 되는 마약 중독녀 니콜(켈리 라일리), 술에 찌든 휘티커에게 코카인을 공급하러 전천후 출동하는 괴짜 마약상 할링 메이스(존 굿맨), 의뢰인을 위해 기꺼이 진실을 감추도록 조력하는 변호사 휴 랭(돈 치들), 동료조종사의 권익을 위해 노심초사하는 항공사노조 대표 찰리 앤더슨(브루스 그린우드), 이들 모두는 실화(2003년 '허드슨강의 기적') 속에서 건져올린 생생한 캐릭터의 사명을 다한다. 하지만 내연관계의, 죽은 스튜어디스에게 음주 누명을 씌우지 않고 당당히 진실을 말하는 휘티커의 결연한 표정이 가장 기억에 남는다.

파파로티

2013. 3. 14 개봉

윤종찬 감독의 음악 소재 영화 〈파파로티〉는 실화를 소재로 한다. 게다가 그 무대가 서울도 아니고 제주도 아닌 경상북도 김천예고로 설정되어 있다. 일전에 TV에 출연해 '고딩 파바로티'로 유명세를 탔던 김천예고 남학생을 모델로 하고 있기 때문이다. 특히 극중 주인공 장호(이제훈)의 주거지가 '대구시 수성구 만촌3동'으로 돼 있어 더욱 살갑다. 바로 필자의 동네가 아니던가! 혹시 화면에 우리 아파트가 나오려나 싶어 자꾸만 안경을 곧추세운다.

이런 일상적 친근함이 '그럴듯한 몰입도'(Plausility)를 부추킨 탓인지 영화의 초반 극전개는 자못 흥미롭다. 성대 이상으로 세계적 성악가의 꿈을 접은 예고 음악교사가 천부적 재능의 조폭 고교생을 잘 훈육해 자신의 꿈을 대신 이루게 한다는 전형적인 '짜고 치는 고스톱'류의 줄거리는 너무 뻔해서 유치하긴 하지만 부담없이 재미로 보기엔 딱이다.

이루지 못한 젊은 날의 트라우마를 안고 사는 김천예고 음악부장 상진(한석규)은 대학 후배인 교장(오달수)의 호출로 휴일 등교 중, 조폭과 접촉사고를 일으킨다. 그런데 머리를 조아리며 용서를 빌었던 그 새파란 건달 두목이 바로 자신이 새로 가르칠 전학생 장호란 사실에 경악한 다. 장호는 조실부모(早失父母)하고 할머니 손에 자랐다. 우연히 조폭세계에 입문한 장호의 재능을 아낀 중간보스 (조진웅)의 배려로 예고생이 되었건만 밤엔 업소관리, 낮엔 학생의 이중생활이 녹록치 않다. 마지막 자존심만은 지키려는 '괴짜 교사' 상진과 자신도 모르게 노래에 끌리는 '조폭 고딩' 장호의 불꽃 튀는 신경전이 영화 전반부를 흥미롭게 끌고간다. 그러나 장호의 든든한 후견역 중간보스를 숨지게 하는 '조폭간의 전쟁'이 끼어드는가 하면, 닥치고 들이대는(?) 숙희(강소라)로 인해 어설픈 러브라인이 형성되고, 상진이 콘서트에 늦은 장호를 위해 심사위원에게 욕설을 해대는 등, 통속적 멜로를 덧칠하는 후반부는 집중력이 현저히 떨어진다. 시나리오의 조작으로 저 위기를 어떻게든 넘기고 성악가로 대성할 것이란 밑그림이 뻔히 들여다 보이기 때문이다. 김천(경북) · 대구를 무대로 한다면서 극중 인물들이 죄다 부산 · 경남 사투리를 써대는 황당함(경상도 관객에겐 안 통하는 속임수다.)과 함께 실화영화의 극적 긴장감 조절이 얼마나 어려운지 가슴에 전해져 왔다.

지슬 : 끝나지 않은 세월2

2013. 3. 21 개봉

예고편이 막 끝나자 팝콘을 든 3명의 대학생이 황급히 입장한다. 이제 관객은 겨우 축구팀 하나를 이룰 11명이다. 토요일 정오의 입장객 수는 이 영화의 저력을 제대로 반영하는 것일까? 독립영화의 제전, 선댄스영화제 심사위원 대상에 빛나는 오멸 감독의 〈지슬 : 끝나지 않은 세월2〉는 그렇게 시작되었다.

한국현대사 최대 비극으로 꼽히는 제주 4. 3사건을 냉정히 재해석하고자 하는 영화는 무거운 주제에도 불구하고 흑백으로 처리한 영상의 태깔이 무척 고혹적이다. 구름에 뒤덮인 제주의 산하를 의미심장하게 비추는 오프닝신으로부터 총격전 끝에 도망치는 피난민을 감싸안는 심산협곡을 벌거벗은 여인의 상반신 실루엣으로 시각화한 장면에 이르기까지 강력한 영상 견인력을 발휘한다.

1948년 11월, 미군정의 소개령을 피해 서귀포시 안덕면 동광리 큰넓궤 동굴로 피신했던 마을 주민들의 실화를 근거로 만들어진 영화는 비극의 역사를 소소한 일상사의 앵글로 재조립함으로써 오히려 더 처량하다. '이 새끼야'를 입에 달고 살며 동네 청년을 윽박지르는 용필 아저씨, 오매불망 짝사랑 순덕의 죽음을 목전에서 집어삼켜야 하는 순정파 총각 만철, 동굴에 숨어서도 오직 굶는 돼지 걱정뿐인 원식이 삼촌, 두고온 노모가 눈에 밟혀 안절부절 못하는 무동이, 토벌대의 추격을 자신의 빠른 '말다리'로 따돌릴 수 있다며 호언장담하는 천진난만 청년 상표, 이들 모두는 핏빛 그늘에 물든 자신들의 운명 앞에서도 일상의 상념에 충실하다. 그리하여 동굴 밖으로부터 시시각각 조여오는 죽음의 그림자 속에서도 '지슬'(감자의 제주방언)을 나눠 먹으며 마을사람들과 수다를 떨어대는 피신의 이 공간이 을씨년스럽기보다는 오히려 따뜻하고 정겹기만 하다.

그러나 '영상으로 재구한 우리 현대사의 반성적 사유'라며 찬사 일색인 이 영화가 마냥 유쾌하게 다가 온 것만은 아니었다. 마치 정제되지 못한 마당놀이판을 옮겨 놓은 듯한 엉성한 장면전환과 어색한 연기는 주제지향적 독립영화의 불가피한 한계로 보여져 안타까웠다. 왠지 억울하게만 느껴졌던 11명 관객의 수치가 이유 있는 반향으로 읽혀졌다.

전설의 주먹

2013. 4. 10 개봉

"넌 어째 18살, 그 시절에서 자라질 않냐?"

학창시절 이래 손진호(정웅인)의 굴레에 갇혀 있었던 이상훈(유준상)이 마침내 유아기적 행태를 벗어나지 못하는 대기업 오너 진호를 향해 분노의 일갈(一喝)을 터뜨린다.

대중성 위에 사회적 메시지를 덧씌우는 강우석 감독의 신작 〈전설의 주먹〉은 근자 신문지상을 달구었던 갖가지 화두를 적절히 뒤섞어 사회정의에 역행하는 병리적 현상을 제대로 짚어내고 있다. 그러면서도 고교시절 얽히게 된 낸 4친구의 성장담을 이중 플롯(plot)의 포장에 감싸안으며 우리 시대 중년의 빛바랜 꿈을 흥미진진하게 추적한다.

영화의 스토리는 케이블 TV 격투기 프로 '전설의 주먹'에서 맞부딪친 고교 시절의 세 친구를 중심으로 수렴된다. 사고친 여고생 딸의 합의금 마련을 위해 출전한 88복싱 유망주 출신의 국숫집 사장 임덕규(황정민), '남서울고 독종 미친개'로 불렸던 싸움패 출신의 조폭 건달 신재석(윤제문), 막나니 보스 진호의 스캔들을 덮기 위해 케이블

방송사의 요구에 응할 수밖에 없었던 대기업 홍보팀 간부 이상훈, 이들이 펼치는 40대 남성의 격투기 도전기가 영화 전체를 관통하는 외형적 줄거리다.

그러나 이 단순한 제재를 플래쉬 백(flash back;회상)의 질감을 사용해 고교시절의 과거로 되돌림으로써 영화는 끈끈한 추동력을 부여받게 된다. 올림픽 출전에 모든 것을 걸었지만 편파판정에 좌절한 덕규, 그런 덕규와 싸움짱을 다투다 인간적으로 친해진 재석, 기업 오너의 운전기사 아버지를 둔 탓에 오너의 아들 진호의 방패막이가 되어야 했던 상훈, 양파껍질 속에 감춰진 이들의 복마전 같은 인간관계는 〈전설의 주먹〉이 단지 장밋빛 꿈을 좇는 퇴물들의 스타킹(star-king) 프로젝트가 아님을 분명히 주지시킨다.

격투기 프로그램에서 재회한 이들 중년이 덕규의 올림픽 대표 탈락과 연관된 해프닝으로 꼬여진 운명의 실타래를 풀어가는 과정은 오아시스를 찾아가는 대상의 조바심만큼이나 짜릿하다. 학교폭력의 새디즘을 즐기는 철부지 고교생들, 시청률에 목을 맨 케이블 피디, 야구 방망이를 치켜든 대기업 오너 등의 모습은 덤으로 제시되는 우리 사회의 찌푸린 자화상이다.

전국노래자랑
2013. 5. 1 개봉

 국민 개그맨 이경규의 3번째 제작 영화 〈전국노래자랑〉이
드디어 베일을 벗었다. 〈복수혈전〉과 〈복면달호〉의 '냉탕
반응' 이후 절치부심(切齒腐心)의 승부수로 띄운 이번 영
화의 흥행여부에 영화계 안팎의 관심이 뜨겁다. 데뷔 초기,
이경규는 자기가 친 멘트에 자신이 먼저 웃으며 유머의 질
감을 스스로 날려버리곤 했다. 예능의 제왕으로 군림한 카
리스마 속에 감춰진 그의 이러한 겸연쩍음은 예능프로와
구별되는 영화예술의 흥행코드를 제대로 못 짚어내게 하는
요인으로 작용해 왔다.

 33년 역사, 방송횟수 1,650여 회, 출연자 3만 명, 관람객
수 1천만 명을 자랑하는 한국 버라이어티의 간판, '전국노
래자랑'의 대중흡인력에 기대어 '인간극장'을 방불케 하
는 우리 이웃의 고단한 일상사를 진솔히 풀어헤치는 〈전
국노래자랑〉은 이런 의미에서 모처럼 방향타를 제대로
잡은 이경규식 뚝심의 개가(凱歌)다.

 무엇보다 이 영화는 미용사 아내 미애(류현경)의 보조로
일하며 가수의 꿈을 가슴 속 깊이 묻어둔 봉남(김인권)을
중심으로, 일요일 정오 이 프로에 출연해 온 국민을 울리

고 웃겼던 우리네 서민의 일상적 뒷태를 알뜰살뜰 추적해 스크린에 옮겨 놓음으로써 관객의 공감대를 극대화하고 있다. 캐나다로 떠나면 홀로 남을 할아버지(오현경)를 위해 할아버지의 애창곡 '부모'를 부르는 초등학생 보리(김환희), 사장(김용건)의 강요로 건강보조식품 홍보를 위해 나왔다 공중파로 동수(유연석)에게 사랑을 고백하는 현자(이초희), 자신의 통치지역에서 벌어지는 잔치판에 익살스럽게 끼어들어 웃음을 선사하는 여시장 주하나(김수미), 이들 모두는 그간 국민 예능 '전국노래자랑'이 배출한 또 다른 우리의 참모습이다.

그러나 여기까지다. 영화는 스토리텔링이 지향하는 궁극적 포인트가 분명해야 한다. 갖가지 사연을 가진 출연자가 자신만의 기구하고 기발한 에피소드로 잠시 시청자를 웃기고 울린 뒤 퇴장해 버리는 예능프로완 달라야 한다. 그 웃음과 울음이 더 진하고 그윽한 '울림'으로 이어지게 해야 한다. 자신이 멘트하며 미리 웃어버려 정작 시청자의 웃음을 앗아가 버리던 이경규의 '가벼움'이 상기되어진다. 오승환이 달리 '끝판대장'인가! 확실한 마무리가 아쉽다.

위대한 개츠비

2013. 5. 16 개봉

'잃어버린 세대'(lost generation;제1차 세계대전 후에 환멸을 느낀 미국의 지식계급 및 예술파 청년)를 대표하는 스콧 피츠제랄드 원작의 〈위대한 개츠비〉가 극장가에 조용한 반향을 일으키고 있다. 로버트 레드포드 주연의 1974년작에 비해 훨씬 화려한 비주얼과 진일보한 스토리텔링을 자랑하는, 바즈 루어만 감독의 이번 작품은 동서고금을 망라하는 '어긋난 사랑의 허무와 환멸'에 대해 통절히 묘파하고 있다.

〈위대한 개츠비〉의 스토리라인은 '순정을 다해 한 여자에게 백마탄 왕자가 되려 했던 남자와 그 백마가 비틀대자 가차없이 등을 돌리는 여자'의 이야기로 이뤄져 있다. 그만큼 줄거리는 간단명료하다.

1차세계대전이 끝난 뒤 자본주의 황금기를 구가하던 1922년의 뉴욕을 무대로, 환락과 열정을 좇아 불나방처럼 모여든 인간군상을 절묘히 스케치한 피츠제랄드의 자전적 속내가 적나라하게 드러난 영화는 '잃어버린 세대'의 번민을 요연히 압축해내고 있다.

한 평생 한 여인만을 가슴에 품고 그녀의 옆집에 둥지를 튼 1차대전 참전 장교 출신의 밀주업자 제이 개츠비(레오나르도 디카프리오), 허영에 쩔은 이기적 애욕으로 한 남자의 순정을 짓밟는 켄터키주 루이빌 출신의 된장녀 데이지 부커넌(캐리 멀리건), 진정한 사랑과 관능적 육욕을 뭉뚱그리는 시카고 출신의 부호 톰 부커넌(조엘 에저튼), 그리고 칡넝쿨처럼 얽힌 이들의 애정전선을 리포트 쓰듯 훑어 나가는 서부 출신의 채권 딜러 닉 캐러웨이(토비 맥과이어), 이들 모두는 아메리칸 드림을 찾아 세계의 경제적 심장, 뉴욕에 모여든 당대 청춘의 스테레오타입(stereotype;상투적 정형)이다.

빈한한 계층을 극복하고 금주법 시대의 블랙 아이콘으로 우뚝 섰지만 데이지를 향한 순정의 끈을 놓을 수 없어 비극의 주인공이 되어버린 개츠비와 그런 그를 '위대한 개츠비'로 추모하는 닉의 비애는 작가적 출세를 꿈꾸는 피츠제랄드의 고뇌와 맞닿아 있어 흥미롭다.

잃어버린 세대의 환락과 개츠비의 집착을 가시화하기 위해 CG로 처리한 롱아일랜드의 대저택과 녹색 불빛은 인상적이나, 별로 매력적이지 않은 데이지의 배역엔 아쉬움이 남는다.

몽타주

2013. 5. 16 개봉

제각기 따로 촬영했다 끼워 붙여 새로운 영상을 창출하는 무성영화시대의 편집기법을 '몽타주'(montage)라 한다. 이를 응용해 목격자의 증언을 토대로 용의자의 인상을 짜깁기한 '몽타지 사진'은 아날로그 시절의 대표적 수사도구였다. 긴박한 찰라에 극히 주관적으로 스케치해낸 몽타주는 별다른 단서가 없을 때, 어쩔 수 없이 매달리게 되는 범인의 편린(片鱗)적 인상일 뿐, 정작 그 실체적 진상과는 어긋나는 경우가 많았다.

신예 정근섭 감독의 〈몽타주〉는 목격자의 추상적 직관이 만들어낸 몽타주 속에 잠복한 유괴사건 용의자를 추적하는 과정이 실로 흥미진진하다. 반전에 반전을 거듭하다 밝혀지는 진범의 정체는 범인의 얼굴을 정확히 그려내지 못하고 변죽만 울리는 몽타주의 허상을 절묘히 알레고리(allegory;우의화)하고 있어 주목된다.

15년 전 외동딸을 유괴범에게 잃고 비탄 속에 살아 온 엄마 하경(엄정화), 그 범인을 잡기 위해 15년 동안 고군분투해 온 담당형사 청호(김상경), 15년 후 똑 같은 방식으로 눈 앞에서 손녀를 유괴당한 외할아버지 한철(송영창),

이들 3인물의 엇갈린 시선과 행보 속에 플롯의 긴장감을 극대화하고 있는 영화는 스릴 만점의 재미를 선사한다.

15년의 공소시효가 끝난 시점에서 똑 같은 유형의 모방범죄가 발생하자, 미제사건의 진범을 잡기 위해 청호는 복습수사에 돌입하고 무능한 경찰과 몰인정한 사법제도를 불신한 하경도 직접 범인 검거에 나선다. 그러는 사이, 외손녀를 잃은 애닲은 할아버지 한철의 주름진 얼굴엔 모호한 그림자가 스쳐 지나간다. 다람쥐 쳇바퀴처럼 물고 물린 이들의 기묘한 역학관계는 영화를 끌고 가는 위대하고도 진정한 동력이다.

유괴사건의 피해자가 직접 범인 응징에 나서 경찰이 맡은 공식수사의 외연을 확대시킴으로써 영화는 스릴러의 진폭과 자장을 훨씬 더 구체화할 수 있게 된다. 그 중 압권은 단연 용산역 더블백 추격신이다. '용산역에 갔더니 사람은 없고 온통 군인뿐이더라'는 우스갯말처럼 군인으로 들끓는 용산역을 스릴러의 공간으로 길어올린 기발함엔 감탄을 금할 수 없다. 교조적 메시지와 반전 스릴러를 겸비한, 탁월한 시나리오의 영화로 기억될 작품이다.

바람의 소리

2013. 6. 13 개봉

2009 부산국제영화제 폐막작으로 화제가 되었던 중국영화 〈바람의 소리〉는 드물게 접하는, 중국근대사를 배경으로 한 첩보스릴러물이다.

동명의 소설 〈풍성〉(風聲)을 원작으로 한 이 영화를 제대로 감상하기 위해선 약간의 예습이 필요하다. 중일전쟁을 일으켜 중국 대륙의 동남부 일원을 강점한 일본군부가 남경에 친일파 국민당 인사 왕정위(汪精衛)의 괴뢰정권을 세운 무렵(1941~1945년 경), 중국 정가의 내면 풍경을 어느 정도 읽고 있어야 갈등의 구조를 흥미롭게 추적할 수 있기 때문이다.

같은 시대상을 소재로 한 양조위·탕웨이 주연의 〈색·계〉가 남녀의 애욕에 초점을 맞추고 있다면 〈바람의 소리〉에선 보다 더 정치적·민족적 밸런스가 강조되고 있다.

1942년, 왕정위 괴뢰정권하의 남경에서 일본에 협력하는 친일파들이 암살당하기 시작하자, 이를 항일 레지스탕스의 조직적 테러로 간파한 일본군부는 항일조직의 리더 '권총'(암호명)을 체포하기 위해 일련의 공작을 벌인다. 일본군부의 정보사령탑 카케오 중장(황효명) 주도의 이 작전은 '권총'과 접선하는 정보부 내부 첩자 '유령'(암호명)의 존재를 밝히기 위해 가짜 암호를 발신하는 것에서 시작된다. 그리하여 이 암호에 접근 할 수 있었던 5명의 내부요원인 암호 해독부장 리닝위(리빙빙), 암호 전달원 구샤오멍(저우쉰), 반공산당 대대장 우쯔궈(장한위), 군기처 처장 진썽휘(영달), 사령대 총관 바이샤오녠(소유붕)을 안가에 감금시키고 회유와 고문을 동반한 고도의 심리적 압박을 가한다.

밝혀야만 하는 자와 견디고 지켜내야 하는 자 사이의 줄다리기가 이어지면서 서스펜스 효과는 극대화되기 마련이다. 특히나 좁은 밀실에서 행해지는 적나라한 고문 장면(유령을 찾아내기 위한 물고문, 약물을 넣은 침 고문, 여성으로서 치욕스러운 고문)의 묘사는 자칫 지루한 수싸움으로 전락할 수 있는 첩보물의 고비를 넘기게 하는 청량제 구실을 한다.

제국주의 일본의 패륜적 악행에 맞선 애국 스파이의 살신보국(殺身報國) 정신을 조명하려는 제작의도는 높이 살 만하지만, '국민당 = 친일파, 공산당 = 항일주의자'의 도식 속에 이들의 희생을 작위적으로 미화하려는 대단원은 퍽이나 거슬린다.

월드워 Z
2013. 6. 20 개봉

브레드 피트가 제작·주연을 맡은 〈월드워 Z〉는 좀비 바이러스에 의한 흡혈대란을 소재로 한다. 이젠 전쟁(war)도 '저 덜 떨어진 호주 형님' 샘 해밍턴을 혼비백산케 했던 화생방전의 단계를 지나 귀신까지 등장시켜야 하는 판국이다. 좀비(zombie)란 원래 아이티 섬의 부두교 의식에서 유래된 것으로, 살아 있는 시체를 이르는 말이었으나 이미 할리우드 공포영화의 단골손님이 된 지 오래다.

그래도 주말 조조상영관을 찾은 알뜰한 관객들은 예루살렘 장벽을 기어오르는 좀비들의 장렬한 퍼포먼스를 한 컷이라도 놓칠세라 부릅뜬 눈에 더욱 힘을 준다.

가족과의 시간을 위해 UN조사관에서 퇴직했던 제리 레인(브래드 피트)은 필라델피아광장에서 정체불명 존재들의 무작위 돌발습격을 받은 뒤, 가족의 안전보장을 조건으로 다시 UN에 복귀한다. 그가 맡은 임무는 신예 바이러스 학자 스피크(제임스 뱃지 데일)를 보호·수행해 전 세계를 아수라장으로 만든 좀비 바이러스의 감염 진원지, 한국의 평택기지로 가는 것. (좀비 병사의 시체가 철조망에 주렁주렁 매달린 평택기지를 바라보는 관객들의 시선은 불편하기 이를 데 없다.) 그러나 거기서 바이러스의 실체가 밝혀지고 모든 일이 술술 풀리기엔 런닝타임상(20여 분) 너무 이르다. 당연히 일이 꼬이고 스피크는 죽고 새로운 실마리를 좇아 좀비 방어의 모범답안을 제시한 예루살렘으로 가게 된다. 거기서도 한바탕 활극을 벌인 뒤 외팔이 여병사 세겐(다니엘라 케르테스)과 합류하게 된 제리가 이른 곳은 웨일즈 카디프의 세계보건기구 산하 역학연구소.

이제 여기서 좀비들을 무력화시킬 백신 개발의 단서를 얻으면 영화는 끝나게 되어 있다. 그러나 런닝타임을 연장시키려는 좀비들의 최후발악이 이란에게 홈패전의 치욕을 당하지 않으려 총공세에 나선 한국 축구대표팀의 마지막 안간힘 마냥 집요하고 처량하다.

영화 초반, 장대한 스케일을 뽐내는 필라델피아 광장신을 비롯해, 예루살렘 장벽신, 비행기 액션신 등은 조조할인관객의 본전 생각을 차단시키는 훌륭한 볼거리임에 틀림없지만 투사의 귀환으로 마무리되는 에필로그는 '시작은 창대했으나 끝은 미약한 영화'로 전락시키는 꼬투리가 되기에 족하다. 극장을 나서는 귓가에 "기왕이면 제리의 아내 카린(미레일리 이노스)이 좀더 이뻤더라면 좋았을 것'이란 볼멘 넋두리가 좀비의 잠꼬대처럼 들려왔다.

론 레인저

2013. 7. 4 개봉

〈캐리비안의 해적〉 시리즈의 성공으로 세계적 흥행감독 반열에 오른 고어 버빈스키의 〈론 레인저〉(The lone ranger)에는 할리우드의 고전적 서사문법이 총망라되어 있다. 명확한 선악구도 위에 권선징악적 해피엔딩으로 마무리되는 이 방식은 배미주의(拜美主義)와 통속성을 스토리텔링의 근간으로 삼는다. 말하자면, 미국의 위대함에 대한 찬사를 배면에 깐 채, 수단 방법 안 가리고 관객에게 "이래도 재미없냐?"란 다짐을 끊임 없이 보내오는 영화라는 말이다. 따라서 이런 영화를 감상하기 위해 관객은 필연코 '바보'가 될 작정을 해야만 한다. 자신의 정신연령일랑 잠시 접어두고 …….

금문교 건설이 한창이던 1933년 샌프란시스코, 서부개척사 전시관을 방문한 한 꼬마 입장객에게 늙은 인디언이 들려주는, 1869년 텍사스 일원에서 펼쳐진 은광 채굴에 관련된 '그것이 알고 싶다' 스타일의 옴니버스 모험담이 영화의 줄거리다.

인디언을 학살하는 살인마 부치 캐빈디시(윌리엄 피츠너)를 잡기 위해 의기투합한 신출내기 지방검사 존(아미 해머)과 괴짜 인디언 톤토(조니 뎁) 콤비의 버디무비 (buddy movie;짝꿍 영화)로 보여지는 영화는 서부개척시대의 정경유착, 애정, 개인적 원한, 레인저(ranger;무장 순찰대원)의 기원 등 잡다한 곁가지로 포장되어 있어 몰입을 방해한다. 화려한 식재료로 외견상 그럴듯한 비빔밥을 만들었는데 막상 먹어보니 이 맛도 저 맛도 아니다.

전작의 데쟈뷰(deja vu;기시감)를 은근히 활용하려 가면을 쓴 존과 떡칠 분장을 한 톤토는 작심하고 오도방정 액션을 선보인다. 그러나 '쾌걸 조로'와 '캐리비언의 해적'과 '인디아나 존스'와 '성룡'이 한꺼번에 등장한 떠들썩한 시골운동회를 바라보는 관객의 표정은 그다지 즐겁지 않다. 특히 '라데츠키 행진곡'의 장엄한 배경음악 속에 종반 20여분 화면을 수놓는 기차활극 액션은 그간 할리우드가 선보였던 갖가지 기예를 총집대성한 '묘기 대행진'의 결정체다. 그러나 혼신을 다한 오도방정 종합선물에 잠시 눈은 즐거웠으나 전혀 긴장감이 느껴지지 않는다. 별로 궁금하지도 않지만 결론이 뻔히 보이기 때문이다. 그 '잘 나가던' 70년대 프로레슬링이 쇼라는 인식이 번지면서 하루아침에 무너진 것처럼…….

미스터 고
2013. 7. 17 개봉

스포츠 휴먼드라마를 표방한 김용화 감독의 〈미스터 고〉는 250억의 제작비가 든 대작이다. 허영만 화백의 만화 〈제7구단〉을 원작으로 한 이 영화엔 타이틀 롤을 맡은 고릴라 링링의 실사(實寫)적 재현을 위해 CG 캐릭터 구축에만 120억이 투입되었다.

대형자본이 투여된 블록버스터답게 내수시장에만 집중하던 관례를 깨고 중국 현지에 5천개의 스크린을 확보해 첫 주말에만 100억원의 흥행수입을 올렸다 하니 향후 귀추가 주목된다. 고릴라 링링의 태생적 배경이 중국인데다, 주인공 배역에 중국인 소녀를 캐스팅한 중국친화적 마케팅에 의한 일시적 현상인지는 두고 볼 일이다.

스포츠 도박광 할아버지의 사후, 서커스단을 물려받은 중국 연변의 15세 소녀 웨이웨이(서교)는 할아버지의 채무를 해결하고 서커스단을 재건하기 위해 한국 프로 야구단의 에이전트 성충수(성동일)의 제안을 받아들인다. 285kg의 거구, 사람의 20배에 이르는 괴력으로 가공할 장타력을 뿜내는 45세 고릴라 링링의 상품적 가치를 한국 프로야구의 흥행에 접목시키려 한 것. 그러나 앉은 자리에서 웨이웨이의 수신호에 따라 한 손 타법으로 자치기하듯 가볍게 펜스를 넘겨버리는 링링의 홈런 릴레이는 선풍적 인기로 이어지지만, 무릎 부상과 난폭한 고릴라 투수 레이팅의 한국 유입으로 곧 위기를 맞게 된다.

도저히 있을 수 없는 환타지적 설정임을 뻔히 알면서도, 젓가락으로 콩 튀기듯 홈런을 양산하고 뒤뚱거리듯 베이스를 돌며 포효하는 링링의 카리스마 넘치는 파워에 객석 여기저기에선 감동어린 리액션이 끊이지 않는다. 링링의 호쾌한 타격이 펼쳐질 때면 저도 모르게 앞좌석을 걷어차는 발길질이 파도타기처럼 이어진다.

그러나 〈혹성탈출〉의 드라마 주인공이 아니라, 홈런으로 상징되는 카타르시스 발현의 한국형 고릴라 캐릭터로 충분했던 링링을 휴먼 드라마의 억지춘향으로 격상시키면서 영화는 삐걱거리기 시작한다. 순수한 웨이웨이와 교활한 성충수의 인간적 교합을 위한 촉매제로 기능하는 영화 후반부, 링링의 존재는 생뚱맞기 그지 없다. 잘 빚어진 디지털 캐릭터에 무리한 성형을 가하면 껄끄러운 상처만 남는다는 사실을 교훈으로 남긴 영화이다.

설국열차
2013. 8. 1 개봉

봉준호 감독은 한국 모더니즘소설의 선구자 구보 박태원의 외손자다. 이미 1930년대에 〈천변풍경〉, 〈소설가 구보씨의 일일〉로 일가를 이뤘던 구보는 월북 후, 북한 최고의 역사소설 〈갑오농민전쟁〉을 완성함으로써 남북한 통일문학사에 위대한 주춧돌을 놓았다. 구보의 예술적 유전인자를 타고난 봉준호는 계명대 교수였던 아버지를 따라 어린 시절을 대구에서 보냈다. 따라서 대구는 그의 창작혼에 불을 지핀 심향(心鄕)인 셈이다.

대구가 낳은 풍운아, 봉준호의 〈설국열차〉가 그 기대에 값하며 올 여름 극장가를 주름잡고 있다. 기상이변으로 만물이 얼어붙은 미래의 빙하기를 배경으로 인간존재의 심오한 진실을 역설하는 〈설국열차〉는 대중예술인 영화가 감당하기엔 벅찬 메시지 탓에 관객들의 호불호(好不好)가 엇갈리고 있다.

최후의 생존자를 태우고 17년 동안 지구를 순환하는 '설국열차'는 그대로 인간사회를 알레고리(allegory;우의화)하고 있다. 춥고 배고픈 사람들이 바글대는 빈민굴 같은 맨 뒤쪽의 꼬리칸에서부터 선택된 사람들이 술과 마약까지 즐기며 호화로운 객실을 뒹굴고 있는 앞쪽칸까지 결코 평등하지 않은 세상은 고금을 망라한 인간사회의 축소판이다.

꼬리칸에서 발진해 하층계급의 봉기를 선도하는 커티스(크리스 에반스)가 절대 권력자 윌포드(에드 해리스)가 포진한 엔진칸까지 나아가는 과정은 영화의 가장 핵심적인 스토리라인이며 볼거리다. 여기에 보안설계자 남궁민수(송강호)와 요나(고아성) 부녀의 조력이 보태지고 식물칸, 교실칸 등 SF적 발상이 돋보이는 공간이 돌출하는가 하면 동토의 백색 디스토피아로 처리된 기차 창밖 세상은 관객을 가상체험의 공간에 들어서게 한다.

그러나 후반부, 꼬리칸의 정신적 지주 길리엄(존 허트)과 윌포드의 오월동주(吳越同舟)적 유착이 거론되고 기차의 부속을 대신하는 어린 아이의 초점 잃은 눈매가 클로즈업될 때, 진중한 메시지에 눌린 영화의 허허로운 형체가 드러난다. 만화적 상상력에 덧칠되어진 봉준호표 스토리텔링은 막판에 생뚱맞은 도덕교과서로 마무리된다. 자막 없는 한국어 대사가 가장 알아듣기 힘들었던 영화는 인간의 원초적 심성만큼이나 모호한 포즈를 취한다.

숨바꼭질
2013. 8. 14 개봉

　허정 감독의 데뷔작 〈숨바꼭질〉은 신예답잖은 내공이 돋보이는 스릴러물이다. 영화가 끝날 때까지 옆자리 젊은 여자 관객이 수시로 외마디 괴성을 질러대는 바람에 덩달아 가슴을 벌렁대게 한다. 지난 2010년 1월 8일 방영된 TV방송의 사건사고 취재 실화에서 모티브를 얻었다는 영화는 범인의 정체와 행방을 좇는 전형적 추리물의 구조에 서스펜스와 호러를 끼얹은 잡탕밥이다.

　입양아 출신의 성공한 사업가 성수(손현주)는 자신의 거짓 증언 때문에 불행해진 형 성철에 대한 트라우마로 시달린다. 성철의 실종 소식을 접하고 수십 년만에 찾아간 형의 허름한 아파트엔 고독하고 불우했던 형의 흔적들로 가득하다. 그러나 그 초라하고 앙상한 한 인간의 희미한 그림자는 크나큰 공포의 밑그림으로 다가오게 되는데……. 성수는 집집마다 초인종 아래에 그려진 이상한 낙서가 그 집에 살고 있는 사람의 수, 성별을 뜻하는 암호임을 알곤 형과의 악연을 떠올리며 불안에 떨게 된다.

　성철의 슬럼가 아파트에서 벌어진 엽기적 살인사건을 모두(冒頭)에 배치해 관객의 기선을 제압한 감독은 오직 오토바이 헬맷복장 범인의 동선에 모든 시선을 집중케 함으로써 극적 긴장감을 고조시킨다. 범인의 정체가 밝혀지는 폭발적 클라이막스의 순간 이후에 이어지는 '가진 자와 못 가진 자의 주거적 욕망'에 대한 병리적 해부가 좀더 자연스럽게 부각되었더라면 훨씬 공감력을 높일 수 있었을 것이다. 미국에서 결혼해 상류층의 고급 아파트에 살며 남부럽지 않은 삶을 영위하는 성수의 가족과 다문화 이민 노동자들이 거주하는 슬럼가 빈민 아파트에서 상상의 유토피아를 동경하는 주희(문정희)의 가족은 오늘날 우리 사회의 그늘진 명암을 대비시키는 상징적 포인트이기에 더욱 그러하다.

그러나 아파트라는 한정된 공간을 배경으로 순전히 성수, 옆집 여인 주희, 성수의 아내 민지(전미선) 등 소수의 등장인물만으로 팽팽한 긴장감을 유지시킨 시나리오의 흡인력은 상업영화의 본질과 대중심리의 궤적을 제대로 짚어냈다는 점에서 향후 우리 공포영화의 전향적 전범(典範)이 될만하다. 탄탄한 시나리오가 저예산 고효율의 지름길이다.

관상

2013. 9. 11 개봉

영화 〈관상〉은 〈왕의 남자〉, 〈광해, 왕이 된 남자〉에 이은 또 하나의 역사 세탁물이다. 소위 팩션(faction;실제와 허구의 결합물) 사극으로 불리는 이런 류의 장르영화는 극명한 양가성(兩價性)을 가지기 마련이다. 역사의 빈 공간을 채우는 기발한 상상력이 신통하기도 하지만 자의적으로 날조된 대중위무적 무책임성이 적이 염려스럽기도 하기 때문이다.

〈관상〉은 수양대군의 패륜적 즉위과정인 계유정란(癸酉靖亂)을 배경으로 삼고 있으나 주인공은 수양도 단종도 아닌 허구의 관상쟁이 김내경(송강호)이다. 이목구비(耳目口鼻)만 훑어보면 그 사람의 모든 것을 꿰뚫어보는 천재적 관상가 내경이 관상 보는 기생 연홍(김혜수)에 이끌려 한양으로 입성하는 데서부터 영화는 시작된다. 우리가 익히 아는 역사상의 인물인 수양대군(이정재), 김종서(백윤식), 문종, 단종, 황보인, 한명회 등은 역사의 뒤안길에서 건져올린 필부(匹夫) 김내경의 밑그림이 되어 그 위상과 역할이 새롭게 재편된다. 그 틈새로 내경의 아들 진형(이종석)과 처남 팽헌(조정석)의 그림자가 허구의 역사

속을 두텁게 파고든다. 따라서 〈관상〉은 어린 조카를 밀어내고 왕이 되기 위해 김종서를 비롯한 선대 충신을 도륙한 수양대군의 야욕을 인지하고 있는 관객들에게 색다른 감흥을 심어준다.

자신의 천재적 관상혜안을 수양의 역모를 막기 위한 구국의 충정으로 발산시키는 내경의 극비 프로젝트가 허무한 비극으로 마무리될 수밖에 없음을 역사의 교습을 통해 관객은 이미 알고 있다. 따라서 영화는 교과서적 결과보다 아기자기하고 흥미진진한 플롯(plot)의 긴박함으로 승부를 걸어온다. 그리하여 〈동의보감〉의 유의태가 사실은 허준보다 후대인물이고 〈뿌리 깊은 나무〉의 세종이 실상 욕쟁이가 아니듯, 〈관상〉에서도 계유정란의 단초가 일개 관상쟁이의 감(感)에서 촉발되었다는 뻥튀기(?) 가설을 들이댄다.

억지춘향 스토리의 공허함을 메우려 외화(外話)의 내레이터로 노년의 한명회를 내세우고, 마지막 장면에서 내경의 회한어린 독백을 통해 교조적 메시지를 던져 넣는 등, 담론적 내공에 주력하고는 있으나 겸연쩍은 속내를 가리기엔 역부족이다. 허나 이젠 식상할 만도 하건만 변함 없이 가득 찬 객석을 보면서 역사마저 리필(?)하고픈 대중심리가 불편해진다.

그래비티

2013. 10. 17 개봉

3D 입체안경 너머로 펼쳐진 우주의 모습은 실로 황홀하다. 평일 대낮의 한적한 객석을 차지한 관객들은 마치 자신이 우주를 유영(遊泳)하듯 화면 속으로 넋을 내던진다.

알폰소 쿠아란 감독의 〈그래비티〉(gravity)는 영화가 영상미학의 결정체임을 유감없이 보여준다. 인물의 행위로 사건을 만들고 이를 통해 주제를 구현하는 스토리텔링 중심의 여느 영화와 달리 〈그래비티〉는 타이틀 롤(title role)을 맡은 단 두 명의 남녀배우만으로 이야기를 끌고 간다. 그만큼 스토리는 간단명료하다.

아들을 여윈 상실감을 지구 밖 창공에서 달래던 여류 우주인의 우주조난기(宇宙遭難記) 정도로 요약되는 영화의 줄거리는 태양계의 신비와 공포를 아우른 〈그래비티〉가 뿜어대는 영상 포스에 견주면 그다지 중요하지 않다.

지구에서 600km 떨어진 우주공간에서 허블 우주망원경을 수리하던 라이언 스톤 박사(산드라 블록)는 오작동으로 폭발처리된 러시아 위성의 잔해에 맞아 우주 미아가 된다. 그 드넓은 공간에서 그녀가 의지할 사람은 속 깊은 베테랑 우주인 매트(조지 클루니) 뿐이다. 그러나 연이어

매트마저 증발해 버리고 이제 라이언은 혼자만의 힘으로 중국의 우주 정거장을 경유해 지구로 귀환해야 한다. 과연 그녀는 절체절명의 이 과업을 완수할 수 있을까?

20분에 걸친 롱테이크(long take;하나의 쇼트를 길게 촬영하는 것)로 빗장을 여는 장엄한 우주의 풍광은 인물과 스토리를 단번에 망각의 블랙홀로 빨아들일 만큼 유장(悠長)하고 고혹적이다. 지구본을 돌릴 때 우리 눈에 스며들었던 지구의 외피가 화려한 옷차림으로 은막 위에 펼쳐지는 그 순간은 형언할 수 없는 전율로 다가온다. 우주의 허공에 매달린 라이언의 망막을 통해 우리에게 인각되어지는 입체영상의 우주공간은 실로 충격적이다. 그 광경을 보는 건 관객의 눈이지만 벅찬 울림으로 화답하는 건 가슴이다. 라이언이 떨어뜨린 망원경의 볼트가 바로 눈 앞에서 날아다니는가 하면 위성의 잔해가 머리 위로 마구 쏟아진다. 객석으로 추락하는 라이언의 손을 팔을 뻗어 잡아주고 싶고 지구로 귀환해 심해(深海)를 헤엄치는 라이언을 따라 화면 속으로 잠수하고 싶다. 그래서 〈그래비티〉는 진정 황홀한 체험이다

공범

2013. 10. 24 개봉

"끝날 때까진 끝난 게 아닙니다." 한국시리즈에서 벼랑 끝에 몰린 삼성 야구단에 들려주는 격려의 메시지가 아니다. 15년 전 대한민국을 충격에 빠뜨린 고 한채진 군 유괴 살인사건 진범의 실제 목소리에 실린 협박성 멘트다.

〈그놈 목소리〉의 조감독 출신 국동석 감독이 연출한 〈공범〉은 공소시효가 도래한 유괴사건 진범의 행방을 쫓아가는 감성 스릴러다. 언론인을 꿈꾸는 대학원생 다은(손예진)은 한채진 군 유괴사건을 영화화한 '악마의 속삭임'을 관람하던 중, 작중 삽입된 실제 범인의 육성이 자신의 딸바보 아버지 순만(김갑수)의 목소리와 흡사함에 경악을 금치 못한다.

엄마 없이 홀로 그녀를 키워온 순만의 눈물겨운 부정(父情)을 모를 리 없는 다은은 이제 살 떨리는 진실게임의 한가운데 서서 숨은 그림 찾기에 골몰한다. 그리하여 머리론 긍정하지만 가슴으론 부정할 수밖에 없는 히스테릭한 딜레마에 시달리게 된다. 자신이 세상에서 가장 존경하고 사랑해 왔던 천사표 아빠의 화사한 웃음 속에서 살인자의 섬뜩하고 비열한 체취를 맡으려는 다은의 고뇌는 순만의 아킬레스건을 쥔 '의문의 사나이' 준영(임형준)의 등장과 비례해 깊어만 간다.

15년 전의 초등생 시절, 고사리손으로 쓴 받아쓰기 연습글이 유괴사건의 협박문서로 활용된 사실을 뒤늦게 알고 본의 아닌 공범자의 낭패감에 몸서리치는 다은을 연기한 손예진이나 그런 딸 앞에서 천연덕스레 표정관리하며 순박한 어버지상을 고수하는 순만을 연기한 김갑수는 이 영화의 감성적 코드를 책임지는 든든한 보루다.

그러나 유괴사건과 연관된 순만의 미스테리한 인생역정이 뿜어대는 흥미진진한 설정에도 불구하고 한국시리즈 초반, 속절없이 무너진 삼성의 불펜(bullpen)마냥 매끄럽지 못한 마무리는 여러모로 아쉽다. 대단원에서 밝혀지는 순만의 비밀이 극 전체를 지배하는 유괴사건의 전말과 효과적으로 조응하지 못해 숱한 반전이 공회전되고 있는 느낌이다. 혈육간의 불신을 유발한 유괴사건의 자초지종을 스릴러의 그릇에 담아낸 신선한 발상은 돋보이나 순만을 협박하는 준영과의 커넥션이 그다지 유기적이지 않아 생뚱맞다는 인상을 지울 수 없다.

열한시

2013. 11. 28 개봉

　수능을 치르고 그 점수까지 발표된 날, 극장 안은 자신의 불투명한 미래 탓에 불안한 수험생들로 가득하다. 자신의 미래를 미리 알고 이를 보정할 수 있다면 인간은 진정, 행복할까? 〈시라노 연애조작단〉의 김현석 감독이 연출한 〈열한시〉는 이 같은 철학적 질문에 대한 해답을 과학에서 구하려 애쓴다. 그러나 대중영화가 안기엔 부담스러운 과학적 가설은 베베 꼬인 실타래처럼 난삽해 몰입을 방해할 뿐이다. SF 소재 영화는 과학적 지식 그 자체의 논리성보다 과학적 분위기를 극적으로 활용할 수 있어야 한다.

　타임머신 프로젝트를 연구 중인 우석(정재영)은 러시아 투자자로부터 프로젝트 중단 통보를 받고도 연구를 계속하기 위해 지완(최다니엘)을 비롯한 동료들의 반대를 무릅쓰고 영은(김옥빈)과 함께 시험 비행을 강행한다. 하루 뒤 같은 시간인 11시로 15분 동안 다녀온 여행 속에서 온통 불바다가 되어 붕괴 직전인 연구소를 목격한 뒤 누군가의 습격을 받지만 살아서 귀환한다. 미래로부터 확보한 CCTV 영상을 통해 화재 원인을 밝혀내 끔찍한 미래를 바꿔놓으려 하지만 뒤늦게 깨어난 영은은 미래에서 만난 누군가의 조언을 근거로 바이러스에 걸린 CCTV 영상에 백신을 투여하길 꺼린다. 과연 마샬 제도의 심해 블루홀에 위치한 코어 에너지 연구소에 갇힌 이들의 운명은 바뀔 수 있을까?

한국 최초의 타임 스릴러를 표방한 〈열한시〉는 그랜드 호텔 형식(공간적 배경이 고정된 영화형식)을 원용해 동일한 공간 속, 상반된 입장에 처한 인물들의 심리 대비와 시간의 흐름에 따른 정서적 추이를 효과적으로 포착해내고 있다. 여기에 우석-영은-지완에 이르는 애정사슬 및 우석 처와 영은 아버지의 죽음에 얽힌 미스터리를 배면에 깔아 스릴러의 효용을 극대화하고 있다.

그러나 현재-미래-현재를 아우르는 시간여행의 여정을 관객에게 주입시키는 내러티브가 지극히 현학적이며 일방통행식이어서 생뚱맞기까지 하다. 아키프 피린치의 소설을 영상화한 독일영화 〈시간의 문;The Door〉을 벤처마킹한, 시간여행을 한 자아와 현상의 자아가 동일공간에 겹친다는 설정은 파격적일 만큼 신선하지만 선뜻 받아들이기엔 불편하기 때문이다.

집으로 가는 길

2013. 12. 11 개봉

철망 사이로 격리된 아내(전도연)의 손을 맞잡으려는 남편(황정민)의 필사적 몸부림에 관객의 눈물샘은 마를 새가 없다. 그런데 그 아내(전도연)가 이번엔 이역 고도에 감금되어 있고 한국에서 비행기로 22시간, 대서양 건너 12,400km를 날아온 남편(고수)은 만신창이가 된 그녀 앞에서 절규한다.

〈너는 내 운명〉의 HIV 보균자에서 〈집으로 가는 길〉의 마약운반 현행범에 이르기까지 눈물의 여왕 전도연의 포즈는 여전하다. 가녀리면서도 그윽하고 유약하면서도 도도한 여배우의 페르소나(persona)는 가을 호수에 갓 피어난 제비꽃처럼 관객을 사로잡는다.

전도연이 타이틀 롤을 맡고 여류 감독 방은진이 연출한 〈집으로 가는 길〉은 어처구니 없는 옥살이에 휘말린 한국인 여성의 실화를 바탕으로 재구성된 영화다. 2006년 4월5일, KBS의 〈추적 60분〉을 통해 큰 반향을 일으켰던 평범한 주부 장미정 씨의 이야기다.

사랑하는 아내 정연(전도연)과 딸이 세상 전부인 세차장 주인 종배(고수)는 후배의 배신으로 집과 어렵사리 마련한 가게마저 잃고 곤경에 처한다. 정연은 생활비도 벌고 해외여행의 보너스도 즐기려 프랑스령 가이아나에서 프랑스로 원석을 운반하기 위해 나선다. 그러나 일당이 원석이라 속였던 그것은 마약이었고 정연은 파리 오를리 공항에서 현행범으로 체포된다. 정연의 어이 없는 고난은 재판권 관할구역 문제로 그녀가 카리브해의 프랑스령 마르티니크 섬으로 이감되면서 걷잡을 수 없이 증폭된다. 영문도 모르고 생면부지의 절해고도에 구금된 아내의 구명운동에 나서게 된 종배의 황당한 고뇌도 이에 비례해 깊어만 간다.

영화는 물 설고 낯 설며 언어마저 통하지 않는 마르티니크 교도소의 조악한 환경 속에 동물적 수형생활을 감내하는 정연의 비참하고 억울한 역정에 포커스를 맞춘다. 경제적 문제로 잠시 불화를 겪었던 이들 부부의 찬란한 가족애도 더불어 부각시킨다.

그러나 영화를 보는 내내 불편했던 것은 자국민의 권익 보호는 뒷전이고 자신의 영달에만 집념을 불태우는 대한민국 외교관들의 빗나간 봉직태도 때문이다. 외교적 채널보다 네티즌들의 티끌모은 힘이 주효했던 정연의 석방은 그래서 더욱 뼈아프고 시린 메시지로 남는다.

용의자

2013. 12. 24 개봉

굳이 베를린까지 가지 않더라도, 복잡하게 외국 첩보기관들과 얽히지 않더라도, 구태어 액션전문 배우가 아니더라도 충분히 박진감 넘치는 액션 스릴러 영화를 산출해낼 수 있다.

〈세븐 데이즈〉의 원신연 감독이 연출한 〈용의자〉는 이를 호쾌하게 증명해주고 있다. 세계 유일의 분단현실을 호기롭게 다듬어 〈커피프린스 1호점〉의 로맨틱 스타 공유를 냉혈전사로 변신시킨 〈용의자〉는 관객들을 익스트림 게임의 현장에 있는 듯한 착각에 빠지게 한다. 북한 특수요원(룡강부대)의 꼬리표를 달고 원톱 액션 히어로에 도전한 공유가 온몸으로 때우는 극강의 아크로바틱 액션은 6백만 불의 사나이와 슈퍼맨이 울고 갈 지경이다.

정치적 변혁기에 조국에 버림받고 처자를 잃은 탈북자 지동철(공유)은 남한에서 대리운전을 하며 오매불망 복수의 칼날을 갈고 있다. 자신의 아내와 딸에게 총구를 겨눴던 룡강부대 동료 리광조(김성균)를 추적하던 동철은 북한 출신 사업가 박회장(송재호) 살해사건의 용의자로 몰리면서 원치 않는 도망자가 되어 생사의 기로에 서게 된다. 이 모든 극적 상황의 단초를 제공한 국정원 김석호 실장(조성하)이 지동철 검거의 사냥꾼으로 끌어들인 방첩 전문가 민세훈 대령(박희순)이 가세해 동철을 압박하고 여기에 김석호의 비리를 추적하는 미모의 프로덕션 PD 최경희(유다인)까지 얽히면서 영화는 점입가경의 미로로 접어들고 동철은 액션지존의 신공을 발휘하지 않을 수 없게 된다.

 멜로 귀공자에서 눈빛도 서늘한 냉혈한으로 다시 태어난 공유가 선보이는 북한식 주체격술은 상대방의 목뼈를 바스러뜨리기에 족하고, 추적을 피해 한강에서 뛰어내리는가 하면 카체이싱 도중 정면충돌도 불사하는 가공할 담력은 인간병기의 초월적 마력을 시사하는 듯해 으스스하기까지 하다. 영화는 호쾌한 활극을 지향하면서도 그간 이데올로기로 재단해 온 남북한의 이분법적 대립에 또 다른 방점을 찍는다. 나쁜 공산주의자를 척결하는 정의로운 국정원 간부가 비열한 음모의 주인공이며 인간백정이나 다름없는 북한 특수부대원이 가족의 정에 몸부림치는 휴머니스트란 설정은 분단콤플렉스를 극복한 우리 영화의 성숙한 자화상이다. 허나〈응사〉신드롬으로 모처럼 이미지 변신한 김성균이 다시 살인마가 된 건 안타깝다.

월터의 상상은 현실이 된다
2013. 12. 31 개봉

재작년 겨울, 필자가 들렀던 아이슬란드의 드넓은 벌판은 온통 백색의 설원이었다. 끝도 없이 펼쳐진 순백의 지평선 위로 거의 11시나 되어서야 피어오르던 동토의 아침 햇살은 말할 수 없이 고혹적이었다. 그 아이슬란드의 여름 녹초지 위를 벤 스틸러가 스케이트보드를 타고 미끄러져 간다. 백설로 포장되었던 그 겨울의 대지가 드러낸 푸른 속살은 지구 북단 대자연의 장엄을 실경(實景)으로 웅변해 주고 있다.

벤 스틸러가 주연과 연출을 도맡은 〈월터의 상상은 현실이 된다〉는 풍경으로 바라보던 아이슬란드가 일상의 활동공간으로 바뀔 때 우리네 인생도 가장 벅차고 행복한 정점을 찍으리라 장담한다. 평범한 일상을 상상으로 멋지게 바꾸는 한 남자의 이야기를 특유의 간결한 문체로 위트 있게 그려낸 제임스 서버의 단편소설 '월터 미티의 은밀한 생활(The Secret Life of Walter Mitty;1939)'을 각색한 영화는 21세기형 캐릭터에 화면을 화려하게 수놓은 이국적 풍광을 덧붙여 재미와 감동을 안겨준다.

〈라이프〉지의 네거티브필름 기술자 월터(벤 스틸러)는

같은 직장의 이혼녀 셰릴(크리스틴 위그)을 흠모하지만 속만 끓일 뿐이다. 그러던 중 셰릴이 가입한 인터넷 미팅 사이트에서 구애의 신호인 '윙크'를 보내려 하나 자격미달(신상소개란 미기재)로 거부당한다. 소극적이고 내성적인 성격 탓에 매사 현실 속에서 부딪치기보다 뒷전에서 상상으로 대리소통하던 월터에게 특별하게 가본 곳, 해본 것을 채워넣기란 쉬운 일이 아니다. 셰릴을 위해 화재 속으로 뛰어들고 〈벤자민 버튼〉의 브래드 피트가 되어 셰릴의 품 속에서 행복한 최후를 맞으며 구조조정 책임자 핸드릭스(아담 스코트)와 뉴욕 한복판에서 긴장감 넘치는 추격전을 펼치는 희대의 프로타고니스트(protagonist; 주인공)로서의 월터는 기발하고 독창적인 그의 상상 속에서만 존재할 뿐이다. 그러나 전설의 사진작가 숀 오코넬(숀 펜)이 보낸 필름을 찾으러 그린란드, 아이슬란드, 아프가니스탄, 히말라야를 주유하는 여정을 통해 월터는 마침내 상상의 틀을 깨고 현실 속 행동과 실천의 열정이 이룩한 달콤한 열매를 맛보게 된다.

자신의 꿈을 유보한 이 시대 숱한 '월터'들을 자극하는 우화적 구상이 돋보이는 작품이다.

우리 시대의 영화 읽기

발   행 ㅣ 2015년 12월 28일

지은이 ㅣ 윤정헌
펴낸이 ㅣ 신중현
펴낸곳 ㅣ 도서출판 학이사
          출판등록 : 제25100-2005-28호
          주소 : 대구광역시 달서구 문화회관11안길 22-1(장동)
          전화 : (053) 554~3431,3432
          팩스 : (053) 554~3433
          홈페이지 : http : // www.학이사.kr
          이메일 : hes3431@naver.com

   ISBN _ 979-11-5854-011-1 03680